(사) 한국어문회 주관
한국한자능력검정회 시행

합격, 실력UP

한자漢字
능력검정시험

〈최신 개정판〉

조규남 엮음

- 핵심정리장
  (자원풀이 포함)
- 쓰기장
- 예상문제

6급·6급Ⅱ

태평양저널

조규남 (曺圭南)

성균관대학교 문과대학 한문학과 졸업
성균관대학교 대학원 졸업(한문교육전공)
민족문화추진회 국역연수부 졸업
대한민국 미술대전 서예부문 입선(미협)
추사김정희선생추모 전국휘호대회 초대작가
소사벌서예대전 초대작가
도원서예 원장
성균관대학교 강사(「금석서예」지도)
원광대학교 초빙교수

합격보장 자원풀이 한자능력 검정시험 6급 · 6급 II

2012년 11월 30일   2쇄 인쇄
2025년 1월 20일   15쇄 발행
엮은이 : 조 규 남
펴낸이 : 박 종 수
펴낸곳 : 태평양저널.(서울특별시 영등포구 신길5동 339)
전 화 : (02)834-1806
팩 스 : (02)834-1802
등 록 : 1991. 5. 3.(제03-00468)
ⓒ 조규남2007

정가 10,000원

이 책의 무단 복제, 복사, 전재는 저작권법에 저촉됩니다.
잘못 만들어진 책은 바꾸어 드립니다.

ISBN 89-90642-94-3 13710

감 수 문 (監 修 文)

우리나라는 한자문화권에 속해 있다.

우리는 수천 년 동안 한자(漢字)와 더불어 생활해왔기 때문에 한자는 알게 모르게 우리의 생활 깊숙이 들어와 있다. 한자가 비록 외국의 문자이긴 하지만 우리 민족은 한자를 맹목적으로 받아들인 것이 아니고 한자를 이용하여 우리의 문화를 풍부하게 하는 슬기를 발휘하였다. 지금 우리들에게 남겨진 찬란한 민족문화의 유산이 바로 그것이다. 그러므로 우리는 좋든 싫든 한자를 떠날 수 없게 되어 있다.

그동안 파행적인 어문정책으로 인하여 학생들의 한자학습에 커다란 어려움을 겪기도 하였으나, 근년에 한자학습의 필요성이 새롭게 인식되어 그 열기가 전국적으로 확산되고 있는 것은 늦은 감이 있으나마 지극히 다행스러운 일이다. 특히 초등학교 학생들의 학습 전반에 걸쳐 한자가 차지하는 비중은 거의 절대적이라 할 수 있다. 각 교과목에 나오는 학습용어(學習用語)들이 대부분 한자어로 되어 있어 한자를 익히면 내용의 절반 이상을 저절로 이해할 수 있기 때문이다. 더구나 표의문자(表意文字)인 한자의 특성상 한자학습은 학생들의 사고력을 증진시키고 조어력(造語力)을 향상시킨다. 또한 이 어지러운 시대에 한자학습은 학생들의 인성교육(人性敎育)에도 커다란 공헌을 하고 있다.

이러한 시대적 요구에 부응하여 조규남군이 이 책을 편찬한 것은 참으로 훌륭한 일이라 하겠다. 조규남군은 성균관대학교 한문학과에서 내가 직접 가르친 제자이다. 조군은 성균관대학교 한문학과를 졸업하고 교육대학원에서 한자교육 연구로 석사학위를 취득했으며, 재능교육에서 다년간 한자 학습지 편찬을 주관하다가 뜻한 바 있어 지금은 아담한 교실을 마련하여 학생들에게 한자와 서예를 지도하고 있다. 항상 단정한 몸가짐으로 선비의 품성을 갖춘 조규남군이, 한문학과에서 공부한 한문학 지식과 대학원에서 연구한 학습이론을 바탕으로 펴낸 이 책이 한자를 공부하려는 학생들에게 등대와 같은 길잡이가 되리라는 것은 믿어 의심치 않는다.

성균관대학교 한문학과 교수 문학박사 송 재 소

■ 미리 읽어보는 시험대비 기본지침자료

◆ (사)한국어문회 전국한자능력검정시험

◆ 응시자격
모든 급수에 누구나 응시가능.

◆ 시험일정
1년에 4회 실시(인터넷 www.hangum.re.kr 및 주요 일간지 광고면 참조).

◆ 원서접수
1. 방문접수 : 각 고사장 접수처.
2. 인터넷접수 : www.hangum.re.kr 이용.

◆ 합격자 발표
시험일 한 달 뒤, 인터넷(www.hangum.re.kr)과 ARS(060-800-1100)로 발표함.

◆ **공인급수**는 1급·2급·3급·3급Ⅱ이며, **교육급수**는 4급·4급Ⅱ·5급·5급Ⅱ·6급·6급Ⅱ·7급·7급Ⅱ·8급입니다.

❖ (사)한국어문회 **전국한자능력검정시험 급수구분 및 문제유형에 따른 급수별 출제기준**

문제유형 \ 급수구분	8급	7급Ⅱ	7급	6급Ⅱ	6급	5급Ⅱ	5급	4급Ⅱ	4급	3급Ⅱ	3급	2급	1급
독음(讀音)	24	22	32	32	33	35	35	35	32	45	45	45	50
한자(漢字) 쓰기	0	0	0	10	20	20	20	20	20	30	30	30	40
훈음(訓音)	24	30	30	29	22	23	23	22	22	27	27	27	32
완성형(完成型)	0	2	2	2	3	4	4	5	5	10	10	10	15
반의어(反義語)	0	2	2	2	3	3	3	3	3	10	10	10	10
뜻풀이	0	2	2	2	2	3	3	3	3	5	5	5	10
동음이의어(同音異義語)	0	0	0	0	2	3	3	3	3	5	5	5	10
부수(部首)	0	0	0	0	0	0	0	0	0	5	5	5	10
동의어(同義語)	0	0	0	0	2	3	3	3	3	5	5	5	10
장단음(長短音)	0	0	0	0	0	0	0	0	0	5	5	5	10
약자(略字)·속자(俗字)	0	0	0	0	0	0	3	3	3	3	3	3	3
필순(筆順)	2	2	2	3	3	3	0	0	0	0	0	0	0
읽기 배정한자	50	100	150	225	300	400	500	750	1,000	1,500	1,817	2,355	3,500
쓰기 배정한자	-	-	-	50	150	225	300	400	500	750	1,000	1,817	2,005
출제문항(개)	50	60	70	80	90	100	100	100	100	150	150	150	200
합격문항(개)	35	42	49	56	63	70	70	70	70	105	105	105	160
시험시간(분)	50	50	50	50	50	50	50	50	50	60	60	60	90

★ 위 출제기준표는 기본지침자료이며, 출제자의 의도에 따라 차이가 있을 수 있습니다.

* 상위급수 한자는 모두 하위급수 한자를 포함하며, 쓰기 배정한자는 바로 아래 급수의 읽기 배정한자이거나 그 범위 내에 있습니다.

차례

3 감수문

4 미리 읽어보는 시험대비 기본지침자료

6 이 책의 활용법

7 기초(基礎) 학습
- 육서 (六書) — 8
- 한자의 필순 (筆順) — 9
- 부수
  - 1. 부수자(部首字)의 이름과 위치 — 11
  - 2. 부수자의 변형 — 13
- 자전(字典)에서 한자찾기 — 14

15 한자(漢字) 학습
- 신습한자표(新習漢字表) — 16
- 신습한자 익히기 — 23
- 약자(略字)·속자(俗字) 익히기 — 160

163 한자어(漢字語) 학습
- 한자어 독음(讀音) 쓰기(장단음 포함) — 164
- 한자어 쓰기 — 186
- 반의어(反義語) — 222
- 동의어(同義語) — 226
- 동음이의어(同音異義語) — 229

237 활용(活用) 학습
- 6급Ⅱ 예상문제 (7회분) — 238
- 6급 예상문제 (10회분) — 256

281 부록(附錄)
- 한자의 한글맞춤법 — 282
- 읽기장 — 285
- 부수자 일람표

이 책의 활용법

- 이 책은 **전국한자능력검정시험**을 위한 수험서입니다.
- 다년간 현장 학습지도(學習指導)로 경험이 많으신 여러 선생님들의 의견을 반영하여 제작하였습니다.

| 학 | 습 | 방 | 법 |

① 한자의 모양(형)·뜻(훈)·소리(음)를 잘 살펴본다.
  핵심정리를 통해 글자의 생성과정(字源 풀이)과 중요점을 확인한다.

② 본보기 한자(漢字)를 쓰는 순서대로 3~5회, 글자 위에 그대로 따라 써 본다.
  다음에 부수(部首)·획수(畫數)·총획(總畫)·훈음(訓音)의 변화 등을 익힌 후,
  빈칸을 채워나간다.

③ 신습한자 칸의 한자어 독음(讀音)을 미리 써 본다.
  모두 해당 급수 범위 내의 출제 가능한 한자어만 선정했으므로, 아는 한자어의 독음(讀音)을 써 보고 해답은 뒷면의 복습·쓰기장 에서 확인한다.

④ 한자어의 첫글자 다음에 장음(長音=긴소리. :표시)이 온 경우는, 첫글자의 음(音)을
  여러 번 길게 소리내어 읽어본다.

⑤ 한자어(漢字語)는 정확한 뜻풀이를 중심으로 익힌다.
  한자는 의미(意味)를 위주로 하는 표의문자(表意文字)이므로, 그 특성을 충분히 살려
  성어(成語)나 한문 문구(文句)를 이해하도록 한다.

⑥ 약자(略字)·반의어(反義語)·유의어(類義語)·동음이의어(同音異義語) 등도 출제빈도가
  높으므로 잘 익혀둔다.

⑦ 두음법칙(頭音法則)·속음(俗音)·사이시옷 등, 정확한 한글 맞춤법을 알아 둔다.

⑧ 예상문제를 풀어가며 최종 정리한다.

⑨ 읽기장은 공부할 때마다 훈음(訓音)을 가리고 입과 눈으로 익힌다.

 이 학습서가 한자학습(漢字學習)의 좋은 길잡이가 되어 공부에 자신감이 생기기를 진심으로
바라는 바입니다.

엮은이 　조 규 남 드림

기초(基礎) 학습

- 육서(六書)
- 한자의 필순(筆順)
- 부수자(部首字)의 이름과 위치
- 부수자의 변형
- 자전(字典)에서 한자찾기

육서(六書)

　육서(六書)는 상형문자/지사문자/회의문자/형성문자/전주문자/가차문자를 말하며, 각각 일정한 규칙에 의해 그 구성과 응용 방법에 따라 나누어진 것이다.
　문자(文字)라는 말은 육서(六書) 중에서 문(文) 부분은 단독의 뜻을 가지고 있는 상형과 지사를 말하며, 자(字) 부분은 이미 만들어진 문(文)의 의미를 조합하여 기본 글자를 불려나갔으니 회의와 형성이 여기에 해당된다. 따라서 문(文)과 자(字)는 한자를 만드는 원리를 대표하는 말인 셈이다. 그 외에 전주와 가차는 이미 만들어진 문자(文字)를 활용하는 편에 속한다고 할 수 있다.

1. 상형문자(象形文字): 구체적임

구체적인 사물의 모양을 본떠서 만든 글자.
　예) 日(해 일), 月(달 월), 馬(말 마), 山(메 산) 등.

2. 지사문자(指事文字): 추상적임

추상적인 생각이나 뜻을 점이나 선, 또는 부호로 나타낸 글자.
　예) 一(한 일), 上(위 상), 下(아래 하), 本(근본 본), 末(끝 말) 등.

3. 회의문자(會意文字): 뜻부분(意) + 뜻부분(意)

이미 만들어진 둘 이상의 글자들을 결합하여 그것들로부터 연관되는 새로운 뜻을 가지도록 만들어진 글자.
　예) 男[사내 남 → 田:밭　전 + 力:힘　력] ⇒ 논밭(田)의 일터에서 힘써(力) 일하는 '사내'
　　　休[쉴　휴 → 亻:사람 인 + 木:나무 목] ⇒ 사람(亻)이 나무(木) 그늘 밑에서 '쉼'

4. 형성문자(形聲文字): 뜻을 포함한 부분(形) + 음부분(聲)

이미 만들어진 글자를 결합하여 새로운 뜻을 나타내되, 일부는 뜻(形)을 나타내고 일부는 음(聲)을 나타내는 글자.
　예) 頭[머리 두 ⇒ 頁:머리 혈 + 豆:콩 두], 空[빌 공 ⇒ 穴:구멍 혈 + 工:장인 공] 등.

5. 전주문자(轉注文字): 뜻부분 위주

이미 만들어진 글자를 가지고 그 뜻을 유추(類推)하여 다른 뜻으로 굴리고(轉) 끌어대어(注) 활용하는 글자.
　예) 樂(풍류 악 / 즐길 락 / 좋아할 요), 老(늙은이 로 / 익숙할 로) 등.

6. 가차문자(假借文字): 음부분 위주

이미 만들어진 글자를 본래의 뜻에 관계 없이 음만 빌려다가 쓰는 글자.
　예) 亞細亞(아세아 : Asia), 佛陀(불타 : Buddha), 丁丁(정정 : 도끼로 나무를 찍는 소리),
　　　可口可樂(코카콜라 : Coca cola) 등.

한자의 필순(筆順)

한자의 필순(筆順)은 절대적인 규칙이 있는 것은 아니지만, 오랜 세월동안 여러 사람의 체험을 통해서 붓글씨의 획(劃)을 쓰기위한 일반적인 순서가 갖추어졌다고 할 수 있다. 글자의 모양이 아름다우면서 빠르고 정확하게 쓸 수 있는 방법이 필요했던 것이다. 붓글씨의 획(劃)은 점(點)과 선(線)으로 이루어져있는데, 필순은 이 점과 선으로 구성된 획을 쓰는 순서를 말한다. 특히, 행서(行書)와 초서(草書)의 경우에는 쓰는 순서에 따라 그 한자의 모양새가 달라진다.

필순(筆順)의 기본원칙(基本原則)은 다음과 같다. 예외적인 경우도 잘 알아두어야 한다.

1. 위에서 아래로 긋는다.

　三 ⇨ 三 三 三

2. 왼쪽에서 오른쪽으로 긋는다.

　川 ⇨ 川 川 川

3. 가로획을 먼저 쓰고 세로획은 나중에 긋는다.

　十 ⇨ 十 十　　　　田 ⇨ 田 田 田 田 田

　主 ⇨ 主 主 主 主 主　　佳 ⇨ 佳 佳 佳 佳 佳 佳 佳 佳

　馬 ⇨ 馬 馬 馬 馬 馬 馬 馬 馬 馬 馬

　[예외] ++(초두머리) ⇨ ++ ++ ++ ++

4. 삐침(丿)을 파임(乀)보다 먼저 긋는다.

　入 ⇨ 入 入　　　　及 ⇨ 及 及 及 及

・삐침(丿)을 나중에 긋는 경우도 있다.

　力 ⇨ 力 力　　　　方 ⇨ 方 方 方 方

5. 좌우(左右)로 대칭일 때는 가운데 획을 먼저 긋는다.

　小 ⇨ 小 小 小　　　水 ⇨ 水 水 水 水

　山 ⇨ 山 山 山　　　出 ⇨ 出 出 出 出 出

　雨 ⇨ 雨 雨 雨 雨 雨 雨 雨 雨

　[예외] 火 ⇨ 火 火 火 火　　來 ⇨ 來 來 來 來 來 來 來 來

6. 글자 전체를 꿰뚫는 획은 나중에 긋는다.

中 ⇨ 中 中 中 中　　　　車 ⇨ 車 車 車 車 車 車 車

事 ⇨ 事 事 事 事 事 事 事 事

手 ⇨ 手 手 手 手

子 ⇨ 子 子 子　　　　女 ⇨ 女 女 女

母 ⇨ 母 母 母 母 母

[예외] 世 ⇨　世 世 世 世 世

7. (오른쪽 위의) 점은 맨 나중에 찍는다.

太 ⇨ 太 太 太 太　　　　寸 ⇨ 寸 寸 寸

代 ⇨ 代 代 代 代 代

求 ⇨ 求 求 求 求 求 求 求

8. 안을 둘러싸고 있는 한자는 바깥부분을 먼저 쓰고, 밑부분은 맨 나중에 긋는다.

四 ⇨ 四 四 四 四 四

國 ⇨ 國 國 國 國 國 國 國 國 國

門 ⇨ 門 門 門 門 門 門 門 門

9. 받침(辶, 近)은 맨 나중에 긋는다.

建 ⇨ 建 建 建 建 建 建 建 建 建

近 ⇨ 近 近 近 近 近 近 近 近

[예외] 起 ⇨ 起 起 起 起 起 起 起 起 起

題 ⇨ 題 題 題 題 題 題 題 題 題 題 題 題 題 題 題

부수(部首)

1. 부수자(部首字)의 이름과 위치

이 름	위 치	해 당 한 자
제부수	■	手(손 수) 日(해 일) 月(달 월) 人(사람 인) 馬(말 마) 등.
몸	▯▯▯▯▯▯▯	멀경**몸** – 冊(책 책) 再(두 재) 등. 큰입구**몸** – 國(나라 국) 因(인할 인) 등. 에운담**몸** – 問(물을 문) 街(거리 가) 등. 위튼입구**몸** – 凷(날 출) 凶(흉할 흉) 등. 튼입구**몸** – 匠(장인 장) 匣(갑 갑) 등. 감출혜**몸** – 區(구역 구) 匹(짝 필) 등. 쌀포**몸** – 包(쌀 포) 勿(~하지말 물) 등.
머리	▔	돼지머리해 – 亡(망할 망) 交(사귈 교) 등. 민갓머리 – 冠(갓 관) 冥(어두울 명) 등. 갓머리 – 家(집 가) 安(편안할 안) 등. 대죽머리 – 第(차례 제) 笑(웃을 소) 등. 필발머리 – 發(필 발) 登(오를 등) 등. 초두머리 – 花(꽃 화) 草(풀 초) 등.
발	▁	어진사람인**발** – 兄(형 형) 兒(아이 아) 등. 천천히걸을쇠**발** – 夏(여름 하) 등. 스물입**발** – 弄(희롱할 롱) 등. 연화**발** – 然(그럴 연) 등.

이 름	위 치	해 당 한 자
좌부**변**	┌	이수변 – 冷(찰 랭) 涼(서늘할 량) 등. 두인변 – 德(덕 덕) 後(뒤 후) 등. 심방변 – 性(성품 성) 悟(깨달을 오) 등. 재방변 – 投(던질 투) 打(칠 타) 등. 장수장변 – 牀(평상 상) 등. 개사슴록변 – 犯(범할 범) 狗(개 구) 등. 구슬옥변 – 理(다스릴 리) 球(공 구) 등. 죽을사변 – 死(죽을 사) 殃(재앙 앙) 등. 삼수변 – 江(강 강) 海(바다 해) 등. 보일시변 – 神(귀신 신) 社(단체 사) 등. 육달월변 – 肝(간 간) 能(능할 능) 등. 좌부방변 – 防(막을 방) 陵(언덕 릉) 등.
우부**방**	┐	병부절방 – 印(도장 인) 卵(알 란) 등. 우부방 – 郡(고을 군) 鄕(시골 향) 등.
엄	┌	민엄호 – 原(근원 원) 厄(재앙 액) 등. 주검시엄 – 尾(꼬리 미) 尺(자 척) 등. 엄호 – 庭(뜰 정) 度(법도 도) 등. 기운기엄 – 氣(기운 기) 등. 병질엄 – 病(병들 병) 疾(병 질) 등. 늙을로엄 – 老(늙을 로) 者(놈 자) 등. 범호엄 – 虎(범 호) 號(부르짖을 호) 등.
책**받침**	└	민책받침 – 廷(조정 정) 建(세울 건) 등. 책받침 – 近(가까울 근) 道(길 도) 등.

2. 부수자(部首字)의 변형

부수자	변형 부수자	해당 한자
人(사람 인)	亻(사람인변)	仁(어질 인) 등.
刀(칼 도)	刂(선칼도방)	利(이로울 리) 등.
川(내 천)	巛(개미허리)	巡(순행할 순) 등.
彐(돼지머리 계)	彐 彑(튼가로왈)	彗(비 혜) 彘(돼지 체) 등.
攴(칠 복)	攵(등글월문)	敎(가르칠 교) 등.
心(마음 심)	忄(심방변)	情(뜻 정) 등.
手(손 수)	扌(재방변)	指(손가락 지) 등.
水(물 수)	氵(물수변)	法(법 법) 등.
火(불 화)	灬(연화발)	熱(더울 열) 등.
玉(구슬 옥)	王(구슬옥변)	珍(보배 진) 등.
示(보일 시)	礻(보일시변)	礼(예도 례) 등.
絲(실 사)	糸(실사변)	結(맺을 결) 등.
老(늙을 로)	耂(늙을로엄)	考(상고할 고) 등.
肉(고기 육)	月(육달월변)	肥(살찔 비) 등.
艸(풀 초)	⺋ ⺌(초두머리)	茶(차 다) 등.
衣(옷 의)	衤(옷의변)	複(겹칠 복) 등.
辵(쉬엄쉬엄갈 착)	辶(책받침)	通(통할 통) 등.
邑(고을 읍)	阝(우부방)-오른쪽에 위치	都(도읍 도) 등.
阜(언덕 부)	阝(좌부방변)-왼쪽에 위치	限(한정 한) 등.

▦ 자전(字典)에서 한자찾기

'자전(字典)'을 따로 '옥편(玉篇)'이라고도 한다.
한자의 부수(部首) 214자에 따라 분류한 한자를 획수의 차례로 배열하여 글자마다 우리말로 훈(뜻)과 음을 써 놓은 책이다.
자전(字典)에서 한자를 찾는 방법은 크게 아래의 세 가지 방법이 있다.

1.「부수 색인(部首索引)」 이용법

부수한자 214자를 1획부터 17획까지의 획수에 따라 분류해서 만들어 놓은 「부수 색인(部首索引)」을 이용한다.

> <보기> '地' 자를 찾는 경우
> ① '地'의 부수인 '土'가 3획이므로 「부수 색인」 3획에서 '土'를 찾는다.
> ② '土' 자 옆에 적힌 쪽수에 따라 '土(흙 토)' 부를 찾아 펼친다.
> ③ '地' 자에서 부수를 뺀 나머지 부분(也)의 획이 3획이므로, 다시 3획 난의 한자를 차례로 살펴 '地' 자를 찾는다.
> ④ '地(땅 지)' 자의 훈과 음을 확인한다.

2.「총획 색인(總畫索引)」 이용법

「부수 색인(部首索引)」으로 한자를 찾지 못한 경우는 글자의 총획을 세어서 획수별로 구분하여 놓은 「총획 색인(總畫索引)」을 이용한다.

> <보기> '乾' 자를 찾는 경우
> ① '乾' 자의 총획(11획)을 센다.
> ② 총획 색인 11획 난에서 '乾' 자를 찾는다.
> ③ '乾' 자 옆에 적힌 쪽수를 펼쳐서 '乾' 자를 찾는다.
> ④ '乾(하늘 건)' 자의 훈과 음을 확인한다.

3.「자음 색인(字音索引)」 이용법

한자음을 알고 있을 때는 가나다 순으로 배열된 「자음 색인(字音索引)」을 이용한다.

> <보기> '南' 자를 찾는 경우
> ① '南' 자의 음이 '남'이므로 「자음 색인(字音索引)」에서 '남' 난을 찾는다.
> ② '남' 난에 배열된 한자들 중에서 '南' 자를 찾는다.
> ③ '南' 자 아래에 적힌 쪽수를 찾아 펼친다.
> ④ '南(남녘 남)' 자의 훈과 음을 확인한다.

한자(漢字) 학습

- 신습한자표
- 신습한자 익히기
- 약자·속자 익히기

6급 신습한자 ①

*신습한자 : 150자, 총 학습자 : 300자(7급 150자 포함). 쓰기배정한자 : 150자(7급).

* 6급Ⅱ- 총 학습자 : 225자(7급 150자 포함). 쓰기배정한자 : 50자(8급).

형(形)	훈(訓)	음(音)	형(形)	훈(訓)	음(音)	형(形)	훈(訓)	음(音)	형(形)	훈(訓)	음(音)
各*	각각	각	郡	고을	군	禮	예도	례	服	옷	복
角*	뿔	각	近	가까울	근	路	길	로	本	근본	본
感	느낄	감	根	뿌리	근	綠	푸를	록	部*	떼	부
強	강할	강	今*	이제	금	利*	이할	리	分*	나눌	분
開	열	개	急*	급할	급	李	오얏 리 성 리		死	죽을	사
京	서울	경	級	등급	급	理*	다스릴	리	使	하여금 사 부릴 사	
界*	지경	계	多	많을	다	明*	밝을	명	社*	모일	사
計	셀	계	短*	짧을	단	目	눈	목	書*	글	서
古	예	고	堂*	집	당	聞*	들을	문	石	돌	석
苦	쓸	고	代*	대신	대	米	쌀	미	席	자리	석
高*	높을	고	待	기다릴	대	美	아름다울	미	線*	줄	선
功*	공	공	對*	대할	대	朴	성	박	雪*	눈	설
公*	공평할	공	度	법도 도 헤아릴 탁		反*	돌이킬	반	成*	이룰	성
共*	한가지	공	圖*	그림	도	半*	반	반	省*	살필 성 덜 생	
果*	실과	과	讀	읽을 독 구절 두		班*	나눌	반	消*	사라질	소
科*	과목	과	童*	아이	동	發*	필	발	速	빠를	속
光*	빛	광	頭	머리	두	放*	놓을	방	孫	손자	손
交	사귈	교	等*	무리 등 등급 등		番	차례	번	樹	나무	수
區	구분할	구	樂*	즐길 락 노래 악		別	다를 별 나눌 별		術*	재주	술
球*	공	구	例	법식	례	病	병	병	習	익힐	습

6급 신습한자 ②

형(形)	훈(訓)	음(音)	형(形)	훈(訓)	음(音)	형(形)	훈(訓)	음(音)	형(形)	훈(訓)	음(音)
勝	이길	승	英	꽃부리	영	章	글	장	通	통할	통
始*	비로소	시	溫	따뜻할	온	才*	재주	재	特	특별할	특
式	법	식	用*	쓸	용	在	있을	재	表*	겉	표
身*	몸	신	勇*	날랠	용	戰*	싸움	전	風*	바람	풍
信	믿을	신	運*	옮길	운	定	정할	정	合	합할	합
神*	귀신 정신	신 신	園	동산	원	庭*	뜰	정	行	다닐 항렬	행 항
新*	새	신	遠	멀	원	第*	차례	제	幸*	다행	행
失	잃을	실	由	말미암을	유	題*	제목	제	向	향할	향
愛	사랑	애	油	기름	유	朝	아침	조	現*	나타날	현
夜	밤	야	銀	은	은	族	겨레	족	形*	모양	형
野	들	야	飮*	마실	음	注*	부을	주	號	이름	호
弱*	약할	약	音	소리	음	晝	낮	주	和*	화할	화
藥	약	약	衣	옷	의	集*	모을	집	畫	그림 그을	화 획
洋	큰바다	양	意*	뜻	의	窓*	창	창	黃	누를	황
陽	볕	양	醫	의원	의	淸*	맑을	청	會*	모일	회
言	말씀	언	者	놈	자	體*	몸	체	訓	가르칠	훈
業*	업 일	업 업	作*	지을	작	親	친할 어버이	친 친			
永	길	영	昨*	어제	작	太	클	태			

6급 신습한자 ①

형(形)	훈(訓) 음(音)	형(形)	훈(訓) 음(音)	형(形)	훈(訓) 음(音)	형(形)	훈(訓) 음(音)
各*		郡		禮		服	
角*		近		路		本	
感		根		綠		部*	
强		今*		利*		分*	
開		急*		李		死	
京		級		理*		使	
界*		多		明*		社*	
計*		短*		目		書*	
古		堂*		聞*		石	
苦		代*		米		席	
高*		待		美		線*	
功*		對*		朴		雪*	
公*		度		反*		成*	
共*		圖*		半*		省*	
果*		讀*		班*		消*	
科*		童*		發*		速	
光*		頭		放*		孫	
交		等*		番		樹	
區		樂*		別		術*	
球*		例		病		習	

6급 신습한자 ②

형(形)	훈(訓) 음(音)	형(形)	훈(訓) 음(音)	형(形)	훈(訓) 음(音)	형(形)	훈(訓) 음(音)
勝		英		章		通	
始*		溫		才*		特	
式		用*		在		表*	
身*		勇*		戰*		風*	
信*		運*		定		合	
神*		園		庭*		行	
新*		遠		第*		幸*	
失		由		題*		向	
愛		油		朝		現*	
夜		銀		族		形*	
野		飮*		注*		號	
弱*		音*		畫		和*	
藥*		衣		集*		畫	
洋		意		窓*		黃	
陽		醫		淸*		會*	
言		者		體*		訓	
業*		作*		親			
永		昨*		太			

19

6급 신습한자 ①

형(形)	훈(訓)	음(音)	형(形)	훈(訓)	음(音)	형(形)	훈(訓)	음(音)	형(形)	훈(訓)	음(音)
	각각	각		고을	군		예도	례		옷	복
	뿔	각		가까울	근		길	로		근본	본
	느낄	감		뿌리	근		푸를	록		떼	부
	강할	강		이제	금		이할	리		나눌	분
	열	개		급할	급		오얏 성	리 리		죽을	사
	서울	경		등급	급		다스릴	리		하여금 부릴	사 사
	지경	계		많을	다		밝을	명		모일	사
	셀	계		짧을	단		눈	목		글	서
	예	고		집	당		들을	문		돌	석
	쓸	고		대신	대		쌀	미		자리	석
	높을	고		기다릴	대		아름다울	미		줄	선
	공	공		대할	대		성	박		눈	설
	공평할	공		법도 헤아릴	도 탁		돌이킬	반		이룰	성
	한가지	공		그림	도		반	반		살필 덜	성 생
	실과	과		읽을	독		나눌	반		사라질	소
	과목	과		아이	동		필	발		빠를	속
	빛	광		머리	두		놓을	방		손자	손
	사귈	교		무리	등		차례	번		나무	수
	구분할	구		즐길 노래	락 악		다를 나눌	별 별		재주	술
	공	구		법식	례		병	병		익힐	습

6급   신습한자 ②

형(形)	훈(訓)	음(音)	형(形)	훈(訓)	음(音)	형(形)	훈(訓)	음(音)	형(形)	훈(訓)	음(音)
	이길	승		꽃부리	영		글	장		통할	통
	비로소	시		따뜻할	온		재주	재		특별할	특
	법	식		쓸	용		있을	재		겉	표
	몸	신		날랠	용		싸움	전		바람	풍
	믿을	신		옮길	운		정할	정		합할	합
	귀신	신		동산	원		뜰	정		다닐 항렬	행 항
	새	신		멀	원		차례	제		다행	행
	잃을	실		말미암을	유		제목	제		향할	향
	사랑	애		기름	유		아침	조		나타날	현
	밤	야		은	은		겨레	족		모양	형
	들	야		마실	음		부을	주		이름	호
	약할	약		소리	음		낮	주		화할	화
	약	약		옷	의		모을	집		그림 그을	화 획
	큰바다	양		뜻	의		창	창		누를	황
	볕	양		의원	의		맑을	청		모일	회
	말씀	언		놈	자		몸	체		가르칠	훈
	업	업		지을	작		친할	친			
	길	영		어제	작		클	태			

▲ 글씨를 쓰는 바른 자세

연필 쥐는 법 ▶

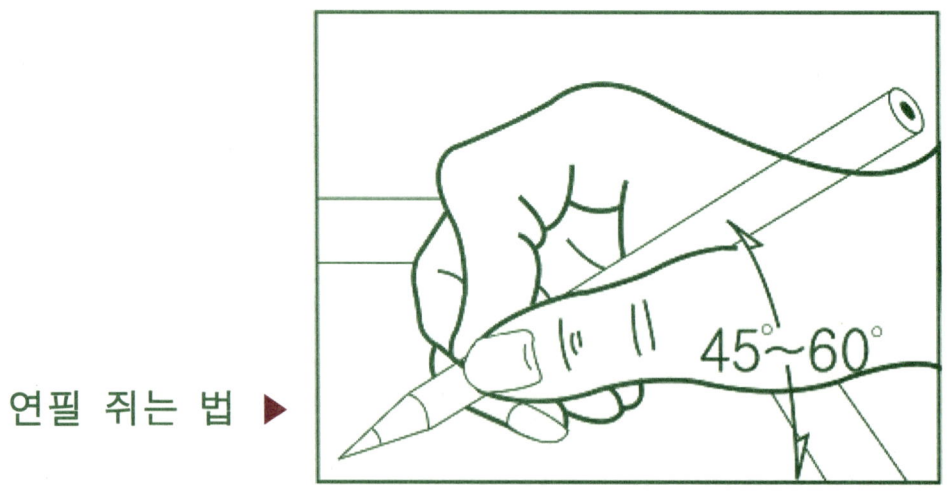

■ 다음 그림에 알맞은 한자(漢字)의 뜻(訓)과 음(音)을 연결 지어 보시오.

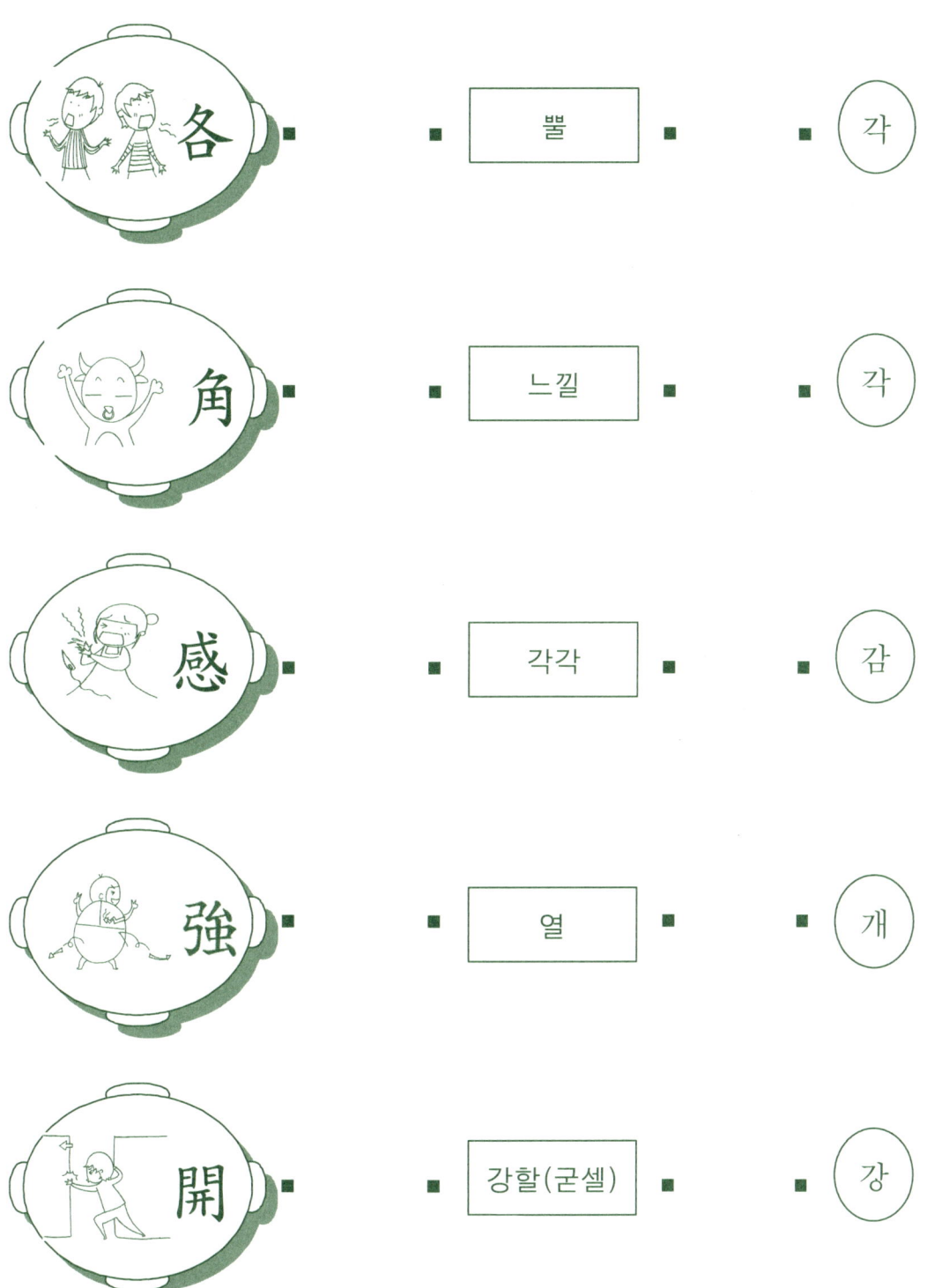

○ 핵심정리장 1　　　　　　　　　　　　　　⬇ 자세히 읽어 보세요.

자원풀이 및 핵심정리

    각각　각

앞에 온 사람의 말과 뒤에 온 사람의 말이 '각각' 다르다는 뜻의 자입니다.
- 名(이름 명), 各(각각 각)

    뿔　각

짐승의 '뿔' 모양을 나타낸 자입니다.
- 用(쓸 용), 角(뿔 각), 勇(날랠 용)

  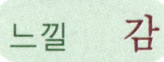 느낄　감

다 같이 마음으로 '느낀다' 는 뜻의 자입니다.
- 긴소리로 읽음.

 강할(굳셀)　강
억지로　강

국경을 지키려고 곤충의 딱딱한 껍질을 뒤집어 쓴 것처럼 하고서 활(무기) 등을 맨 모습이 '강하다' 는 뜻의 자입니다.
- 긴소리 또는 짧은소리로도 읽음.
- 강약(强 ↔ 弱)은 서로 반의어임.

 열　개
필　개

대문을 닫아 건 빗장을 두 손으로 빼면서 '연다' 는 뜻의 자로, 봉오리가 열리면서 꽃이 '핀다' 는 뜻도 있습니다.
- 門(문 문), 問(물을 문), 間(사이 간), 開(열 개)

6급(6급Ⅱ)-1

各 각각 각	口 부수 3획, 총 6획.　　( )부수 ( )획, 총 ( )획.
	各國　　各道　　各別　　各自

角 뿔 각	角 부수 0획, 총 7획.　　( )부수 ( )획, 총 ( )획.
	角度　　角木　　直角　　正:三角形

感 느낄 감	心 부수 9획, 총 13획.　　( )부수 ( )획, 총 ( )획.
	感:動　　感:氣　　感:服　　感:電　　萬:感

強 강할(굳셀) 강 억지로 강	弓 부수 9획, 총 11획.　　( )부수 ( )획, 총 ( )획.
	強
	強弱　　強國　　強軍　　強力　　強者

開 열 개 필 개	門 부수 4획, 총 12획.　　( )부수 ( )획, 총 ( )획.
	開放　　開國　　開業　　開通　　開校

♣ 아래의 빈칸을 채우시오.

【금일학습】

各					
각각 각					
角					
뿔 각					
感					
느낄 감					
強					
강할 강					
開					
열 개					

각국 각도 각별 각자
각도 각목 직각 정삼각형
감동 감기 감복 감전 만감
강약 강국 강군 강력 강자
개방 개국 개업 개통 개교

◼︎ 다음 그림에 알맞은 한자(漢字)의 뜻(訓)과 음(音)을 연결 지어 보시오.

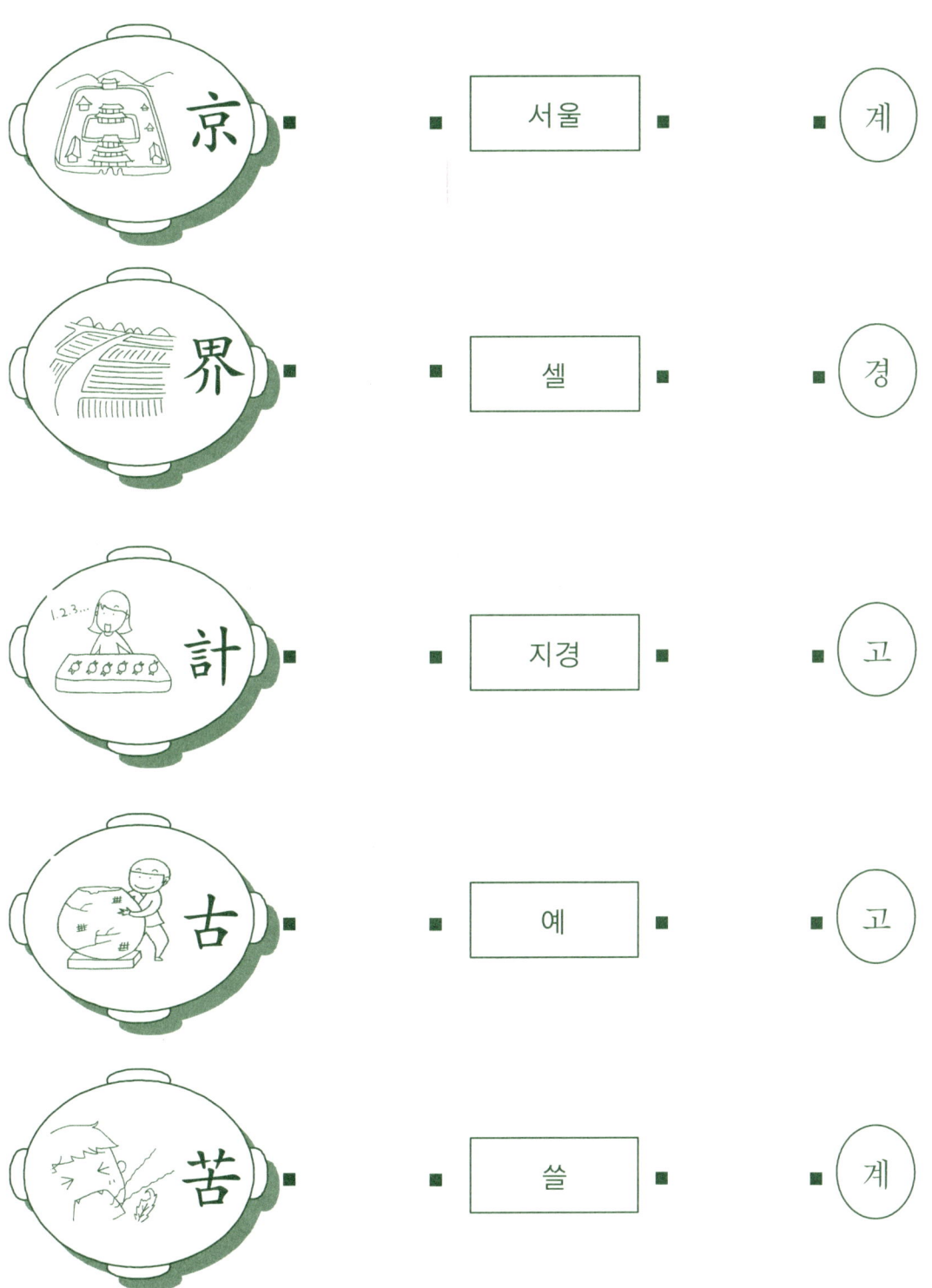

○ 핵심정리장 2   자세히 읽어 보세요.

자원풀이 및 핵심정리

 弇 弇 亰 京 京   서울 경

세 개 이상의 긴 말뚝을 박아 높이 지은 집이 즐비한 곳인 수도 '서울' 이라는 뜻의 자입니다.

    지경 계

밭과 밭 사이에 끼인 경계인 '지경' 을 뜻하는 자입니다.
- 긴소리로 읽음.

 計 計 計 計   셀 계
                              꾀 계

10진법의 맨 끝 수인 십(十)을 소리를 내어 '센다' 는 뜻의 자로, 셈을 따져보아 '계획(꾀)' 을 세운다는 뜻도 있습니다.
- 긴소리로 읽음.
- **계산**(計 ≒ 算)은 서로 뜻이 비슷한 동의어임.

 凵 古 古 古 古   예 고

여러 대에 걸쳐 입으로 전해오는 것은 이미 오래된 '옛' 날이라는 뜻의 자입니다.
- 긴소리로 읽음.
- **고금**(古 ↔ 今)은 서로 반의어임.
- 右(오른 우), 古(예 고)

 苦 苦 苦   쓸 고
                      괴로울 고

씀바귀는 싹이 나서 오래 묵을수록 그 맛이 매우 '쓰다' 는 뜻의 자입니다.
- **고락**(苦 ↔ 樂)은 서로 반의어임.

6급(6급Ⅱ)-2 　　　월　　일 【시간】　　　~

京 서울 경	ㅗ 부수 6획, 총 8획. ( )부수 ( )획, 총 ( )획.
	上:京　　開京　　東京

界 지경 계	田 부수 4획, 총 9획. ( )부수 ( )획, 총 ( )획.
	各界　　世:界　　學界　　外:界人

計 셀 꾀 계 계	言 부수 2획, 총 9획. ( )부수 ( )획, 총 ( )획.
	計:畫　　計:算　　計:數　　生計　　時計

古 예 고	口 부수 2획, 총 5획. ( )부수 ( )획, 총 ( )획.
	古:今　　古:風　　古:代　　太古　　古:書畫

苦 쓸 고 괴로울 고	⺿ 艸 부수 5획, 총 9획. ( )부수 ( )획, 총 ( )획.
	苦生　　苦待　　苦戰　　同苦同樂

6급(6급Ⅱ)-2-복습·쓰기장

♣ **아래의 빈칸을 채우시오.**　　　　　　　　　　　　　　　　【지난학습】

각각 **각**	뿔 **각**	느낄 **감**	강할 **강**	열 **개**

【금일학습】

京						
서울 경						
界						
지경 계						
計						
셀 계						
古						
예 고						
苦						
쓸 고						

상경　개경　동경
각계　세계　학계　외계인
계획　계산　계수　생계　시계
고금　고풍　고대　태고　고서화
고생　고대　고전　동고동락

■ 다음 그림에 알맞은 한자(漢字)의 뜻(訓)과 음(音)을 연결 지어 보시오.

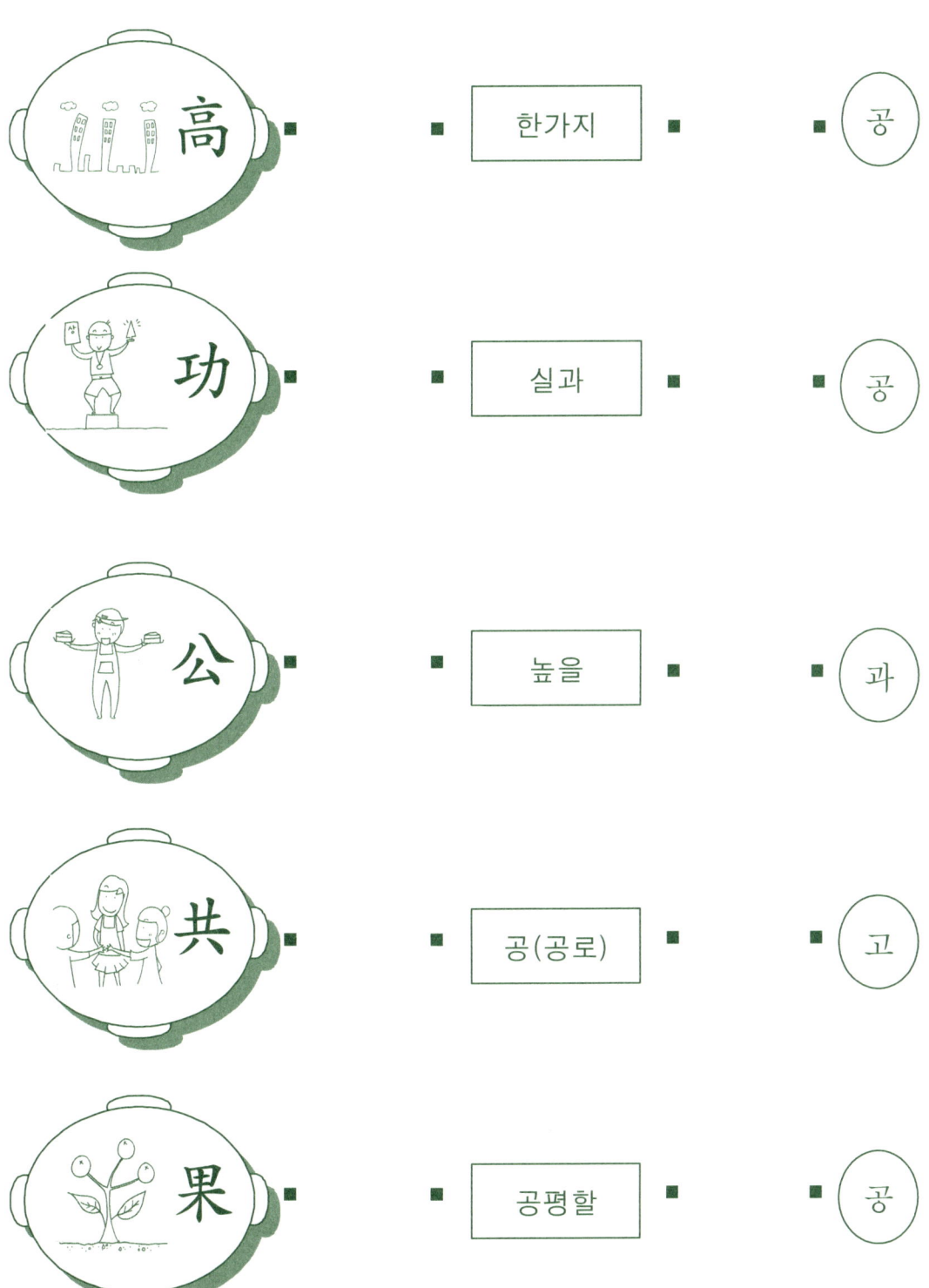

⬇ 자세히 읽어 보세요.

자원풀이 및 핵심정리

高 높을 고

쌓은 성벽 위에 세운 망루가 **'높다'** 는 뜻의 자, 또는 먼 곳의 경계를 **'높은'** 건물에 표시해 보게 한다는 뜻도 있습니다.

功 공(공로) 공

도구 등을 이용하여 힘껏 일한 결과 이루어진 **'공(공로)'** 을 뜻하는 자입니다.

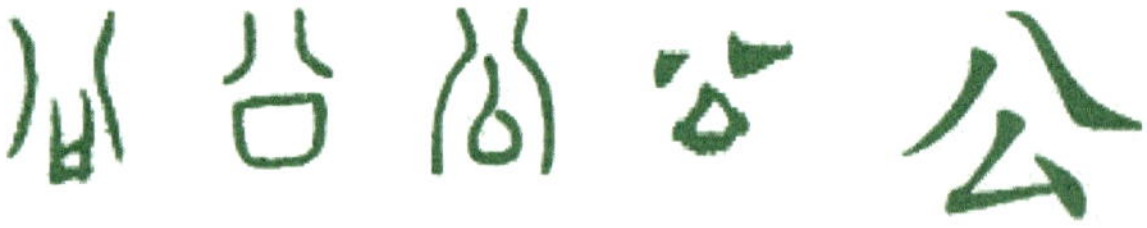

公 공평할 공 / 공변될 공

사사로움을 나누어 버려두고 등지니 **'공평하다'** 는 뜻의 자입니다.

共: 한가지 공 / 함께 공

많고 많은 사람들이 어떤 일을 함에 손을 모아 받들듯이 **'함께'** 한다는 뜻의 자입니다.

- 긴소리로 읽음.

果: 실과 과 / 결과 과

나무의 가지에서 꽃이 피고 탐스럽게 익은 **'실과'** 의 모양을 본뜬 자로, 실과는 꽃이 핀 **'결과'** 라는 뜻도 있습니다.

- 긴소리로 읽음.
- 부수는 木(나무 목)임.

6급(6급Ⅱ)-3   월   일 【시 간】   ~

高 높을 고	高 부수 0획, 총 10획.	( )부수 ( )획, 총 ( )획.
	高級 高等 高速 高名 高空

功 공(공로) 공	力 부수 3획, 총 5획.	( )부수 ( )획, 총 ( )획.
	功利 有:功者 功名心

公 공평할 공 / 공변될 공	八 부수 2획, 총 4획.	( )부수 ( )획, 총 ( )획.
	公共 公園 公平 公明正大

共 한가지 공 / 함께 공	八 부수 4획, 총 6획.	( )부수 ( )획, 총 ( )획.
	共:感 共:同體 共:生 共通 共:學

果 실과 과 / 결과 과	木 부수 4획, 총 8획.	( )부수 ( )획, 총 ( )획.
	果:木 果:然 靑果物 水正果

6급(6급Ⅱ)-3-복습·쓰기장

♣ 아래의 빈칸을 채우시오.　　　　　　　　　　　　　　　　　　　　【지난학습】

서울 경	지경 계	셀 계	예 고	쓸 고

【금일학습】

高 높을 고							
功 공 공							
公 공평할 공							
共 한가지 공							
果 실과 과							

고급　고등　고속　고명　고공
공리　유공자　공명심
공공　공원　공평　공명정대
공감　공동체　공생　공통　공학
과목　과연　청과물　수정과

다음 그림에 알맞은 한자(漢字)의 뜻(訓)과 음(音)을 연결 지어 보시오.

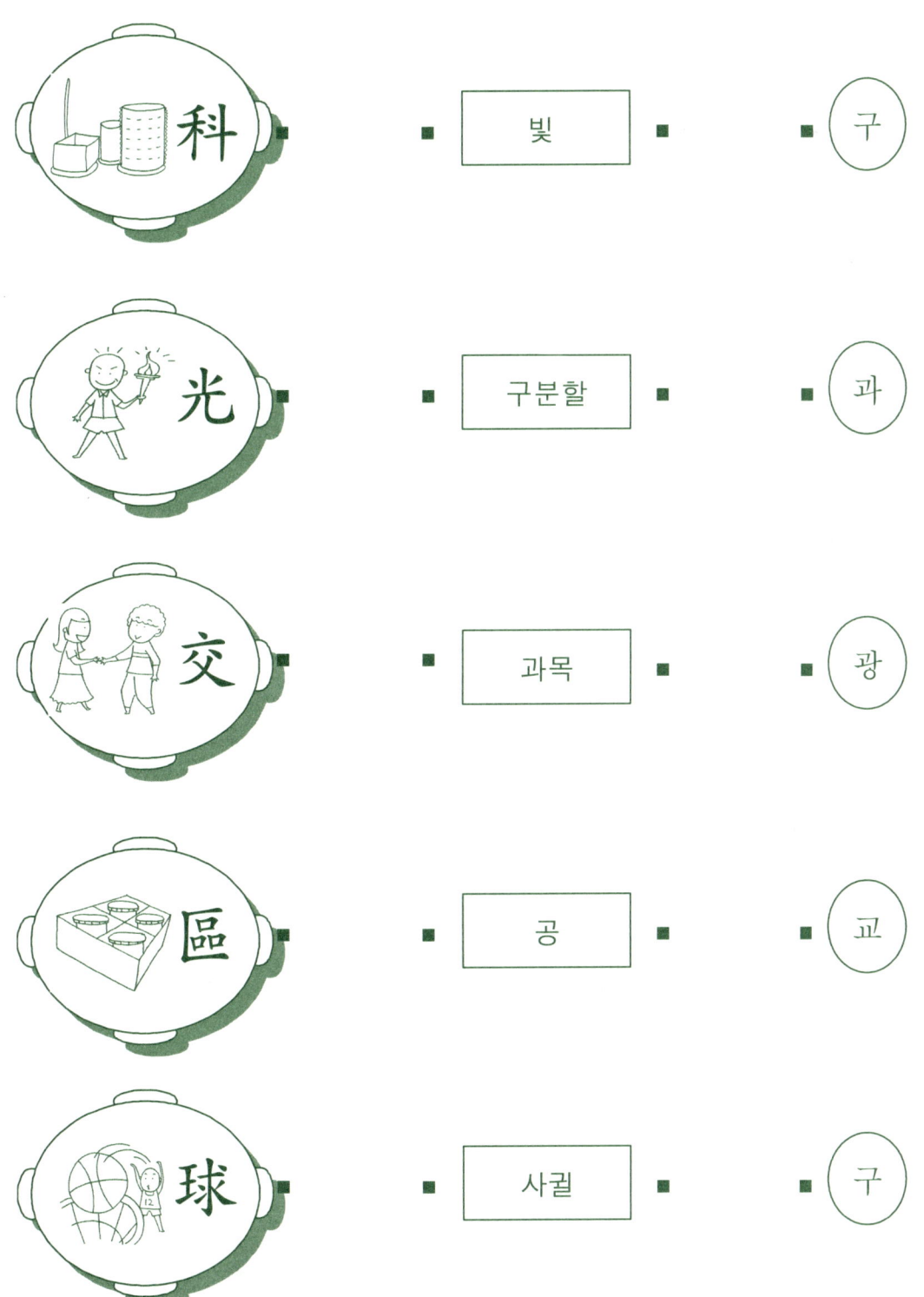

○ 핵심정리장 4   자세히 읽어 보세요.

자원풀이 및 핵심정리

 𣏂 秋 科   과목 과

곡식의 양을 재는 말을 이용하여 작게 분류하여 '과목' 별로 나눈다는 뜻의 자입니다.
- 秋(가을 추), 科(과목 과)

 光光光光光   빛 광

사람의 치켜든 횃불이 밝게 '빛' 난다는 뜻의 자입니다.
- 先(먼저 선), 光(빛 광), 米(쌀 미)

 交交交交交   사귈 교 / 섞일 교

다리를 꼬고 양팔을 벌리고 선 사람의 모습을 본뜬 자로, 꼬고 있는 다리처럼 서로 '섞여있'는 것은 사람들이 왕래하며 서로 '사귄다'는 뜻을 나타내기도 합니다.
- 文(글월 문), 父(아비 부), 交(사귈 교)

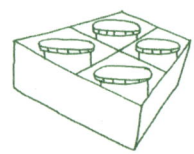 區區區區區   구분할 구 / 지경 구

감추어 둘 물건들을 먼저 잘 '구분한다'는 뜻의 자로, 구분된 '지경'이라는 뜻도 있습니다.

 球球球   공 구

애써 구한 옥돌을 다듬을 땐 대체로 '공' 처럼 둥글게 한다는 뜻의 자입니다.

6급(6급Ⅱ)-4   월   일 【시간】   ~

科 과목 과	禾 부수 4획, 총 9획. ( )부수 ( )획, 총 ( )획.
	科學　　科目　　百科　　學科　　外:科

光 빛 광	儿 부수 4획, 총 6획. ( )부수 ( )획, 총 ( )획.
	光線　　光速　　光年　　光明　　光體

交 사귈 섞일 교	亠 부수 4획, 총 6획. ( )부수 ( )획, 총 ( )획.
	交通　　交戰　　交代　　交感　　交信

區 구분할 지경 구	匸 부수 9획, 총 11획. ( )부수 ( )획, 총 ( )획.
	區分　　區別　　區間　　地區

球 공 구	王(玉) 부수 7획, 총 11획. ( )부수 ( )획, 총 ( )획.
	球場　　球速　　水球　　電:球　　地球

6급(6급Ⅱ)-4-복습·쓰기장

♣ **아래의 빈칸을 채우시오.**　　　　　　　　　　　　　　　　　　　【지난학습】

높을 고	공 공	공평할 공	한가지 공	실과 과

【금일학습】

科						
과목 과						
光						
빛 광						
交						
사귈 교						
區						
구분할 구						
球						
공 구						

과학　과목　백과　학과　외과
광선　광속　광년　광명　광체
교통　교전　교대　교감　교신
구분　구별　구간　지구
구장　구속　수구　전구　지구

■ 다음 그림에 알맞은 한자(漢字)의 뜻(訓)과 음(音)을 연결 지어 보시오.

○ **핵심정리장 5**

자원풀이 및 핵심정리

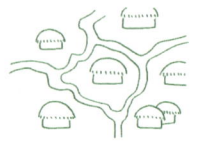 郡 郡 郡 郡 : 고을 군

임금의 명을 받아 백성을 다스리기 위해 구분지어진 땅인 '고을'이라는 뜻의 자입니다.
- 긴소리로 읽음.

 近 近 近 近 : 가까울 근

물건의 무게를 달 때 저울추를 옮겨가며 균형 잡히게 하는 거리가 '가깝다'는 뜻의 자입니다.
- 긴소리로 읽음.
- **원근**(遠 ↔ 近)은 서로 반의어임.

 根 根 根 뿌리 근

나무 밑둥이 그친 곳부터는 아래로 '뿌리'가 뻗어있다는 뜻의 자입니다.
- **근본**(根 ≒ 本)은 서로 동의어임.

 今 今 今 今 今  이제 금

흐르는 세월이 쌓여 바로 이 때인 '이제'라는 뜻의 자입니다.
- **고금**(古 ↔ 今)은 서로 반의어임.

 急 急 急  급할 급

빨리 뒤쫓아 미치려고 하니 마음이 '급하다'는 뜻의 자입니다.
- **부수는 心**(마음 심)임.

郡 고을 군	阝邑 부수 7획, 총 10획. ( )부수 ( )획, 총 ( )획.
	郡:內 郡:民 市:郡區

近 가까울 근	辶辵 부수 4획, 총 8획. ( )부수 ( )획, 총 ( )획.
	近:來 近:者 近:世 近:方 近:海

根 뿌리 근	木 부수 6획, 총 10획. ( )부수 ( )획, 총 ( )획.
	根本 草根

今 이제 금	人 부수 2획, 총 4획. ( )부수 ( )획, 총 ( )획.
	今年 今日 方今 東西古今

急 급할 급	心 부수 5획, 총 9획. ( )부수 ( )획, 총 ( )획.
	急行 急速 急所 時急 火:急

♣ **아래의 빈칸을 채우시오.** 【지난학습】

과목 과	빛 광	사귈 교	구분할 구	공 구

【금일학습】

郡 고을 군						
近 가까울 근						
根 뿌리 근						
今 이제 금						
急 급할 급						

군내 군민 시군구
근래 근자 근세 근방 근해
근본 초근
금년 금일 방금 동서고금
급행 급속 급소 시급 화급

다음 그림에 알맞은 한자(漢字)의 뜻(訓)과 음(音)을 연결 지어 보시오.

○ **핵심정리장 6**　　　　　　　　　　　　⬇ *자세히 읽어 보세요.*

자원풀이 및 핵심정리

　　紋 級 級　　　등급 **급**

일정하게 다 다른 실의 품질에 따라 매긴 '**등급**' 이라는 뜻의 자입니다.

　　多 多 多 多 多　　　많을 **다**

어제 저녁·오늘 저녁 등 저녁이 중첩되어진 날이 '**많다**' 는 뜻의 자입니다.
- **다소**(多 ↔ 少)는 서로 반의어임.
- 夕(저녁 **석**), 多(많을 **다**)

　　短 短 短⁽:⁾　　　짧을 **단**

콩꼬투리 모양으로 생긴 활보다 화살이 더 '**짧다**' 라는 뜻의 자입니다.
- 긴소리 또는 짧은 소리로도 읽음.
- **장단**(長 ↔ 短)은 서로 반의어임.

　　堂 堂 堂 堂　　

터를 잡고 흙을 돋우어 높다랗게 지은 '**집**' 이라는 뜻의 자입니다.
- 家(집 **가**), 室(집 **실**), 堂(집 **당**)

　　代 代 代 代 代:　　　대신 **대**

끝이 뾰족한 말뚝을 박고 표지판을 만들어 사람이 할 일을 '**대신**' 하게 한다는 뜻의 자입니다.
- 긴소리로 읽음.
- 代(대신 **대**), 伐(벌할 **벌**)

級 등급 급	糸 부수 4획, 총 10획.	( )부수 ( )획, 총 ( )획.
	級數　　級訓　　同級　　學級　　上:級生	

多 많을 다	夕 부수 3획, 총 6획.	( )부수 ( )획, 총 ( )획.
	多感　　多才　　多少　　多幸　　多讀	

短 짧을 단	矢 부수 7획, 총 12획.	( )부수 ( )획, 총 ( )획.
	短信　　短:命　　短:時日　　一長一短	

堂 집 당	土 부수 8획, 총 11획.	( )부수 ( )획, 총 ( )획.
	堂山　　書堂　　食堂　　天堂　　正:正堂堂	

代 대신 대	亻人 부수 3획, 총 5획.	( )부수 ( )획, 총 ( )획.
	代:金　　代:數　　代:身　　代:讀　　代:用	

♣ 아래의 빈칸을 채우시오.　　　　　　　　　　　　　　　　【지난학습】

고을 군	가까울 근	뿌리 근	이제 금	급할 급

【금일학습】

級 등급 급						
多 많을 다						
短 짧을 단						
堂 집 당						
代 대신 대						

급수　급훈　동급　학급　상급생
다감　다재　다소　다행　다독
단신　단명　단시일　일장일단
당산　서당　식당　천당　정정당당
대금　대수　대신　대독　대용

■ 다음 그림에 알맞은 한자(漢字)의 뜻(訓)과 음(音)을 연결 지어 보시오.

○ **핵심정리장 7** 　　　　　　　　　　　　　　　　　🔻 *자세히 읽어 보세요.*

자원풀이 및 핵심정리

 待 : 기다릴 대

관청에 일을 보러 가 줄지어 서서 조금씩 앞으로 나아가며 '기다린다'는 뜻의 자입니다.
- 긴소리로 읽음.
- 待(기다릴 대), 時(때 시), 特(특별할 특)

  對 : 대할 대 / 대답할 대

임금의 사신이 되어 그 증거가 되는 신표인 부절을 들고 상대 나라의 신하들과 마주 '대하고' 있다는 뜻의 자입니다.
- 긴소리로 읽음.
- 業(업 업), 對(대할 대)

 度 : 법도 도 / 헤아릴 탁

여러 사람들이 물건을 '법도'에 따라 '헤아린다'는 뜻의 자입니다.
- 긴소리로 읽음.
- 일자다음자임. 도수(度數) · 탁지부(度支部)
- 席(자리 석), 度(법도 도)

  圖 : 그림 도 / 도모할 도

나라의 경계 안을 행정 구획으로 나누어 만든 땅 '그림'이라는 뜻의 자입니다.
- 도화(圖 ≒ 畵)는 서로 동의어임.

 讀 : 읽을 독 / 구절 두

상인이 물건을 팔기 위해 외치듯이 소리 내어 '책'을 읽는다는 뜻의 자입니다.
- 일자다음자임. 독서(讀書) · 구두점(句讀點)

6급(6급Ⅱ)-7　　　월　　일 【시 간】　　　　~

待 기다릴 대	彳 부수 6획, 총 9획. ( )부수 ( )획, 총 ( )획.
	待:合室　　下:待　　苦待

對 대할 대답할 대	寸 부수 11획, 총 14획. ( )부수 ( )획, 총 ( )획.
	對:話　對:答　對:面　對:立　對:等

度 법도 도 헤아릴 탁	广 부수 6획, 총 9획. ( )부수 ( )획, 총 ( )획.
	度:數　色度　年度

圖 그림 도모할 도	囗 부수 11획, 총 14획. ( )부수 ( )획, 총 ( )획.
	圖章　圖面　圖形　圖畫　地圖　圖書室

讀 읽을 독 구절 두	言 부수 15획, 총 22획. ( )부수 ( )획, 총 ( )획.
	讀者　讀書　讀後感　愛:讀者

♣ **아래의 빈칸을 채우시오.**　　　　　　　　　　　　　　　【지난학습】

등급 급	많을 다	짧을 단	집 당	대신 대

【금일학습】

待 기다릴 대						
對 대할 대						
度 법도 도						
圖 그림 도						
讀 읽을 독						

대합실　하대　고대
대화　대답　대면　대립　대등
도수　색도　연도
도장　도면　도형　도화　지도　도서실
독자　독서　독후감　애독자

다음 그림에 알맞은 한자(漢字)의 뜻(訓)과 음(音)을 연결 지어 보시오.

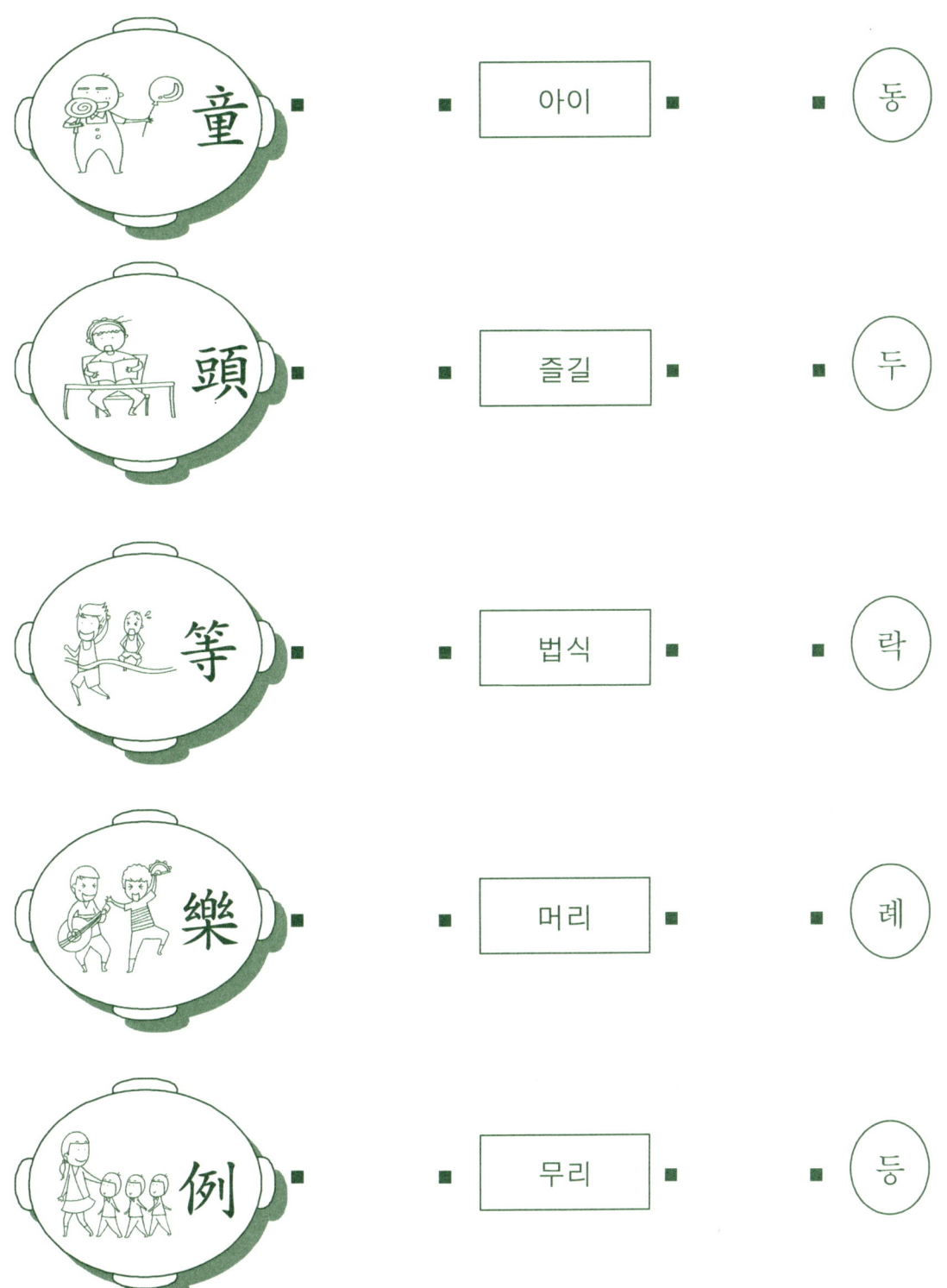

○ 핵심정리장 8

자원풀이 및 핵심정리

아이 동

죄를 범해 하인이 된 사람을 밭으로 내보내 일을 부려먹고 또한 대우하지 않고 '아이' 취급했다는 뜻의 자입니다.
- 긴소리로 읽음.
- 里(마을 리), 重(무거울 중), 章(글 장), 童(아이 동)

머리 두

제기그릇에 음식을 담아 상 위에 올리니 각각 '머리'를 내밀 듯이 보인다는 뜻의 자입니다.

무리
등급(계급)
같을

등등등

대쪽에 쓰인 관청의 서류를 '등급'을 지어 가지런히 정리한다는 뜻의 자입니다.
- 긴소리로 읽음.

즐길 락(낙)
풍류(노래) 악
좋아할 요

악기대에 걸린 북 등의 악기를 연주하여 '풍류'를 '즐기며' '좋아한다'는 뜻의 자입니다.
- 두음법칙에 따라 첫 글자의 독음이 바뀜. 락 → 악
- 일자다음자임. 안락(安樂) · 음악(音樂) · 요산요수(樂山樂水)
- 고락(苦 ↔ 樂)은 서로 반의어임.

 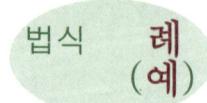

법식 례(예)

사람들을 줄지어 세워 질서라는 '법식'을 따르게 한다는 뜻의 자입니다.
- 두음법칙에 따라 첫 글자의 독음이 바뀜. 례 → 예
- 긴소리로 읽음.

6급(6급Ⅱ)-8

童 아이 동	立 부수 7획, 총 12획.	( )부수 ( )획, 총 ( )획.		
	童:話　　童:心　　童:子			

頭 머리 두	頁 부수 7획, 총 16획.	( )부수 ( )획, 총 ( )획.		
	頭角　　頭目　　頭音　　先頭			

等 무리/등급(계급)/같을 등등등등	竹 부수 6획, 총 12획.	( )부수 ( )획, 총 ( )획.		
	等:級　　等:式　　等:分　　等:數　　同等			

樂 즐길 락(낙)/풍류(노래) 악/좋아할 요	木 부수 11획, 총 15획.	( )부수 ( )획, 총 ( )획.		
	樂勝　　歌樂　　農樂　　安樂　　樂山樂水			

例 법식 례(예)	亻人 부수 6획, 총 8획.	( )부수 ( )획, 총 ( )획.		
	例:外　　例:年　　先例　　事:例　　前例			

6급(6급Ⅱ)-8-복습·쓰기장

♣ **아래의 빈칸을 채우시오.** 　　　　　　　　　　　　　【지난학습】

기다릴 **대**	대할 **대**	법도 **도**	그림 **도**	읽을 **독**

【금일학습】

童 아이 동					
頭 머리 두					
等 무리 등					
樂 즐길 락					
例 법식 례					

동화　동심　동자
두각　두목　두음　선두
등급　등식　등분　등수　동등
낙승　가악　농악　안락　요산요수
예외　예년　선례　사례　전례

54

■ 다음 그림에 알맞은 한자(漢字)의 뜻(訓)과 음(音)을 연결 지어 보시오.

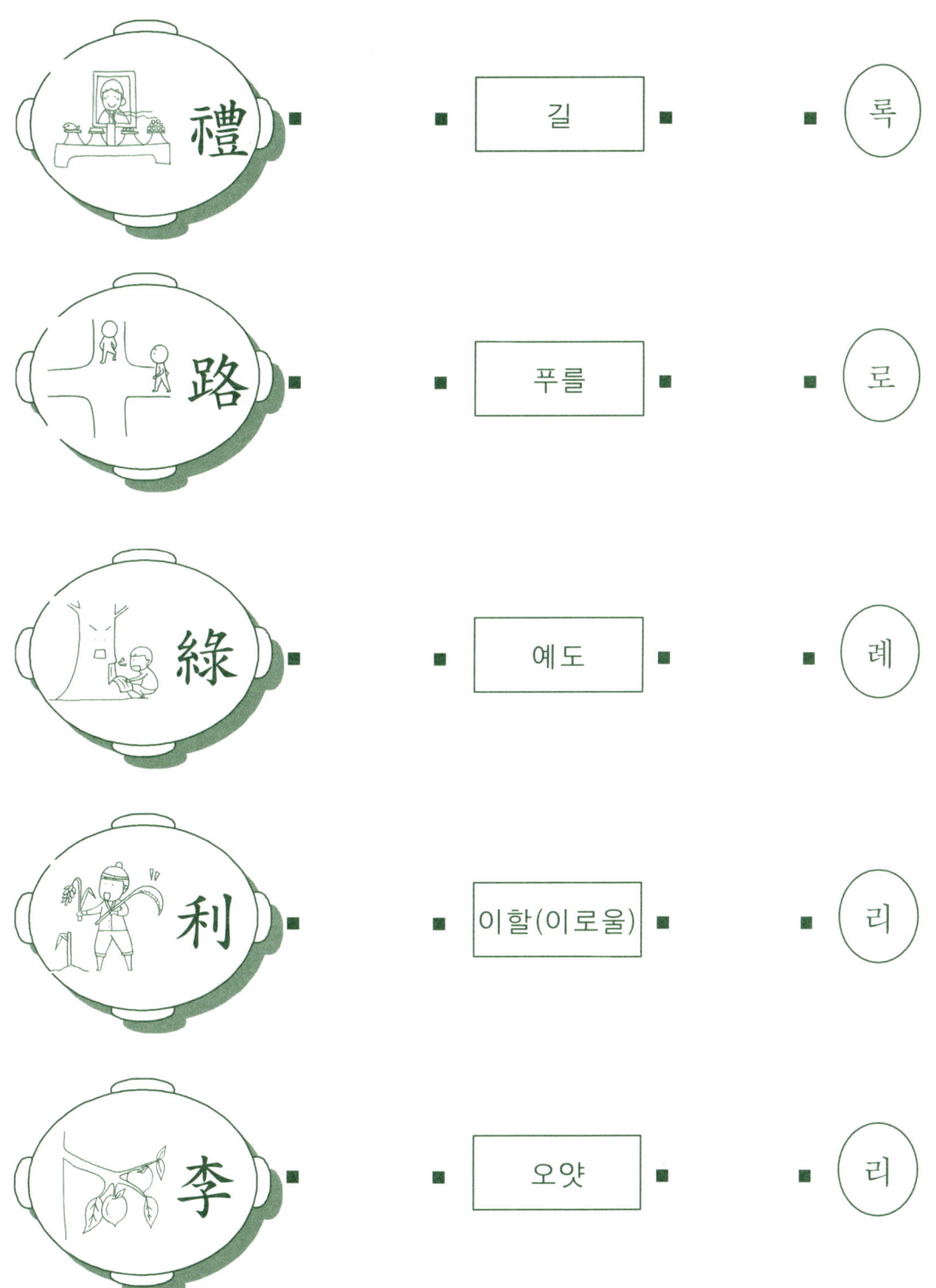

o 핵심정리장 9   ⬇ 자세히 읽어 보세요.

자원풀이 및 핵심정리

豊 禮 禮 禮 禮: 예도 례 (예)

음식을 장만해 그릇에 가득 채워 상에 올려놓고 '예도'로써 제사지낸다는 뜻의 자입니다.
- 두음법칙에 따라 첫글자의 독음이 바뀜. 례 → 예
- 긴소리로 읽음.
- 體(몸 체), 禮(예도 례)

路 路 路 路: 길 로 (노)

각각의 발걸음이 이어져 다니는 '길'이라는 뜻의 자입니다.
- 긴소리로 읽음.
- 두음법칙에 따라 첫글자의 독음이 바뀜. 로 → 노
- 도로(道 ≒ 路)는 서로 동의어임.

綠 綠 綠 綠: 푸를 록 (녹)

삼나무의 껍질을 벗겨내니 섬유질이 '푸르다'는 뜻의 자입니다.
- 두음법칙에 따라 첫 글자의 독음이 바뀜. 록 → 녹
- 청록(靑 ≒ 綠)은 서로 동의어임.

利 利 利 利: 이할(이로울) 리 날카로울 리 (이)

벼 베기에 쓰이는 연장의 날이 '날카로우'니 작업하기에 '이롭다'는 뜻의 자입니다.
- 긴소리로 읽음.
- 부수는 刂 = 刀(칼 도)임.
- 두음법칙에 따라 첫 글자의 독음이 바뀜. 리 → 이

李 李 李 李: 오얏 리 성 리 (이)

나무 중 노랑 또는 붉은빛을 띠는 열매가 달리는 '오얏(자두)'이라는 뜻의 자입니다.
- 긴소리로 읽음.
- 두음법칙에 따라 첫 글자의 독음이 바뀜. 리 → 이

6급(6급Ⅱ)-9

월   일 【시 간】   ~

禮 예도 례(예)
示 부수 13획, 총 18획.   (   )부수 (   )획, 총 (   )획.

禮:物   禮:式   禮:式場   主禮   答禮

路 길 로(노)
足 부수 6획, 총 13획.   (   )부수 (   )획, 총 (   )획.

路:上   農路   道:路   大:路   活路

綠 푸를 록(녹)
糸 부수 8획, 총 14획.   (   )부수 (   )획, 총 (   )획.

綠地   綠色   靑綠   草綠同色

利 이할(이로울) 리(이) 날카로울 리(이)
刂 刀 부수 5획, 총 7획.   (   )부수 (   )획, 총 (   )획.

利:用   利:子   不利   有:利   便利

李 오얏 성리/행장 리(이)
木 부수 3획, 총 7획.   (   )부수 (   )획, 총 (   )획.

李:花   行李   李:王朝

57

6급(6급Ⅱ)-9-복습·쓰기장

♣ **아래의 빈칸을 채우시오.**　　　　　　　　　　　　　　【지난학습】

아이 **동**	머리 **두**	무리 **등**	즐길 **락**	법식 **례**

【금일학습】

禮 예도 례					
路 길 로					
綠 푸를 록					
利 이할 리					
李 오얏 리					

예물　예식　예식장　주례　답례
노상　농로　도로　대로　활로
녹지　녹색　청록　초록동색
이용　이자　불리　유리　편리
이화　행리　이왕조

다음 그림에 알맞은 한자(漢字)의 뜻(訓)과 음(音)을 연결 지어 보시오.

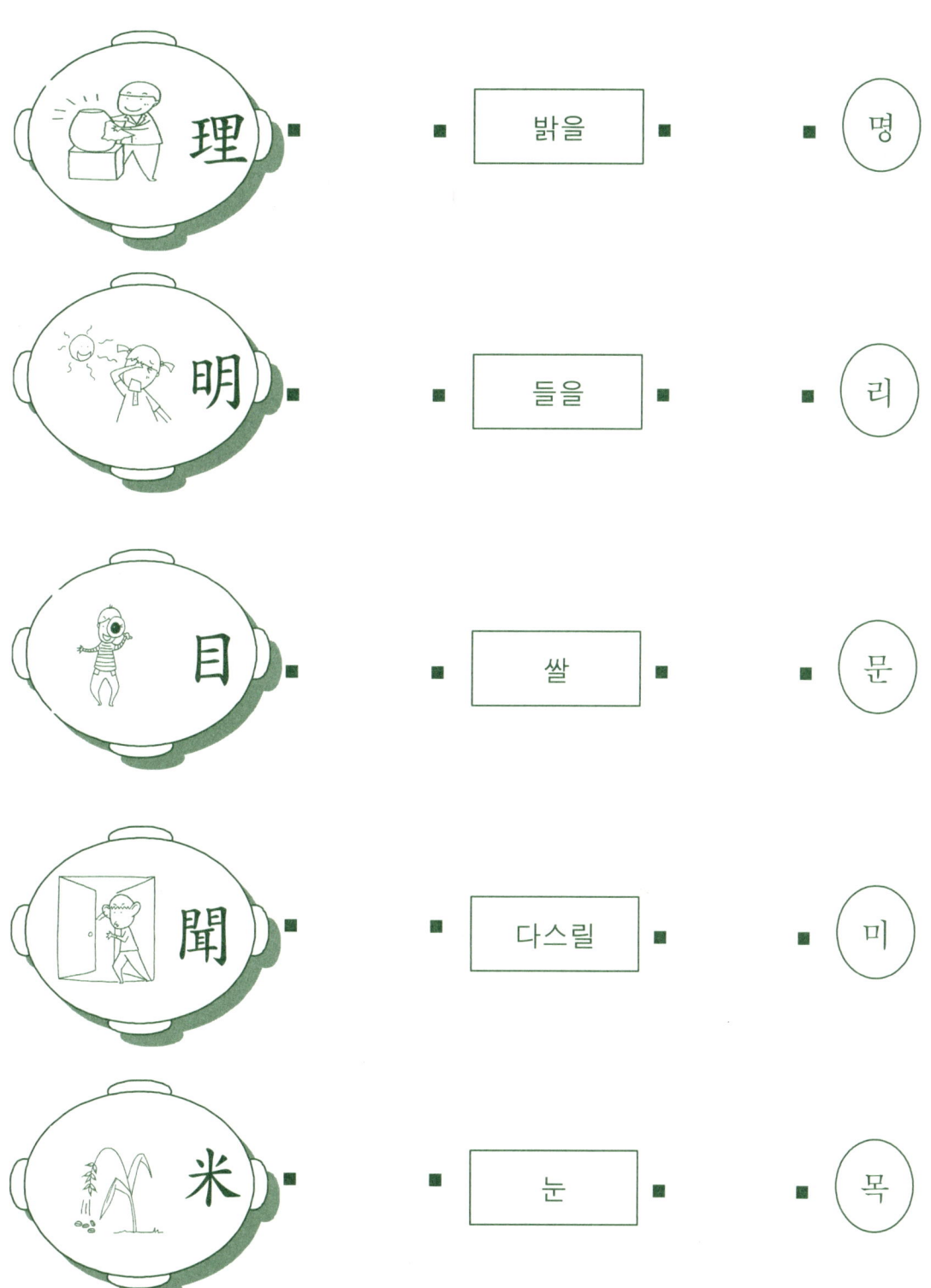

○ **핵심정리장 10** ⬇ 자세히 읽어 보세요.

자원풀이 및 핵심정리

 理 理 理 理: 　다스릴 리
　이치 리
　　(이)

밭에 이랑이 있듯이 옥을 결에 따라 쪼고 다듬고 갈고 '다스려' 서 만든다는 뜻의 자입니다.
- 긴소리로 읽음.
- 두음법칙에 따라 첫 글자의 독음이 바뀜. 리 → 이

 ㅁㅣ 明 明 明 明　밝을 명

해는 낮에 달은 밤에 빛을 발하여 '밝게' 한다는 뜻의 자입니다.

 ▽ ◯ 四 目 目　눈 목
　조목 목

눈두덩은 외곽선으로 눈동자는 내부의 선으로 나타낸 '눈' 의 모양을 본뜬 자입니다.
- 日(날 일), 目(눈 목), 白(흰 백), 自(스스로 자)

 耳 貰 聞 聞 聞(:)　들을 문
　소식 문

문틈에 귀를 갖다 대고 안에서 이야기하는 소리를 '듣는다' 는 뜻의 자입니다.
- 긴소리 또는 짧은 소리로도 읽음.
- 門(문 문), 問(물을 문), 間(사이 간), 聞(들을 문)

 米 米 米 米 米 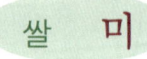 쌀 미

여러 방향으로 흩어져 있는 '쌀' 알의 모양을 본뜬 자입니다.
- 光(빛 광), 米(쌀 미)

6급(6급Ⅱ)-10   월   일 【시 간】   ~

理 다스릴 이치 리(이)	王玉 부수 7획, 총 11획. ( )부수 ( )획, 총 ( )획.
	理:科 理:由 敎:理 道:理 事:理

明 밝을 명	日 부수 4획, 총 8획. ( )부수 ( )획, 총 ( )획.
	明月 明日 明年 明堂 明白

目 눈 조목 목	目 부수 0획, 총 5획. ( )부수 ( )획, 총 ( )획.
	目前 目禮 名目

聞 들을 소식 문	耳 부수 8획, 총 14획. ( )부수 ( )획, 총 ( )획.
	所:聞 後:聞 風聞

米 쌀 미	米 부수 0획, 총 6획. ( )부수 ( )획, 총 ( )획.
	白米

♣ **아래의 빈칸을 채우시오.** 【지난학습】

예도 례	길 로	푸를 록	이할 리	오얏 리

【금일학습】

理 다스릴 리					
明 밝을 명					
目 눈 목					
聞 들을 문					
米 쌀 미					

이과 이유 교리 도리 사리
명월 명일 명년 명당 명백
목전 목례 명목
소문 후문 풍문
백미

■ 다음 그림에 알맞은 한자(漢字)의 뜻(訓)과 음(音)을 연결 지어 보시오.

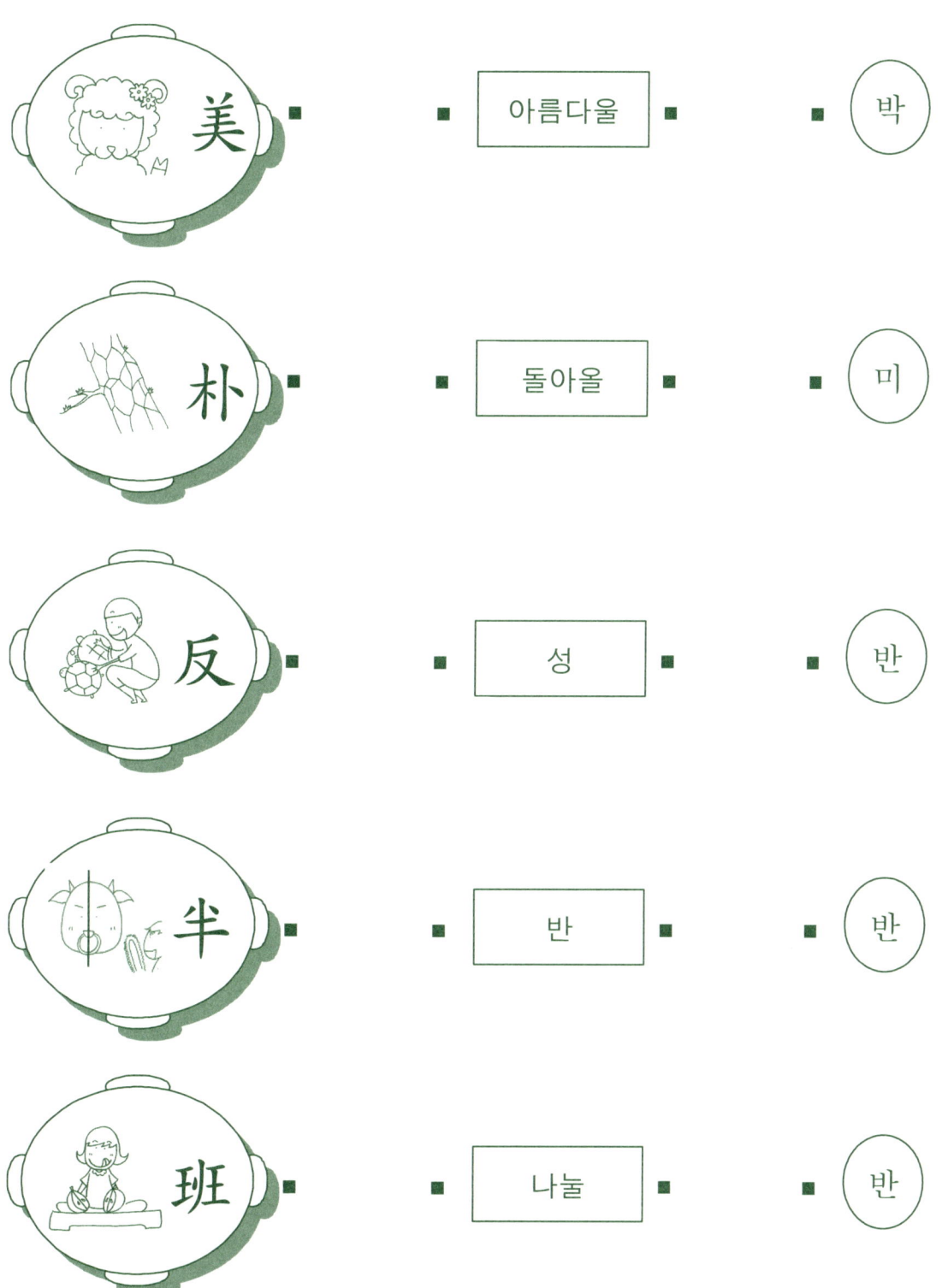

○ 핵심정리장 11　　　　　　　　　　　　　　⬇ 자세히 읽어 보세요.

자원풀이 및 핵심정리

 美(:) 아름다울 미

살이 찐 큰 양을 나타낸 자로, 머리에 양의 뿔모양 장식을 단 사람의 모습이 '**아름답다**' 는 뜻의 자입니다.
- 긴소리 또는 짧은 소리로도 읽음.

 朴 성 박 / 순박할 박

나무의 껍질이 불에 태워져 거북점을 친 것처럼 갈라져 있는 모습은 자연스런 현상으로 '**순박하다**' 는 뜻의 자이며, '**성**' 씨로도 쓰입니다.

 反: 돌아올 반 / 돌이킬 반

손을 펴 언덕 모양처럼 엎기도 하고 뒤집기도 하며 원래의 위치로 '**돌아오**' 게도 한다는 뜻의 자입니다.
- 긴소리로 읽음.
- 石(돌 석), 反(돌아올 반)

 半: 반 반

소 같이 큰 물건을 쓰기 쉽도록 '**반**' 으로 나눈다는 뜻의 자입니다.
- 긴소리로 읽음.

 班: 나눌 반

칼 등의 도구를 이용하여 옥을 둘로 갈라 '**나눈다**' 는 뜻의 자입니다.

美 아름다울 미	羊 부수 3획, 총 9획. ( )부수 ( )획, 총 ( )획.				
	美:術	美:男	美:感	美軍	美:食家
朴 성/순박할 박박	木 부수 2획, 총 6획. ( )부수 ( )획, 총 ( )획.				
	朴先生		金李朴		
反 돌아올/돌이킬 반반	又 부수 2획, 총 4획. ( )부수 ( )획, 총 ( )획.				
	反:對	反:省	反:感	反:共	反:動
半 반 반	十 부수 3획, 총 5획. ( )부수 ( )획, 총 ( )획.				
	半:開	半:白	半:音	半:百年	上:半身
班 나눌 반	王(玉) 부수 6획, 총 10획. ( )부수 ( )획, 총 ( )획.				
	班長	各班	合班		

♣ **아래의 빈칸을 채우시오.**　　　　　　　　　　　　　　　　【지난학습】

다스릴 **리**	밝을 **명**	눈 **목**	들을 **문**	쌀 **미**

【금일학습】

美 아름다울 **미**						
朴 성 **박**						
反 돌아올 **반**						
半 반 **반**						
班 나눌 **반**						

미술　미남　미감　미군　미식가
박선생　김이박
반대　반성　반감　반공　반동
반개　반백　반음　반백년　상반신
반장　각반　합반

:::: 다음 그림에 알맞은 한자(漢字)의 뜻(訓)과 음(音)을 연결 지어 보시오.

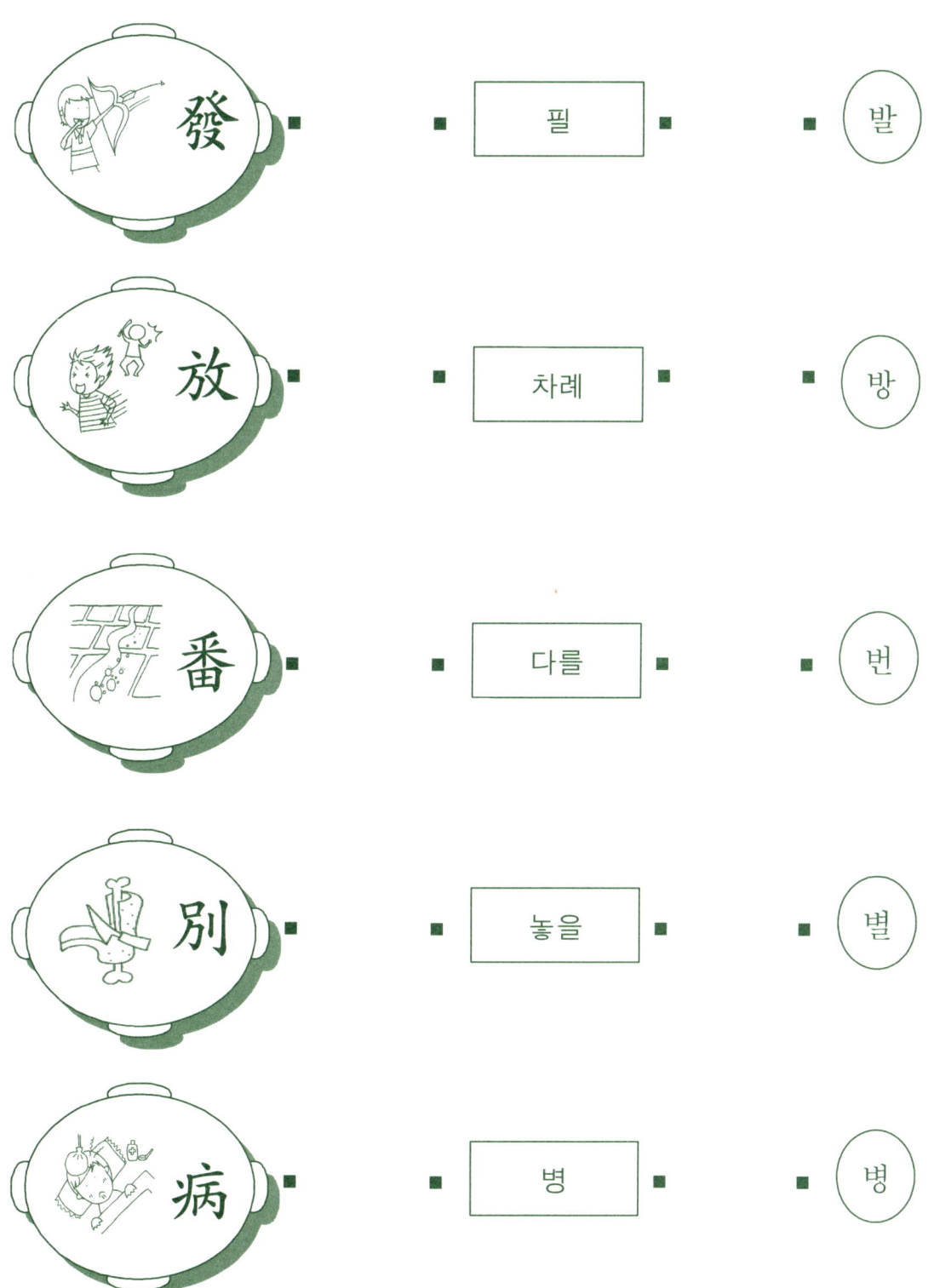

○ 핵심정리장 12   ⬇ 자세히 읽어 보세요.

자원풀이 및 핵심정리

필 발
펼 발
쏠 발

두 발로 땅바닥의 흙을 힘쓸 수 있게 다지고 서서 활을 '쏜다' 는 뜻의 자입니다.

놓을 방

회초리로 쳐서 어떤 방향으로든 가도록 '놓아' 버린다는 뜻의 자입니다.
• 긴소리 또는 짧은 소리로도 읽음.

차례 번

밭에 남긴 짐승의 발자국이 '차례' 지어 나 있다는 뜻의 자입니다.

다를 별
나눌 별

칼로 뼈와 살을 갈라 '나누어' 서 '다르게' 놓는 다는 뜻의 자입니다.

병 병

불을 밝혀 밤새워 간호해야 할 정도로 심한 '병' 이 들었다는 뜻의 자입니다.
• 긴소리로 읽음.

6급(6급Ⅱ)-12   월   일 【시 간】   ~

發 필펼쏠 발발발	癶 부수 7획, 총 12획. ( )부수 ( )획, 총 ( )획.
	發明 發育 發病 發火 發花 開發 百發百中

放 놓을 방	攵攴 부수 4획, 총 8획. ( )부수 ( )획, 총 ( )획.
	放學 放:生 放:心 放:出 放:火

番 차례 번	田 부수 7획, 총 12획. ( )부수 ( )획, 총 ( )획.
	番地 番號 軍番 每:番

別 다를 나눌 별별	刂刀 부수 5획, 총 7획. ( )부수 ( )획, 총 ( )획.
	別名 別堂 別室 別世 別有天地

病 병 병	疒 부수 5획, 총 10획. ( )부수 ( )획, 총 ( )획.
	病:者 病:室 病:弱 問:病 重:病

6급(6급Ⅱ)-12-복습·쓰기장

♣ **아래의 빈칸을 채우시오.**　　　　　　　　　　　　　　　【지난학습】

아름다울 **미**	성 **박**	돌아올 **반**	반 **반**	나눌 **반**

【금일학습】

發						
필 발						
放						
놓을 방						
番						
차례 번						
別						
다를 별						
病						
병 병						

발명　발육　발병　발화　발화　개발　백발백중
방학　방생　방심　방출　방화
번지　번호　군번　매번
별명　별당　별실　별세　별유천지
병자　병실　병약　문병　중병

▦ 다음 그림에 알맞은 한자(漢字)의 뜻(訓)과 음(音)을 연결 지어 보시오.

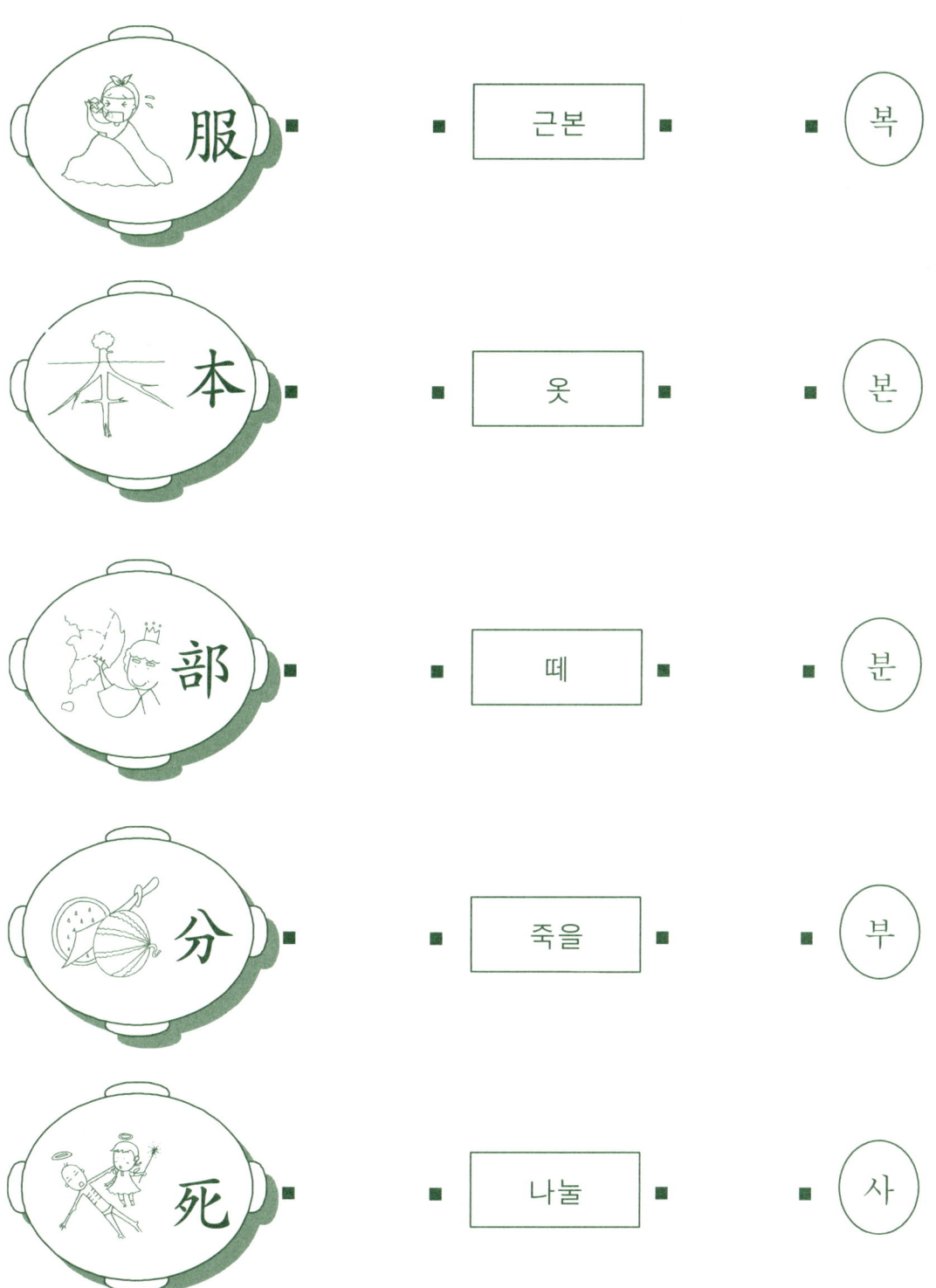

○ **핵심정리장 13** ⬇ 자세히 읽어 보세요.

자원풀이 및 핵심정리

萄 服 服 服 服   옷 **복** / 약먹을 **복**

배멀미로 무릎을 꿇고 손으로 '약'을 먹는다는 뜻의 자이기도 하고,
또는 몸을 다스리기 위하여 약을 먹거나 '옷'을 입는다는 뜻의 자입니다.
- 의복(衣 ≒ 服)은 서로 동의어임.

朩 朩 朩 本 本   근본 **본**

뿌리는 나무의 '근본'이라는 뜻의 자입니다.
- 부수는 木(나무 목)임.
- 木(나무 **목**), 本(근본 **본**)

部 部 部 部   떼 **부** / 거느릴 **부**

나라를 다스리기 쉽게 여러 고을로 갈라 한 '떼'로 '거느리'게 한다는
뜻의 자입니다.

八 少 分 分 分(:)   나눌 **분** / 돈·무게·길이 **푼** / ·백분율단위

칼로 물건을 두 동강 내 '**나눈다**'라는 뜻의 자입니다.
- 긴소리 또는 짧은소리로도 읽음.
- 일자다음자임. 구분(區分)·푼전(分錢)
- 부수는 刀(칼 도)임.

死 死 死 死 死: 죽을 **사**

뼈만 남게 될 사람 앞에서 절을 하며 '**죽은**' 자를 대한다는 뜻의 자입니다.
- 긴소리로 읽음.
- **사생**(死 ↔ 生)·**사활**(死 ↔ 活)은 서로 반의어임.

6급(6급Ⅱ)-13   월   일 【시 간】   ~

服
옷 복
약먹을 복

月 肉 부수 4획, 총 8획.   (   )부수 (   )획, 총 (   )획.

校:服   軍服   冬:服   韓:服   服用藥

本
근본 본

木 부수 1획, 총 5획.   (   )부수 (   )획, 총 (   )획.

本校   本國   本文   本部   本業

部
떼 부
거느릴 부

阝邑 부수 8획, 총 11획.   (   )부수 (   )획, 총 (   )획.

部分   部長   部門   部下   外:部

分
나눌 분
돈·무게·길이·
백분율단위 푼

刀 부수 2획, 총 4획.   (   )부수 (   )획, 총 (   )획.

分家   分野   分校   分明   分母

死
죽을 사

歹 부수 2획, 총 6획.   (   )부수 (   )획, 총 (   )획.

死:生   死:後   死:色   死:線   死:地

♣ 아래의 빈칸을 채우시오.　　　　　　　　　　　　　　　　　【지난학습】

	필 **발**	놓을 **방**	차례 **번**	다를 **별**	병 **병**

【금일학습】

服 옷 복						
本 근본 본						
部 떼 부						
分 나눌 분						
死 죽을 사						

교복　군복　동복　한복　복용약
본교　본국　본문　본부　본업
부분　부장　부문　부하　외부
분가　분야　분교　분명　분모
사생　사후　사색　사선　사지

다음 그림에 알맞은 한자(漢字)의 뜻(訓)과 음(音)을 연결 지어 보시오.

○ 핵심정리장 14　　　　　　　　　　　　　　　　　자세히 읽어 보세요.

자원풀이 및 핵심정리

𠂇 倳 傳 使 使 :　　하여금　사
　　　　　　　　　부릴　　사
　　　　　　　　　사신　　사

윗사람이 아랫관리로 '**하여금**' 일을 시켜 '**부린다**' 는 뜻의 자입니다.
- 긴소리로 읽음.
- 便(편할 **편** / 오줌 **변**), 使(하여금 **사**)

社 社 社 社　　모일(단체)　사
　　　　　　　토지신　　　사

땅을 지키는 신께 제사 지내려고 여럿이 '**모여**' 있다는 뜻의 자입니다.

書 書 書 書　　글　　서
　　　　　　　책　　서
　　　　　　　쓰다　서

사람의 입으로 전해 오던 것을 붓으로 '**글**' 이나 '**책**' 으로 '**쓴다**' 는 뜻의 자입니다.
- 晝(낮 **주**), 畵(그림 **화** / 그을 **획**), 書(글 **서**)

囗 冂 厂 石 石　　돌　석

바위 언덕 아래의 '**돌**' 모양을 본뜬 자입니다.
- 목석(木 ↔ 石)은 서로 반의어임.
- 右(오른 **우**), 石(돌 **석**)

𠂤 𦥯 席 席 席　　자리　석

여러 사람들이 천 등으로 만든 '**자리**' 라는 뜻의 자입니다.
- 度(법도 **도**), 席(자리 **석**)
- 부수는 巾(수건 **건**)임.

6급(6급Ⅱ)-14

使
하여금 사
부릴 사
사신 사

亻 人 부수 6획, 총 8획.   (　)부수 (　)획, 총 (　)획.

使:用　　使:者　　大:使　　天使　　使:命感

社
모일(단체) 사
토지신 사

示 부수 3획, 총 8획.   (　)부수 (　)획, 총 (　)획.

社會　　社旗　　社交　　社長　　入社

書
글 서
책 서
쓰다 서

曰 부수 6획, 총 10획.   (　)부수 (　)획, 총 (　)획.

書信　　書室　　書記　　書體　　文書

石
돌 석

石 부수 0획, 총 5획.   (　)부수 (　)획, 총 (　)획.

石工　　石油　　石手　　立石　　木石

席
자리 석

巾 부수 7획, 총 10획.   (　)부수 (　)획, 총 (　)획.

空席　　同席　　立席　　上:席　　出席

♣ 아래의 빈칸을 채우시오.

【지난학습】

옷 **복**	근본 **본**	때 **부**	나눌 **분**	죽을 **사**

【금일학습】

使 하여금 사						
社 모일 사						
書 글 서						
石 돌 석						
席 자리 석						

사용 사자 대사 천사 사명감
사회 사기 사교 사장 입사
서신 서실 서기 서체 문서
석공 석유 석수 입석 목석
공석 동석 입석 상석 출석

■ 다음 그림에 알맞은 한자(漢字)의 뜻(訓)과 음(音)을 연결 지어 보시오.

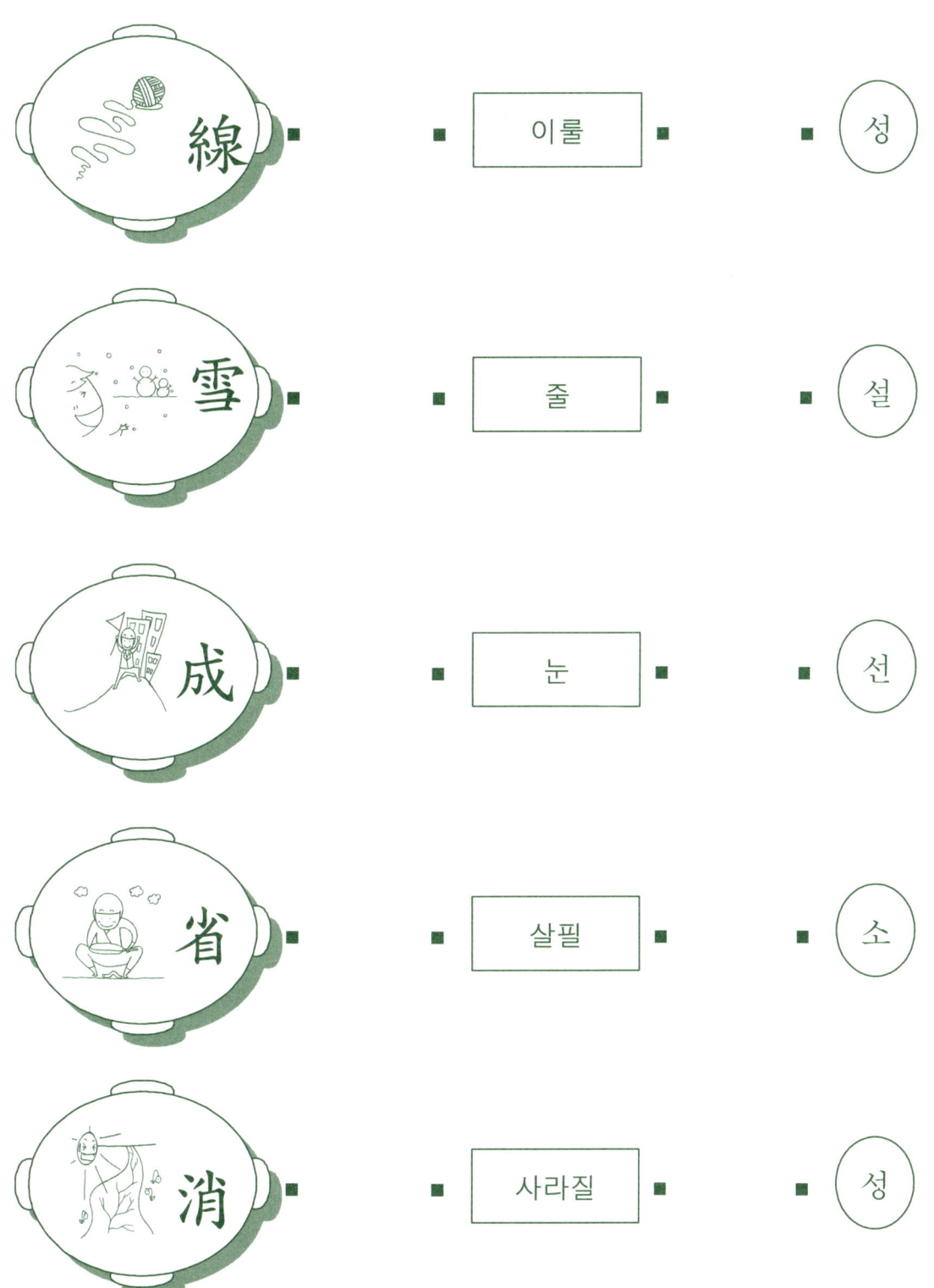

○ 핵심정리장 15   자세히 읽어 보세요.

자원풀이 및 핵심정리

 線線線   줄 선

샘의 물이 멀리 흘러가듯이 실을 길게 이어놓은 '**줄**'이라는 뜻의 자입니다.

 雪雪雪雪   눈 설
씻을 설

빗자루로 쓸어 깨끗해진 모습이 마치 하늘에서 내려와 온 세상을 덮은 하얀 '**눈**' 같다는 뜻의 자입니다.

 成成成成成   이룰 성

힘센 장정이 도끼 같은 연장으로 무언가를 만들어 '**이룬다**'는 뜻의 자입니다.
• 式(법 **식**), 成(이룰 **성**)

 省省省省   살필 성
덜 생

풀싹처럼 미세한 것이라든지, 아주 적어진 사물을 돋보기 등을 통해 확대해 자세히 보면서 '**살핀다**'는 뜻의 자입니다.
• 일자다음자임. 반성(反省)・생략(省略)

 消消消   사라질 소

물이 줄어들어 점점 '**사라진다**'는 뜻의 자입니다.

線 줄 선	糸 부수 9획, 총 15획.	( )부수 ( )획, 총 ( )획.
	線路 直線 車線 三八線 五:線紙	

雪 눈/씻을 설	雨 부수 3획, 총 11획.	( )부수 ( )획, 총 ( )획.
	雪花 雪山 大:雪 白雪 春雪	

成 이룰 성	戈 부수 3획, 총 7획.	( )부수 ( )획, 총 ( )획.
	成功 成果 成分 成長 育成	

省 살필 성/덜 생	目 부수 4획, 총 9획.	( )부수 ( )획, 총 ( )획.
	自省 反:省 人事不省	

消 사라질 소	氵水 부수 7획, 총 10획.	( )부수 ( )획, 총 ( )획.
	消日 消風 消火 消失	

6급(6급 II) -15- 복습·쓰기장

♣ **아래의 빈칸을 채우시오.**　　　　　　　　　　　　【지난학습】

하여금 **사**	모일 **사**	글 **서**	돌 **석**	자리 **석**

【금일학습】

線					
줄 선					
雪					
눈 설					
成					
이룰 성					
省					
살필 성					
消					
사라질 소					

선로　직선　차선　삼팔선　오선지
설화　설산　대설　백설　춘설
성공　성과　성분　성장　육성
자성　반성　인사불성
소일　소풍　소화　소실

▦ 다음 그림에 알맞은 한자(漢字)의 뜻(訓)과 음(音)을 연결 지어 보시오.

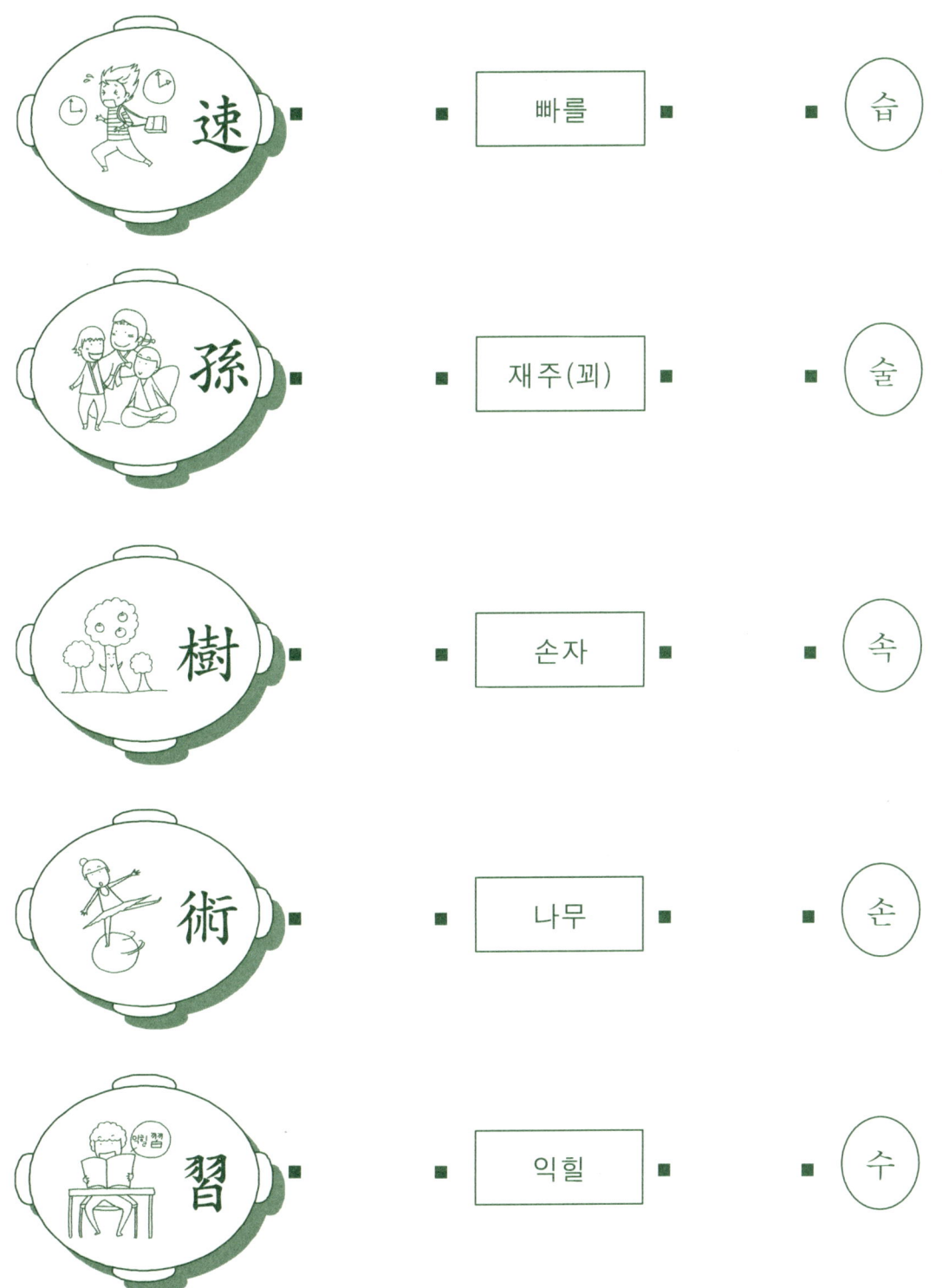

o 핵심정리장 16    자세히 읽어 보세요.

자원풀이 및 핵심정리

 遫 遬 速 速    빠를 속

약속시간을 맞춰 가려고 '빨리' 서둔다는 뜻의 자입니다.

 𤔔 𤔦 孫 孫 孫(:)   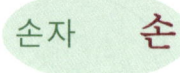 손자 손

혈통적으로 아들의 대를 잊는 '손자' 라는 뜻의 자입니다.
- 긴소리 또는 짧은소리로도 읽음.
- 조손(祖 ↔ 孫)은 서로 반의어임.

 尌 尌 樹 樹 樹   나무 수 / 세울 수

나무를 심는 모습을 나타낸 자로, '나무' 를 심을 때는 똑바로 '세운다' 는 뜻도 있습니다.
- 수림(樹 ≒ 林) • 수목(樹 ≒ 木)은 서로 동의어임.

    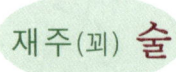 재주(꾀) 술

여러해살이풀인 창출의 뿌리가 요리조리 사방으로 뻗어가듯이 요모조모 잘하는 작은 '재주' 라는 뜻의 자입니다.
- 부수는 行(다닐 행)임.

 習 習 習 習 習    익힐 습

어린 새가 날마다 날갯짓을 '익힌다' 는 뜻의 자입니다.

월   일 【시 간】   ~

6급(6급Ⅱ)-16

速 빠를 속	辶 走 부수 7획, 총 11획. ( )부수 ( )획, 총 ( )획.
	速度 速力 速行 速成 時速

孫 손자 손	子 부수 7획, 총 10획. ( )부수 ( )획, 총 ( )획.
	長:孫 王孫 世:孫 後:孫 祖孫

樹 나무 세울 수 수	木 부수 12획, 총 16획. ( )부수 ( )획, 총 ( )획.
	樹立 樹林 樹木 植樹 果:樹園

術 재주(꾀) 술	行 부수 5획, 총 11획. ( )부수 ( )획, 총 ( )획.
	道:術 算:術 心術 手術 學術

習 익힐 습	羽 부수 5획, 총 11획. ( )부수 ( )획, 총 ( )획.
	習作 習字 敎:習 風習 學習

85

♣ **아래의 빈칸을 채우시오.** 【지난학습】

줄 선	눈 설	이룰 성	살필 성	사라질 소

【금일학습】

速 빠를 속						
孫 손자 손						
樹 나무 수						
術 재주 술						
習 익힐 습						

속도 속력 속행 속성 시속
장손 왕손 세손 후손 조손
수립 수림 수목 식수 과수원
도술 산술 심술 수술 학술
습작 습자 교습 풍습 학습

다음 그림에 알맞은 한자(漢字)의 뜻(訓)과 음(音)을 연결 지어 보시오.

○ 핵심정리장 17   ⬇ 자세히 읽어 보세요.

자원풀이 및 핵심정리

勝 勝 勝 勝   이길 승

심한 파도에도 굴하지 않고 물위로 솟는 배처럼 힘껏 움켜쥔 '승리' 라는 뜻의 자입니다.
- 부수는 力(힘 력)임.

始 始 始 始 :   비로소 시 / 처음 시

엄마의 뱃속에서 길러지는 태아기는 '처음' 의 생명체라는 뜻의 자로, 생명체가 '비로소' 탄생됐다는 뜻도 있습니다.
- 긴소리로 읽음.

式 式 式   법 식

주살을 쏠 때 목표물과의 거리를 재듯이 자나 먹줄처럼 반듯반듯해야 본보기 '법' 이 된다는 뜻의 자입니다.
- 式(법 식), 成(이룰 성)

身 身 身 身   몸 신

사람의 온 '몸' 의 모양을 본뜬 자입니다.
- 신체(身 ≒ 體)는 서로 동의어임.
- 심신(心 ↔ 身)은 서로 반의어임.

信 信 信 信 :   믿을 신 / 소식 신

사람의 말에는 '믿음' 이 있어야 된다는 뜻을 나타낸 자입니다.
- 긴소리로 읽음.

6급(6급Ⅱ)-17

월   일 【시 간】   ~

勝 이길 승	力 부수 10획, 총 12획.	( )부수 ( )획, 총 ( )획.
	勝利 勝戰 勝者 全勝 名勝地	

始 비로소/처음 시	女 부수 5획, 총 8획.	( )부수 ( )획, 총 ( )획.
	始:作 始:球 始:動 始:發 始:祖	

式 법 식	弋 부수 3획, 총 6획.	( )부수 ( )획, 총 ( )획.
	式場 方式 正:式 開會式 入場式	

身 몸 신	身 부수 0획, 총 7획.	( )부수 ( )획, 총 ( )획.
	身體 文身 心身 出身 身土不二	

信 믿을/소식 신	亻人 부수 7획, 총 9획.	( )부수 ( )획, 총 ( )획.
	信:用 信:者 信:號 所:信 發信	

6급(6급Ⅱ)-17-복습·쓰기장

♣ **아래의 빈칸을 채우시오.**　　　　　　　　　　　　　　【지난학습】

빠를 **속**	손자 **손**	나무 **수**	재주 **술**	익힐 **습**

【금일학습】

勝							
이길 **승**							
始							
비로소 **시**							
式							
법 **식**							
身							
몸 **신**							
信							
믿을 **신**							

승리　승전　승자　전승　명승지
시작　시구　시동　시발　시조
식장　방식　정식　개회식　입장식
신체　문신　심신　출신　신토불이
신용　신자　신호　소신　발신

다음 그림에 알맞은 한자(漢字)의 뜻(訓)과 음(音)을 연결 지어 보시오.

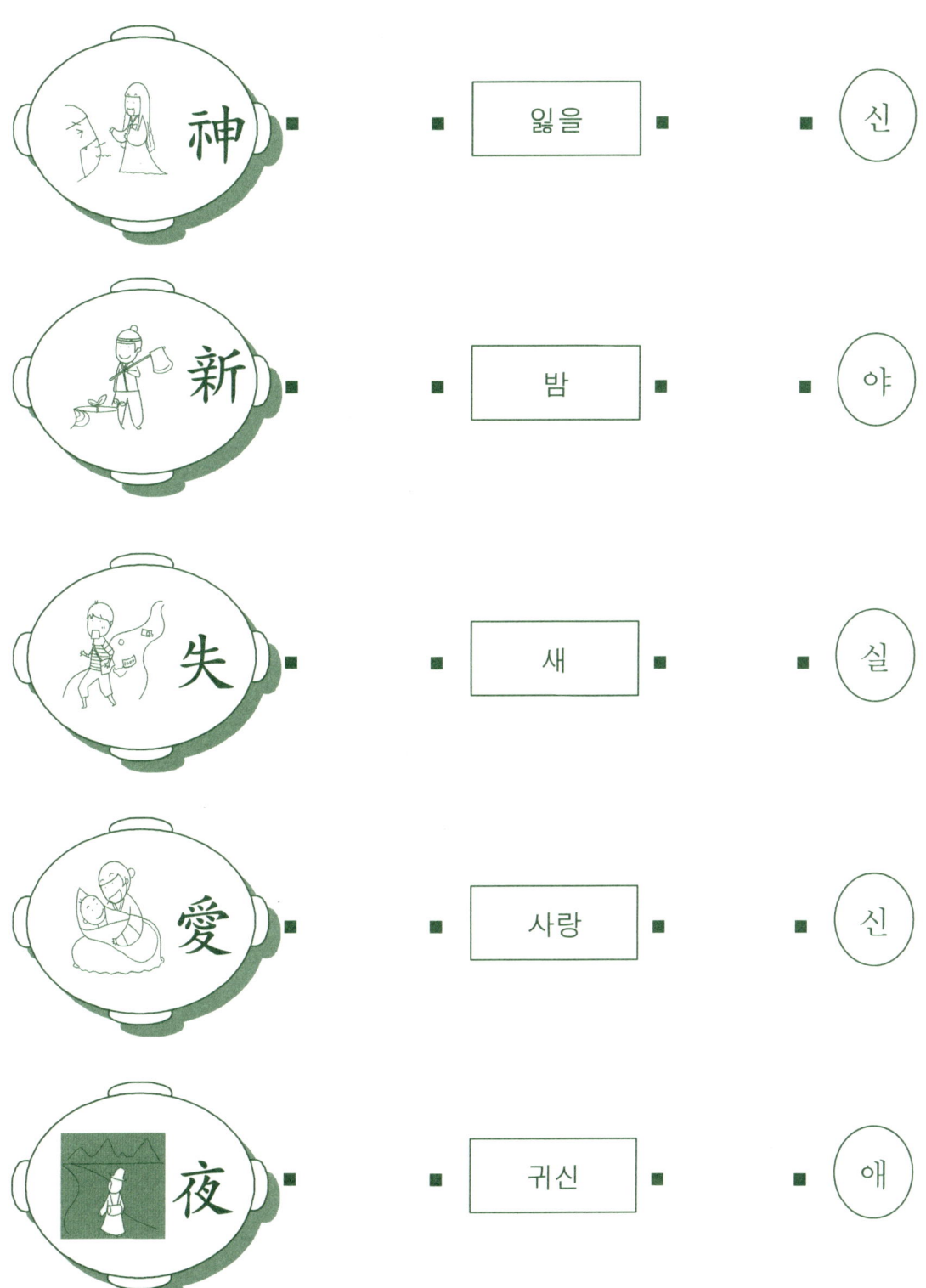

○ **핵심정리장 18**　　　　　　　　　　　　⬇ 자세히 읽어 보세요.

자원풀이 및 핵심정리

 祂 禗 神 神　　귀신　신
　　　　　　　　　　　　　　　정신　신

만물을 내고 복과 화를 펴 보이시는 '귀신'을 나타낸 자입니다.

 𣓷 𣓀 新 新　　 새　신

도끼로 자른 나무의 밑동에 자라난 '새' 싹이라는 뜻의 자입니다.
- 親(친할 **친**), 新(새 **신**)
- 부수는 斤(도끼 **근**)임.

 𠂆 𠂉 失 失　　잃을　실

손에서 물건이 빠져나가 '잃어' 버렸다는 뜻의 자입니다.
- 父(지아비 **부**), 失(잃을 **실**), 先(먼저 **선**)

 𤔔 𤔕 愛 愛:　　사랑　애

손으로 덮어 감싸주고 발로 버티어 주듯이 하는 마음이 '사랑'이라는
뜻의 자입니다.
- 긴소리로 읽음.
- 부수는 心(마음 **심**)임.

 夅 夜 夜 夜:　　 밤　야

해가 져서 또 '밤'이 됐다는 뜻의 자입니다.
- 긴소리로 읽음.
- **주야**(晝 ↔ 夜)는 서로 반의어임.
- 부수는 夕(저녁 **석**)임.

	示 부수 5획, 총 10획.	( )부수 ( )획, 총 ( )획.
神 귀신 정신 신 신		
	神童 神父 神話 神通力	

	斤 부수 9획, 총 13획.	( )부수 ( )획, 총 ( )획.
新 새 신		
	新式 新聞 新綠 新年 新入生	

	大 부수 2획, 총 5획.	( )부수 ( )획, 총 ( )획.
失 잃을 실		
	失神 失手 失意 失言 失業	

	心 부수 9획, 총 13획.	( )부수 ( )획, 총 ( )획.
愛 사랑 애		
	愛:用 愛:人 愛:族 愛:國歌	

	夕 부수 5획, 총 8획.	( )부수 ( )획, 총 ( )획.
夜 밤 야		
	夜:光 夜:食 夜:學 夜:行 夜:間	

6급(6급Ⅱ)-18-복습·쓰기장

♣ 아래의 빈칸을 채우시오.　　　　　　　　　　　　　　　【지난학습】

이길 **승**	비로소 **시**	법 **식**	몸 **신**	믿을 **신**

【금일학습】

神 귀신 **신**					
新 새 **신**					
失 잃을 **실**					
愛 사랑 **애**					
夜 밤 **야**					

신동 신부 신화 신통력
신식 신문 신록 신년 신입생
실신 실수 실의 실언 실업
애용 애인 애족 애국가
야광 야식 야학 야행 야간

다음 그림에 알맞은 한자(漢字)의 뜻(訓)과 음(音)을 연결 지어 보시오.

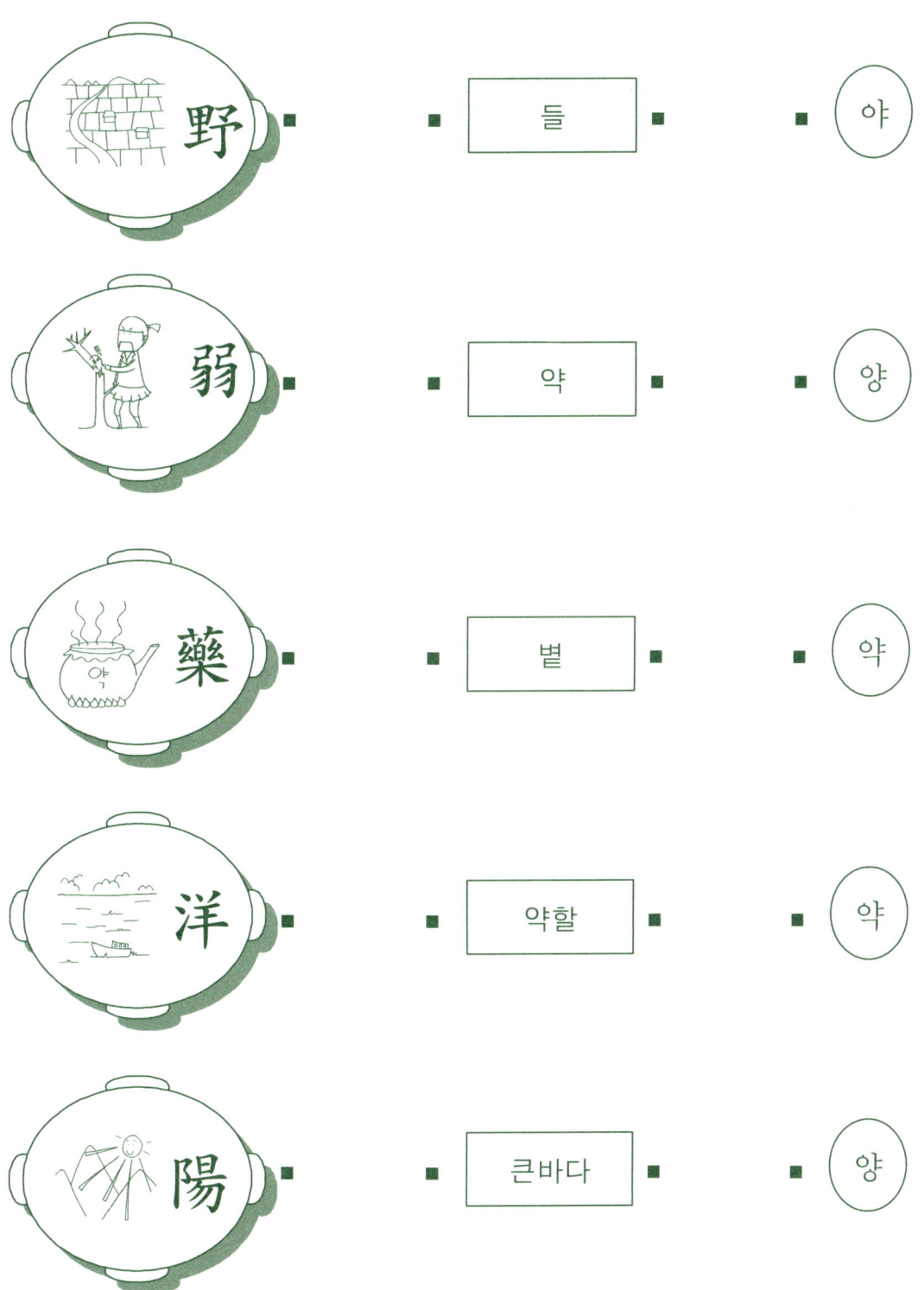

○ 핵심정리장 19

자원풀이 및 핵심정리

 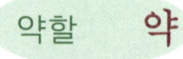

사람에게 곡식을 키워주는 논밭이 있는 '**들**' 이라는 뜻의 자입니다.
- 긴소리로 읽음.
- **조야**(朝 ↔ 野)는 서로 반의어임.

새의 날갯죽지가 활처럼 굽어져서 힘을 다 쓰지 못하니 '**약하다**' 는 뜻의 자입니다.
- **강약**(强 ↔ 弱)은 서로 반의어임.

 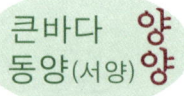

초목의 뿌리나 잎 등으로 조제되어 병을 낫게 하여 즐겁게 해주는 물건이 '**약**' 이라는 뜻의 자입니다.
- 樂(노래 **악** / 즐길 **락** / 좋아할 **요**), 藥(약 **약**)

물결 이는 모습이 양 떼의 움직임처럼 보이는 '**큰 바다**' 라는 뜻의 자입니다.
- **해양**(海 ≒ 洋)은 서로 동의어임.

산언덕의 남쪽으로 따스한 햇볕인 '**볕**' 이 든다는 뜻의 자입니다.
- 場(마당 **장**), 陽(볕 **양**)

6급(6급Ⅱ)-19

월   일 【시 간】   ~

野 들 야	里 부수 4획, 총 11획.　　(　　)부수 (　　)획, 총 (　　)획.
	野:球　　野:外　　林野　　平野　　野:生花

弱 약할 약	弓 부수 7획, 총 10획.　　(　　)부수 (　　)획, 총 (　　)획.
	弱體　　弱小國　　老:弱者

藥 약 약	⺿ 艸 부수 15획, 총 19획.　　(　　)부수 (　　)획, 총 (　　)획.
	藥草　　藥水　　藥用　　農藥　　火:藥

洋 큰바다 동양(서양) 양	氵 水 부수 6획, 총 9획.　　(　　)부수 (　　)획, 총 (　　)획.
	洋服　　洋藥　　東洋　　海:洋　　大:西洋

陽 볕 양	阝阜 부수 9획, 총 12획.　　(　　)부수 (　　)획, 총 (　　)획.
	陽地　　陽氣　　夕陽　　太陽　　漢:陽

6급(6급Ⅱ)-19-복습·쓰기장

♣ **아래의 빈칸을 채우시오.**　　　　　　　　　　　　　　　　　　【지난학습】

귀신 **신**	새 **신**	잃을 **실**	사랑 **애**	밤 **야**

【금일학습】

野						
들 **야**						
弱						
약할 **약**						
藥						
약 **약**						
洋						
큰바다 **양**						
陽						
볕 **양**						

야구　야외　임야　평야　야생화
약체　약소국　노약자
약초　약수　약용　농약　화약
양복　양약　동양　해양　대서양
양지　양기　석양　태양　한양

다음 그림에 알맞은 한자(漢字)의 뜻(訓)과 음(音)을 연결 지어 보시오.

o 핵심정리장 20   자세히 읽어 보세요.

자원풀이 및 핵심정리

 言 말씀 언

혀로부터 곧바로 나오는 '**말**(말씀)' 이라는 뜻의 자입니다.
- **언어**(言 ≒ 語)는 서로 동의어임.
- **언행**(言 ↔ 行)은 서로 반의어임.

 業 업(일) 업

종이나 북 등의 악기를 달거나 걸어놓는 악기틀의 모양을 나타낸 자로, 그것으로 직 '**업**(일)' 으로 삼았다는 뜻의 자입니다.
- 業(업 업), 對(대할 대)

 永: 길(긴) 영

여러 갈래의 물줄기가 합쳐져 멀리 '**길**' 게 흘러간다는 뜻의 자입니다.
- 긴소리로 읽음.
- **영원**(永 ≒ 遠)은 서로 동의어임.

 英 꽃부리 영

초목에서 가장 곱게 보이는 꽃의 중심부인 '**꽃부리**' 를 뜻하는 자입니다.

 溫 따뜻할 온

죄수에게 물과 음식을 그릇 가득 담아 주는 마음이 '**따뜻하다**' 는 뜻의 자입니다.

6급(6급Ⅱ)-20

월   일 【시 간】   ~

言 말씀 언	言 부수 0획, 총 7획. ( )부수 ( )획, 총 ( )획.
	言行 言語 名言 一口二言

業 업(일) 업	木 부수 9획, 총 13획. ( )부수 ( )획, 총 ( )획.
	業界 業主 業體 家業 學業

永 길(긴) 영	水 부수 1획, 총 5획. ( )부수 ( )획, 총 ( )획.
	永:生 永:世 永:遠 永:住

英 꽃부리 영	⺾ 艸 부수 5획, 총 9획. ( )부수 ( )획, 총 ( )획.
	英才 英語 英國 英美 英特

溫 따뜻할 온	氵 水 부수 10획, 총 13획. ( )부수 ( )획, 총 ( )획.
	溫室 溫度 溫水 溫風 體溫

6급(6급Ⅱ)-20-복습·쓰기장

♣ 아래의 빈칸을 채우시오.　　　　　　　　　　　　　　　【지난학습】

들 **야**	약할 **약**	약 **약**	큰바다 **양**	볕 **양**

【금일학습】

言 말씀 언							
業 업 업							
永 길 영							
英 꽃부리 영							
溫 따뜻할 온							

언행　언어　명언　일구이언
업계　업주　업체　가업　학업
영생　영세　영원　영주
영재　영어　영국　영미　영특
온실　온도　온수　온풍　체온

■ 다음 그림에 알맞은 한자(漢字)의 뜻(訓)과 음(音)을 연결 지어 보시오.

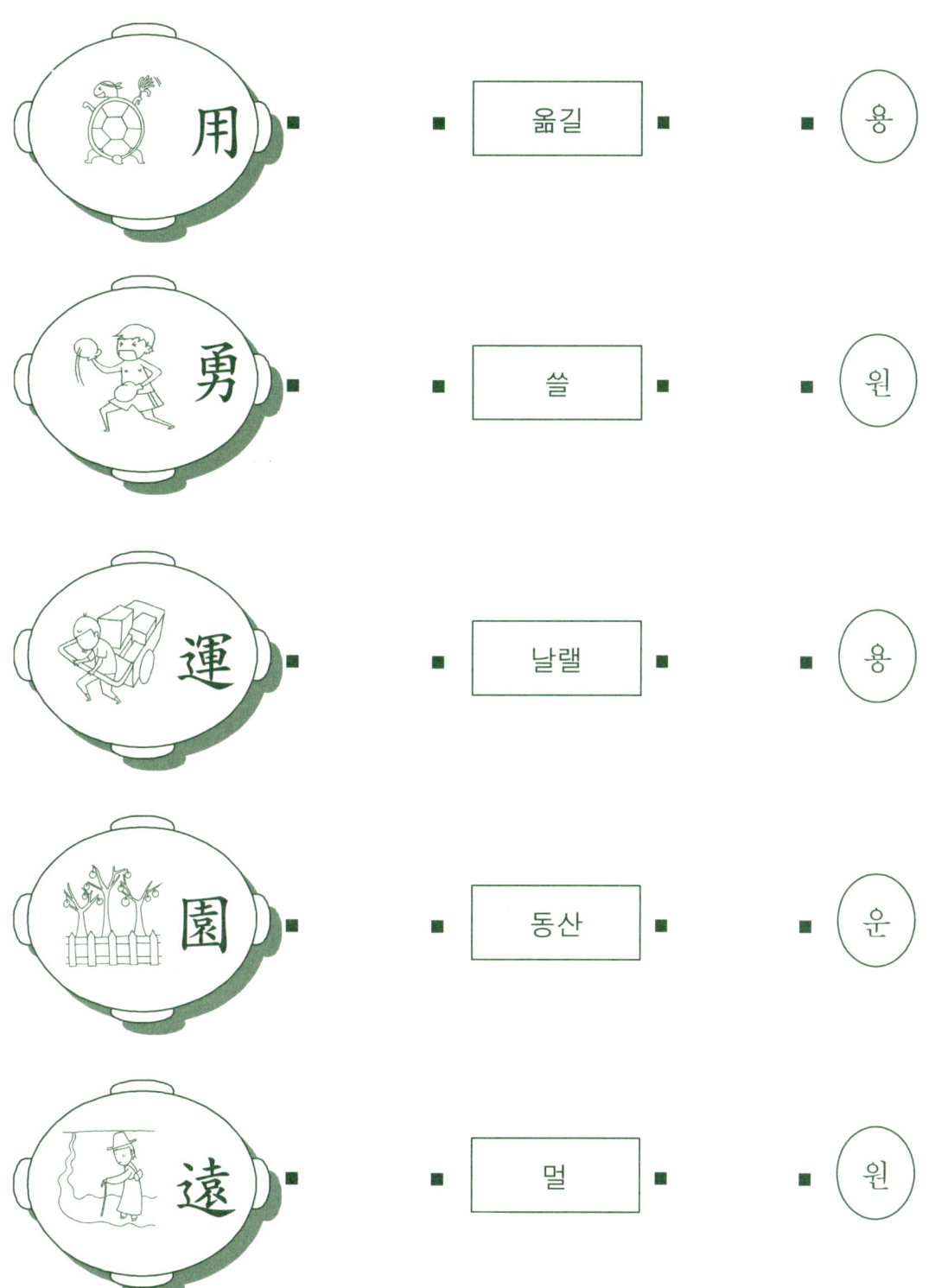

○ 핵심정리장 21  자세히 읽어 보세요.

자원풀이 및 핵심정리

  쓸 용

어떤 일을 시행함에 거북점으로 그 일을 점쳐서 들어맞으면 점을 받들어 시행하여 '썼다'는 뜻의 자입니다.
- 긴소리로 읽음.
- 用(쓸 **용**), 角(뿔 **각**), 勇(날랠 **용**).

 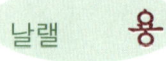 날랠 용

힘이 용솟음 쳐서 행동이 매우 '날래다'는 뜻의 자입니다.
- 긴소리로 읽음.
- 用(쓸 **용**), 角(뿔 **각**), 勇(날랠 **용**).

   옮길 운

이동해 가는 군사들이 전차를 움직여 '옮긴다'는 뜻의 자입니다.
- 긴소리로 읽음.
- 부수는 辶 = 辵 (쉬엄쉬엄갈 **착**)임.

   동산 원

과일이 치렁치렁 달린 나무가 있어 울타리로 둘러쳐진 '동산'을 뜻한 자입니다.
- 정원(庭 ≒ 園)은 서로 동의어임.

   멀 원

옷을 챙겨 떠나가야 할 만큼 길이 '멀다'는 뜻의 자입니다.
- 긴소리로 읽음.
- 원근(遠 ↔ 近)은 서로 반의어임.
- 영원(永 ≒ 遠)는 서로 동의어임.
- 부수는 辶 = 辵 (쉬엄쉬엄갈 **착**)임.

6급(6급Ⅱ)-21

월   일 【시 간】   ~

用 쓸 용	用 부수 0획, 총 5획. ( )부수 ( )획, 총 ( )획.
	用:度 用:例 用:語 用:紙 活用

勇 날랠 용	力 부수 7획, 총 9획. ( )부수 ( )획, 총 ( )획.
	勇:氣

運 옮길 운	辶辵 부수 9획, 총 13획. ( )부수 ( )획, 총 ( )획.
	運:命 運:用 運:行 氣運 運:動場

園 동산 원	囗 부수 10획, 총 13획. ( )부수 ( )획, 총 ( )획.
	農園 樂園 花園 植物園

遠 멀 원	辶辵 부수 10획, 총 14획. ( )부수 ( )획, 총 ( )획.
	遠:近 遠:大 遠:洋 遠:心力 不遠千里

105

♣ **아래의 빈칸을 채우시오.**　　　　　　　　　　　　　　【지난학습】

말씀　**언**	업　**업**	길　**영**	꽃부리　**영**	따뜻할　**온**

【금일학습】

用 쓸　용						
勇 날랠　용						
運 옮길　운						
園 동산　원						
遠 멀　원						

용도　용례　용어　용지　활용
용기
운명　운용　운행　기운　운동장
농원　낙원　화원　식물원
원근　원대　원양　원심력　불원천리

다음 그림에 알맞은 한자(漢字)의 뜻(訓)과 음(音)을 연결 지어 보시오.

○ 핵심정리장 22    자세히 읽어 보세요.

자원풀이 및 핵심정리

 甶 甶 由 由   말미암을 유

열매가 꼭지로 **'말미암아'** 매달린 모양을 본뜬 자입니다.
- 由(말미암을 **유**), 油(기름 **유**).

 油 油 油   기름 유

열매의 씨앗 등이 여과장치로 말미암아 **'기름'**이 된다는 뜻의 자입니다.
- 由(말미암을 **유**), 油(기름 **유**).

 銀 銀 銀    은 은

이쪽에서 저 끝까지 눈을 굴려 살펴도 흰 빛을 띠는 쇠붙이는 **'은'**이라는 뜻의 자입니다.

 㱃 㱃 㱃 飮 飮: 마실 음

하품할 때처럼 입을 크게 벌리고 물이나 국 따위를 **'마신다'**는 뜻의 자입니다.
- 긴소리로 읽음.

 音 音 音 音   소리 음

마음으로부터 입을 통해 절도(마디)있게 표현되는 **'소리'**라는 뜻의 자입니다.
- 音(소리 **음**), 意(뜻 **의**).

由 말미암을 유	田 부수 0획, 총 5획.　　　(　　)부수 (　　)획, 총 (　　)획.
	由來　　　事:由　　　不自由　　　自由世界

油 기름 유	氵 水 부수 5획, 총 8획.　　　(　　)부수 (　　)획, 총 (　　)획.
	油畫　　　石油　　　重:油

銀 은 은	金 부수 6획, 총 14획.　　　(　　)부수 (　　)획, 총 (　　)획.
	銀行　　　水銀　　　金銀　　　銀世界

飮 마실 음	食 부수 4획, 총 13획.　　　(　　)부수 (　　)획, 총 (　　)획.
	飮:食　　　米飮　　　食飮

音 소리 음	音 부수 0획, 총 9획.　　　(　　)부수 (　　)획, 총 (　　)획.
	音樂　　　音色　　　讀音　　　訓:音　　　發音

♣ 아래의 빈칸을 채우시오.   【지난학습】

쓸 용	날랠 용	옮길 운	동산 원	멀 원

【금일학습】

由						
말미암을 유						
油						
기름 유						
銀						
은 은						
飮						
마실 음						
音						
소리 음						

유래 사유 부자유 자유세계
유화 석유 중유
은행 수은 금은 은세계
음식 미음 식음
음악 음색 독음 훈음 발음

■ 다음 그림에 알맞은 한자(漢字)의 뜻(訓)과 음(音)을 연결 지어 보시오.

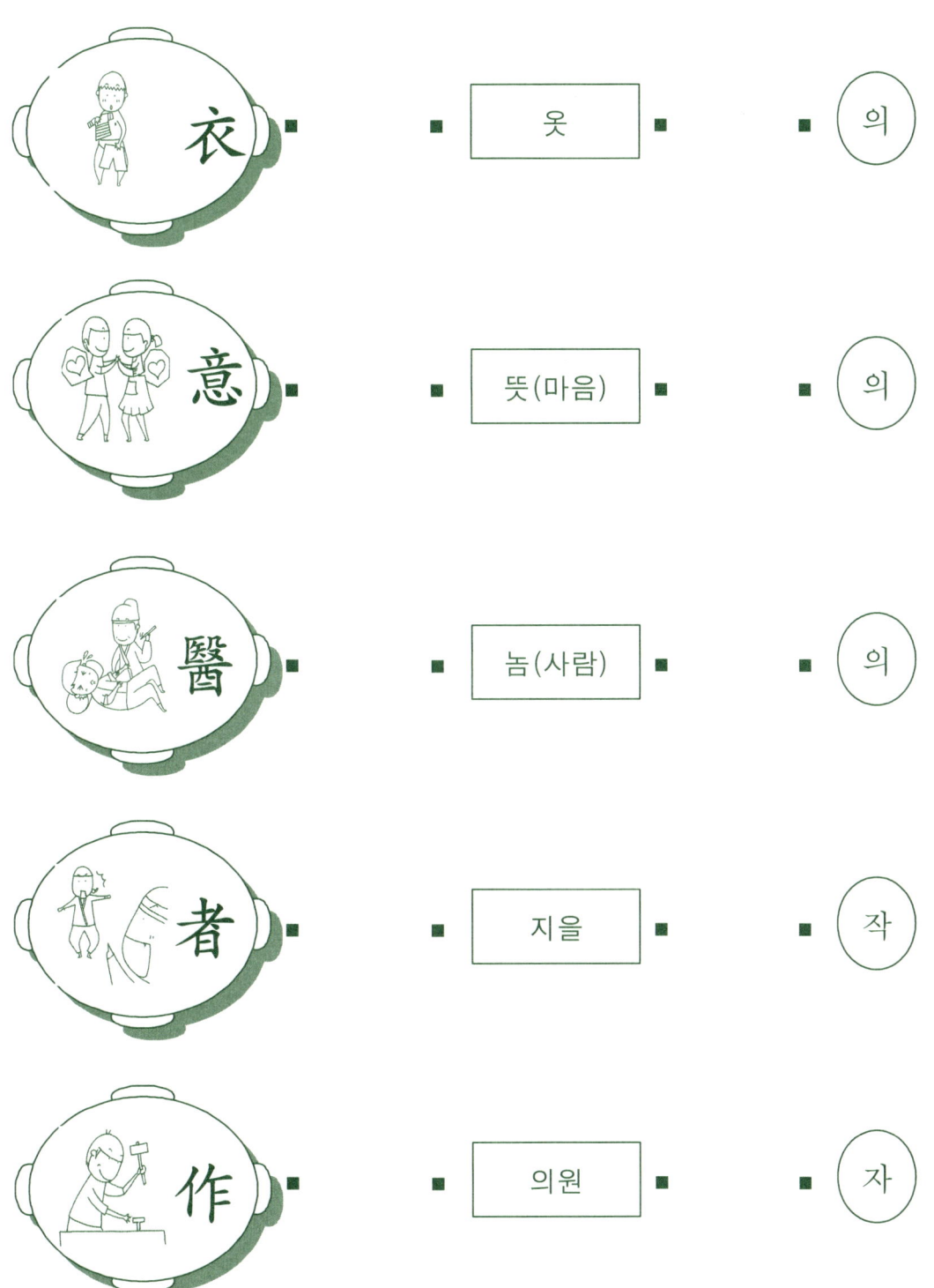

○ 핵심정리장 23　　　　　　　　　　　　　　⬇ 자세히 읽어 보세요.

자원풀이 및 핵심정리

 𠆢 𠆢 𠆢 衣 衣　　옷　의

사람이 의지하여 몸을 가리는데 쓰이는 것이 '옷'이라는 뜻의 자입니다.
- 의복(衣 ≒ 服)은 서로 동의어임.
- 衣(옷 **의**), 表(겉 **표**).

　 意:　　뜻(마음)　의

마음의 소리가 '뜻'이 된다는 자입니다.
- 긴소리로 읽음.
- 音(소리 **음**), 意(뜻 **의**).

 醫 醫 醫 醫　　의원　의

화살촉처럼 뾰족한 침을 상자 속에서 꺼내 톡톡 두드려 몸에 꽂던지 약술을 먹이거나 상처 부위에 발라 치료하는 '의원'이라는 뜻의 자입니다.

 者 者 者 者　　놈(사람)　자
　　　　　　　　　　　　　　것　　　　자

옛날에는 나이 많은 이가 사람을 낮추어 말할 때 이 놈 저 '놈' 한다는 뜻의 자입니다.
- 老(늙을 **로**), 孝(효도 **효**), 者(놈 **자**).

 乍 乍 作 作 作　　지을　작

사람이 잠시도 쉬지 않고 무엇을 '지어' 만든다는 뜻의 자입니다.
- 作(지을 **작**), 昨(어제 **작**).

6급(6급Ⅱ)-23

衣 옷 의	衣 부수 0획, 총 6획.	( )부수 ( )획, 총 ( )획.
	衣服　　上:衣　　衣食住　　白衣民族	

意 뜻(마음) 의	心 부수 9획, 총 13획.	( )부수 ( )획, 총 ( )획.
	意:圖　　意:外　　意:表　　意:向　　民意	

醫 의원 의	酉 부수 11획, 총 18획.	( )부수 ( )획, 총 ( )획.
	醫術　　醫書　　醫學　　名醫　　洋醫	

者 놈(사람) 자 / 것 자	耂 老 부수 5획, 총 9획.	( )부수 ( )획, 총 ( )획.
	前者　　後:者　　學者　　年長者　　不在者	

作 지을 작	亻人 부수 5획, 총 7획.	( )부수 ( )획, 총 ( )획.
	作家　　作文　　作業　　作別　　作心三日	

6급(6급Ⅱ)-23-복습·쓰기장

♣ 아래의 빈칸을 채우시오.   【지난학습】

| 말미암을 유 | 기름 유 | 은 은 | 마실 음 | 소리 음 |

【금일학습】

衣 옷 의							
意 뜻 의							
醫 의원 의							
者 놈 자							
作 지을 작							

의복   상의   의식주   백의민족
의도   의외   의표   의향   민의
의술   의서   의학   명의   양의
전자   후자   학자   연장자   부재자
작가   작문   작업   작별   작심삼일

114

▦ 다음 그림에 알맞은 한자(漢字)의 뜻(訓)과 음(音)을 연결 지어 보시오.

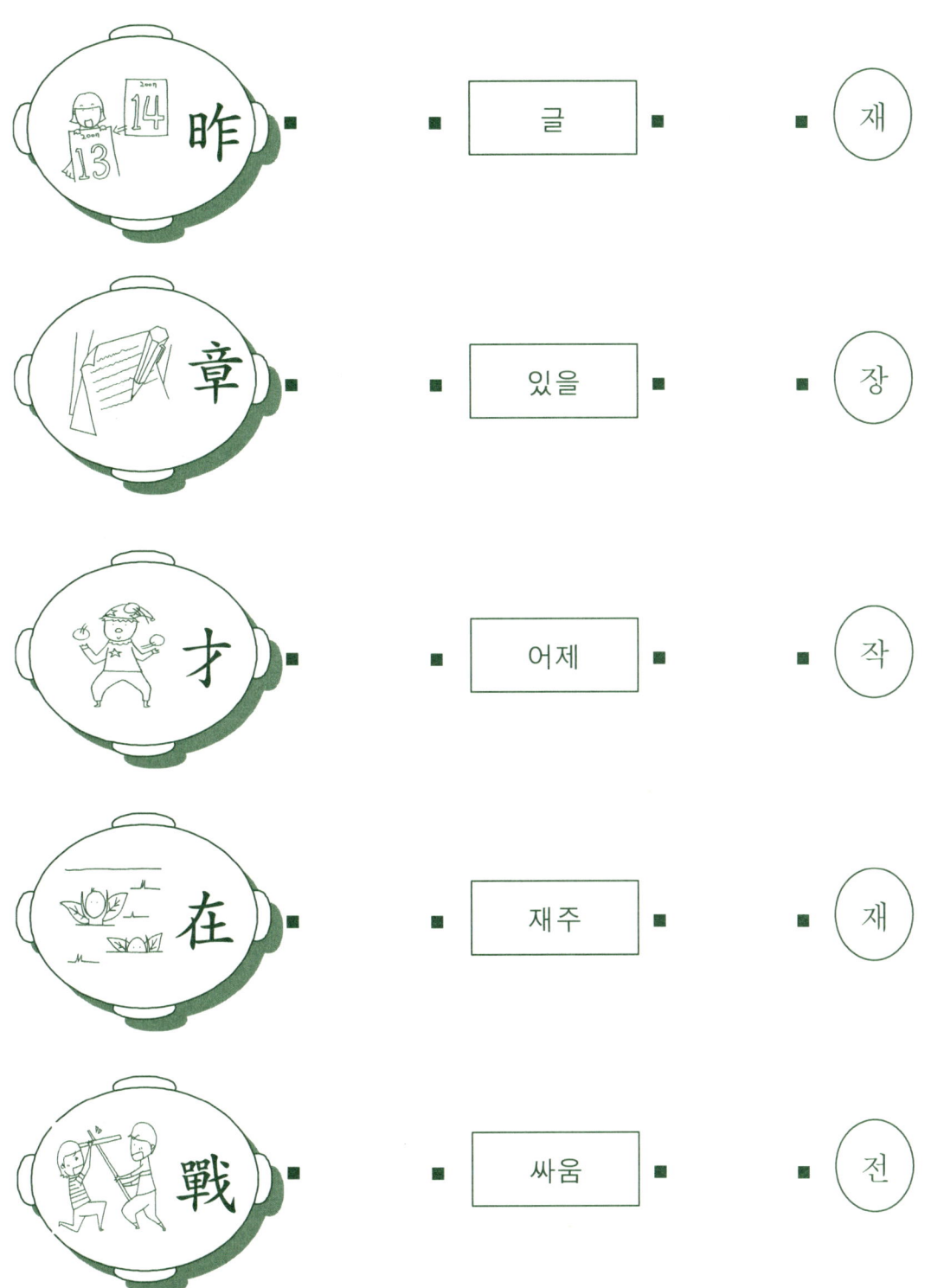

○ **핵심정리장 24**　　　　　　　　　　　　　　　　▼ 자세히 읽어 보세요.

자원풀이 및 핵심정리

　　昨　昨　昨　　　어제　**작**

잠깐 사이에 지나가버린 날인 '어제' 란 뜻의 자입니다.
- 作(지을 **작**), 昨(어제 **작**).

　　章　章　章　章　　　글　**장**

숫자는 십의 단위로 끊어지듯 음악성이 있는 '글' 도 또한 그렇다는 뜻의 자입니다.
- **문장**(文 ≒ 章)은 서로 동의어임.
- 부수는 立 (설 **립**)임.　　• 里(마을 **리**), 重(무거울 **중**), 章(글 **장**), 童(아이 **동**)

　　十　十　才　才　才　　　재주　**재**

새싹이 땅을 뚫고 돋아나는 모양을 본뜬 자로, 태어날 때부터 갖는 '재주' 라는 뜻의 자입니다.
- 扌(손**수**변 = **재**방변) - 세 번째 획은 **치켜 올림**.
- 才(재주 **재**) - 세 번째 획은 삐침(ノ)으로 씀.

　　中　十　扗　在　在：　　　있을　**재**

새싹이 땅을 뚫고 나오듯이 그런 재주가 '있다' 는 뜻의 자입니다.
- 긴소리로 읽음.
- 부수는 土 (흙 **토**)임.

　　戰　戰　戰　戰　戰：　　　싸움　**전**

끝이 두 가닥진 창과 날 부분에 가지가 난 창을 맞부딪치며 무기로 '싸움' 을 한다는 뜻의 자입니다.
- 긴소리로 읽음.
- 부수는 戈 (창 **과**)임.

昨
어제 작

日 부수 5획, 총 9획.　　　(　　)부수 (　　)획, 총 (　　)획.

昨年　　　昨今　　　昨日

章
글 장

立 부수 6획, 총 11획.　　　(　　)부수 (　　)획, 총 (　　)획.

文章　　　樂章

才
재주 재

扌手 부수 0획, 총 3획.　　　(　　)부수 (　　)획, 총 (　　)획.

才色　　　天才

在
있을 재

土 부수 3획, 총 6획.　　　(　　)부수 (　　)획, 총 (　　)획.

在:京　　　在:學　　　自由自在　　　人命在天

戰
싸움 전

戈 부수 12획, 총 16획.　　　(　　)부수 (　　)획, 총 (　　)획.

戰:勝　　　戰:線　　　戰:死　　　戰:後　　　出戰

♣ **아래의 빈칸을 채우시오.** 【지난학습】

옷 의	뜻 의	의원 의	놈 자	지을 작

【금일학습】

昨 어제 작					
章 글 장					
才 재주 재					
在 있을 재					
戰 싸움 전					

작년 작금 작일
문장 악장
재색 천재
재경 재학 자유자재 인명재천
전승 전선 전사 전후 출전

■ 다음 그림에 알맞은 한자(漢字)의 뜻(訓)과 음(音)을 연결 지어 보시오.

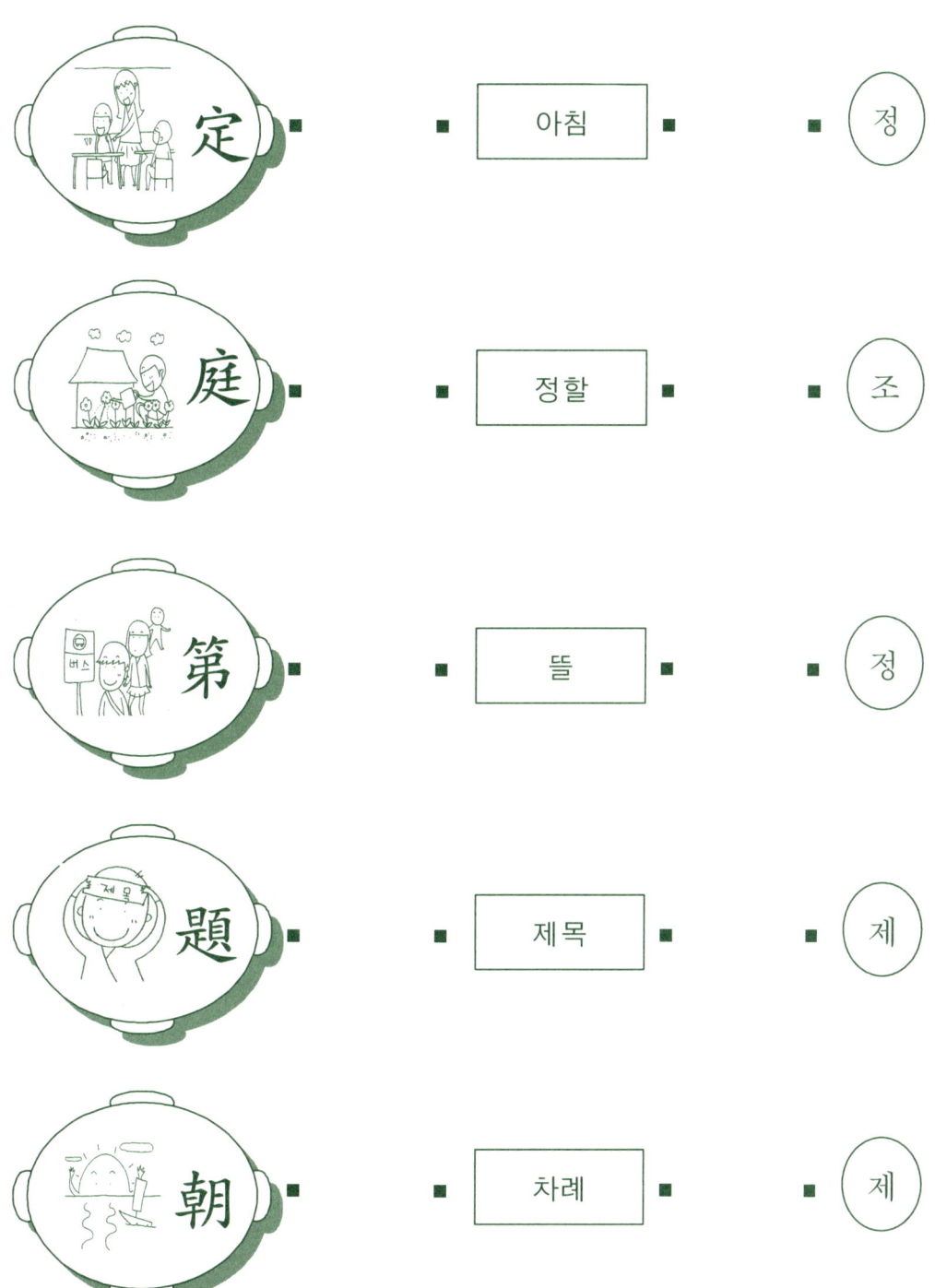

○ **핵심정리장 25**　　　　　　　　　⬇ 자세히 읽어 보세요.

자원풀이 및 핵심정리

金 宖 定 定 ：　　정할 정

집에서도 바른 자세로 자리를 '**정하여**' 앉는다는 뜻의 자입니다.
- 긴소리로 읽음.
- 足(발 **족**), 定(정할 **정**).

庭 庭 庭　　뜰 정

지붕을 덮은 조정의 작은 '**뜰**'을 뜻하는 자입니다.
- 정원(庭 ≒ 園)은 서로 동의어임.

第 弟 第 ：　　차례 제
　　　　　　　과거 제

글을 쓴 대쪽들을 순서에 따라 앞에서부터 뒤로 '**차례**' 대로 묶는다는 뜻의 자입니다.
- 긴소리로 읽음.
- 弟(아우 **제**), 第(차례 **제**).

題 題 題 題　　제목 제

이마에 이것이라고 표시한 '**제목**'을 쓴다는 뜻의 자입니다.
- 부수는 頁 (머리 **혈**)임.

朝 朝 朝 朝　　아침 조
　　　　　　　조정 조

배 모양의 달이 아직 하늘에 있는데 풀섶의 해가 떠오르기 시작하니 '**아침**'이 됐음을 나타내는 자입니다.
- **조석**(朝 ↔ 夕) · **조야**(朝 ↔ 野)는 서로 반의어임.
- 부수는 月 (달 **월**)임.

120

定 정할 정	宀 부수 5획, 총 8획. (　)부수 (　)획, 총 (　)획.
	定:理　　定:立　　定:足數　　安定　　不特定

庭 뜰 정	广 부수 7획, 총 10획. (　)부수 (　)획, 총 (　)획.
	庭園　　庭園樹　　庭球　　家庭　　校:庭

第 차례 제 / 과거 제	竹 부수 5획, 총 11획. (　)부수 (　)획, 총 (　)획.
	第:三國　　第:三者　　第:一線　　第:四學年

題 제목 제	頁 부수 9획, 총 18획. (　)부수 (　)획, 총 (　)획.
	題目　　題號　　問:題　　出題　　話題

朝 아침 조 / 조정 조	月 부수 8획, 총 12획. (　)부수 (　)획, 총 (　)획.
	朝夕　　朝會　　王朝　　朝野

6급(6급Ⅱ)-25-복습·쓰기장

♣ 아래의 빈칸을 채우시오.　　　　　　　　　　　　　　【지난학습】

어제 **작**	글 **장**	재주 **재**	있을 **재**	싸움 **전**

【금일학습】

定						
정할 정						
庭						
뜰 정						
第						
차례 제						
題						
제목 제						
朝						
아침 조						

정리　정립　정족수　안정　불특정
정원　정원수　정구　가정　교정
제삼국　제삼자　제일선　제사학년
제목　제호　문제　출제　화제
조석　조회　왕조　조야

■ 다음 그림에 알맞은 한자(漢字)의 뜻(訓)과 음(音)을 연결 지어 보시오.

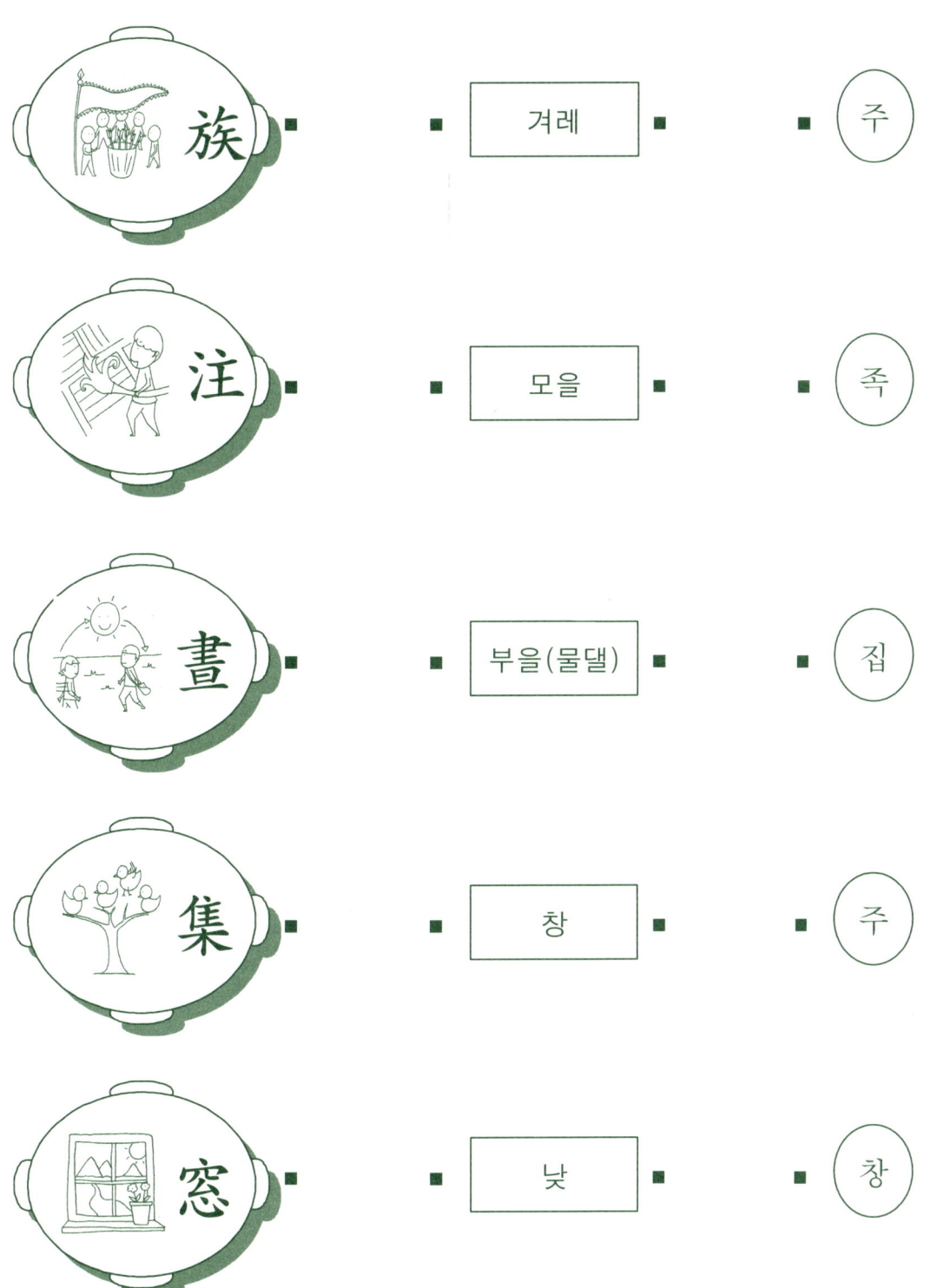

○ 핵심정리장 26　　　　　　　　　　　　　🔻 자세히 읽어 보세요.

자원풀이 및 핵심정리

 𣃚 𣃛 㫃 族 族　　　겨레　족

깃발 아래 화살 등의 무기를 들고 모인 같은 혈통의 군사가 '**겨레**' 라는 뜻의 자입니다.

 泩 洼 注　　　부을(물댈) 주 / 정신쏟을 주

물을 주류에서 끌어 대어 '**붓는다**' 는 뜻의 자입니다.
- 긴소리로 읽음.
- 主(임금 **주**), 住(살 **주**), 注(부을 **주**).

 𦘒 晝 晝 晝　　　낮　주

옛날에는 밤에 불을 밝히기가 어려웠기 때문에 붓을 들고 공부할 수 있던 때는 '**낮**' 이었다는 뜻을 나타낸 자입니다.
- **주야**(晝 ↔ 夜)는 서로 반의어임.
- 書(글 **서**), 晝(낮 **주**), 畫(그림 **화** / 그을 **획**).
- 부수는 日 (날 **일**)임.

 𠦅 𠩜 𠩝 集 集　　　모을　집

꽁지 짧은 작은새 떼가 나뭇가지 위에 '**모여**' 있다는 뜻의 자입니다.
- 부수는 隹 (새 **추**)임.

 囱 囪 窓 窓　　　창　창

방 안을 환기시킬 때 이용하는 것으로 마음에도 그런 구멍의 '**창**' 이 있다는 뜻의 자입니다.
- 부수는 穴 (구멍 **혈**)임.

族 겨레 족	方 부수 7획, 총 11획.　　( )부수 ( )획, 총 ( )획.
	族長　　部族　　家族　　漢:族　　韓:民族
注 부을(물댈) 주 / 정신쏟을 주	氵 水 부수 5획, 총 8획.　　( )부수 ( )획, 총 ( )획.
	注:日　　注:意　　注:入式　　注:油所
晝 낮 주	日 부수 7획, 총 11획.　　( )부수 ( )획, 총 ( )획.
	晝夜　　晝間　　白晝
集 모을 집	隹 부수 4획, 총 12획.　　( )부수 ( )획, 총 ( )획.
	集中　　集合　　集會　　文集　　集大成
窓 창 창	穴 부수 6획, 총 11획.　　( )부수 ( )획, 총 ( )획.
	窓口　　窓門　　同窓　　車窓　　學窓

♣ **아래의 빈칸을 채우시오.** 【지난학습】

정할 정	뜰 정	차례 제	제목 제	아침 조

【금일학습】

族 겨레 족							
注 부을 주							
晝 낮 주							
集 모을 집							
窓 창 창							

족장 부족 가족 한족 한민족
주목 주의 주입식 주유소
주야 주간 백주
집중 집합 집회 문집 집대성
창구 창문 동창 차창 학창

▦ 다음 그림에 알맞은 한자(漢字)의 뜻(訓)과 음(音)을 연결 지어 보시오.

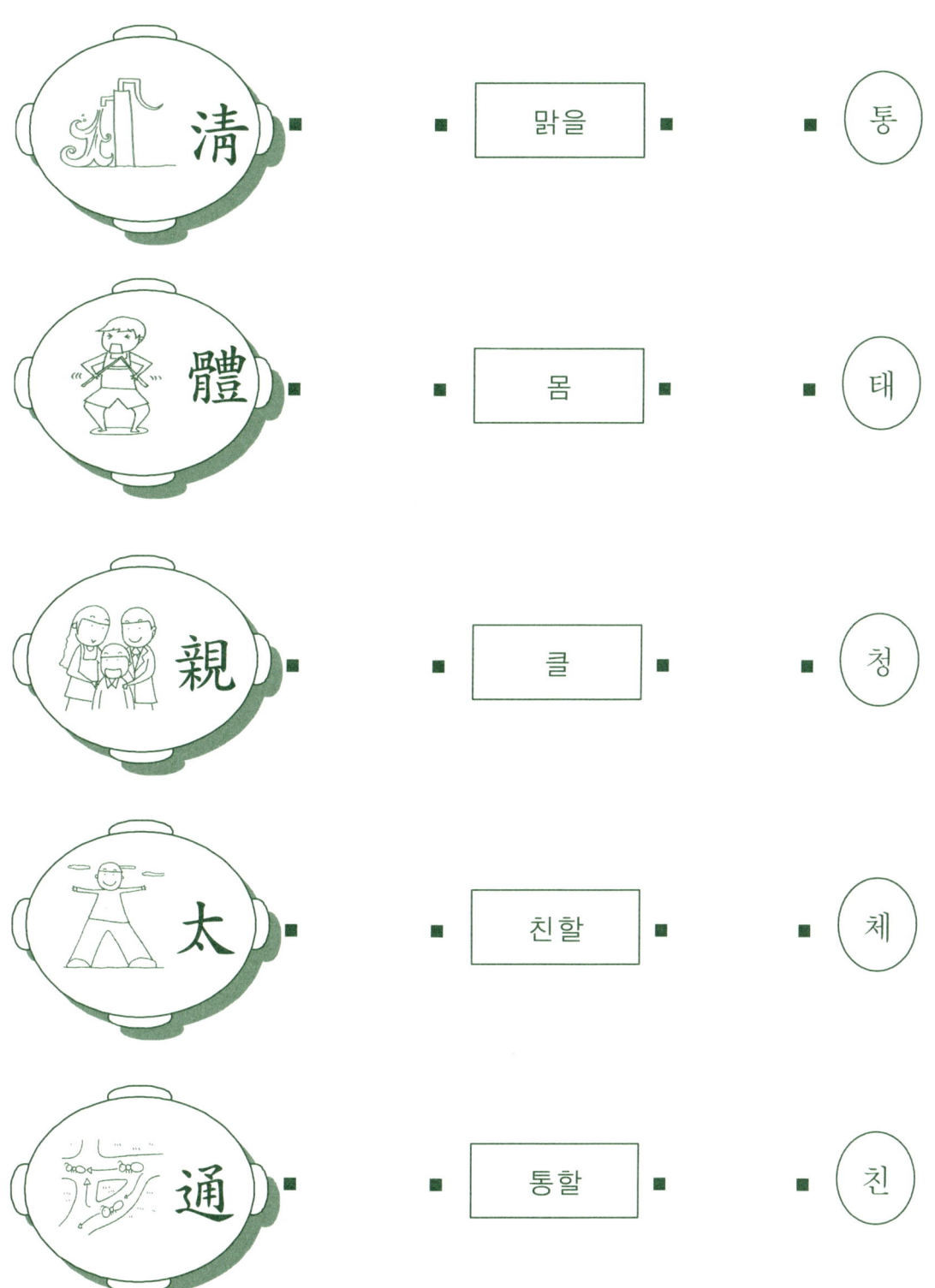

o 핵심정리장 27    자세히 읽어 보세요.

자원풀이 및 핵심정리

 淸 　맑을 청

물빛이 푸르니 아주 깨끗하고 '맑다'는 뜻의 자입니다.
- 靑(푸를 **청**), 淸(맑을 **청**).

 體 　몸 체

질서 있게 뼈대와 살과 오장육부로 갖추어진 '몸'이라는 뜻의 자입니다.
- **신체**(身 ≒ 體)는 서로 동의어임.
- 禮(예도 **례**), 體(몸 **체**).

 親 　친할 친 / 아버지 친

나무순이 포개져 나온 것처럼 자식을 여럿 두고 보살피는 '어버이'란 뜻의 자로, 어버이와 자식 간에는 '친함'이 있어야 한다는 뜻도 있습니다.
- 新(새 **신**), 親(친할 **친**).

 太 　클 태

대(大)라는 글자가 두 개 겹쳐 있음을 점으로 표시하여 너무너무 '크다'는 뜻을 나타낸 자입니다.
- 大(큰 **대**), 太(클 **태**).

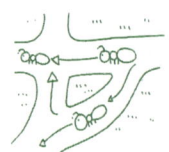 通 　통할 통

좁은 골목길을 빠져 나가면 점점 큰 길로 '통한다'는 뜻을 가진 자입니다.
- 부수는 辶 = 辵 (쉬엄쉬엄갈 **착**)임.

128

清 맑을 청	氵 水 부수 8획, 총 11획.	( )부수 ( )획, 총 ( )획.
	清算　　清明　　清風明月	

體 몸 체	骨 부수 13획, 총 23획.	( )부수 ( )획, 총 ( )획.
	體育　　體力　　體重　　體溫　　人體	

親 친할/어버이 친	見 부수 9획, 총 16획.	( )부수 ( )획, 총 ( )획.
	親家　　親庭　　親族　　親近　　親書	

太 클 태	大 부수 1획, 총 4획.	( )부수 ( )획, 총 ( )획.
	太陽　　太古　　太半　　太祖　　太不足	

通 통할 통	辶 辵 부수 7획, 총 11획.	( )부수 ( )획, 총 ( )획.
	通學　　通信　　通路　　通行　　通用	

♣ **아래의 빈칸을 채우시오.**　　　　　　　　　　　　　　　　　　【지난학습】

겨레 族	부을 注	낮 晝	모을 集	창 窓

【금일학습】

淸 맑을 청					
體 몸 체					
親 친할 친					
太 클 태					
通 통할 통					

청산　청명　청풍명월
체육　체력　체중　체온　인체
친가　친정　친족　친근　친서
태양　태고　태반　태조　태부족
통학　통신　통로　통행　통용

■ 다음 그림에 알맞은 한자(漢字)의 뜻(訓)과 음(音)을 연결 지어 보시오.

○ **핵심정리장 28**　　　　　　　　　　🔻 자세히 읽어 보세요.

자원풀이 및 핵심정리

　　特 特 特　　　특별할　특

관청에서 기르던 씨받이 황소는 일반 소와는 달리 '**특별하다**'는 뜻의 자입니다.
- 待(기다릴 **대**), 時(때 **시**), 特(특별할 **특**).

　　　　겉　표

모피 옷은 털을 '겉'으로 해서 입는다는 뜻의 자입니다.
- 부수는 衣(옷 **의**)임.
- 衣(옷 **의**), 表(겉 **표**).

　　風 風 風　　　바람　풍
　　　　　　　　　　　　　　　　　풍속　풍

날아다니는 벌레가 발산되는 공기의 힘에 휩쓸려 이동하는 것은 '**바람**' 때문이라는 뜻의 자입니다.

　　合 合 合 合 合　　합할　합
　　　　　　　　　　　　　　　　　용량단위　홉

그릇의 아가리와 뚜껑이 서로 딱 맞아 하나로 '**합할**' 수 있다는 뜻의 자입니다.
- 일자다음자임. **합 · 홉**.

　　北 氺 䘘 行 行(:)　　다닐　행
　　　　　　　　　　　　　　　　　항렬　항

사람이 길에서 걷거나 달려 '**다닌다**'는 뜻을 나타낸 자입니다.
- 긴소리 또는 짧은소리로도 읽음.
- 일자다음자임. **행**락(行樂) · **항**렬(行列)
- **언행**(言 ↔ 行)은 서로 반의어임.

월   일   【시 간】   ~

6급(6급Ⅱ)-28

特 특별할 특	牛 부수 6획, 총 10획.　　(　　)부수 (　　)획, 총 (　　)획.
	特別　　特級　　特急　　特席　　特食

表 겉 표	衣 부수 3획, 총 9획.　　(　　)부수 (　　)획, 총 (　　)획.
	表現　　表意　　表紙　　表出　　年表

風 바람 풍속 풍	風 부수 0획, 총 9획.　　(　　)부수 (　　)획, 총 (　　)획.
	風物　　風速　　風習　　風雪　　海:風

合 합할 용량단위 합	口 부수 3획, 총 6획.　　(　　)부수 (　　)획, 총 (　　)획.
	合計　合同　合理　合席　合成　合意

行 다닐 항렬 행/항	行 부수 0획, 총 6획.　　(　　)부수 (　　)획, 총 (　　)획.
	行動　　行樂　　行事　　行路　　孝:行

♣ **아래의 빈칸을 채우시오.**　　　　　　　　　　　　　　【지난학습】

맑을 **청**	몸 **체**	친할 **친**	클 **태**	통할 **통**

【금일학습】

特 특별할 **특**					
表 겉 **표**					
風 바람 **풍**					
合 합할 **합**					
行 다닐 **행**					

특별　특급　특급　특석　특식
표현　표의　표지　표출　연표
풍물　풍속　풍습　풍설　해풍
합계　합동　합리　합석　합성　합의
행동　행락　행사　행로　효행

◼ 다음 그림에 알맞은 한자(漢字)의 뜻(訓)과 음(音)을 연결 지어 보시오.

○ 핵심정리장 29   ⬇ 자세히 읽어 보세요.

자원풀이 및 핵심정리

 𡴘 𡴘 𡴘 幸 : 다행 행

차꼬 채워진 범인이 아직 죽지 않고 살아있음은 '**다행**'이라는 뜻의 자입니다.
• 긴소리로 읽음.

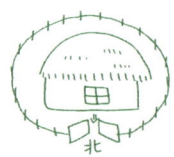 向 向 向 向 向 : 향할 향

집안의 환기를 위해 낸 창은 대체로 북쪽으로 '**향하**'고 있다는 뜻의 자입니다.
• 긴소리로 읽음.

 現 現 現 : 나타날 현

옥돌을 갈고 닦으면 아름다운 빛깔이 '**나타난다**'는 뜻의 자입니다.
• 긴소리로 읽음.

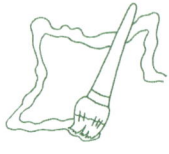 形 形 形 : 모양(꼴) 형

평평한 화판에 털붓으로 가로·세로로 무엇인가 '**모양**'을 그린다는 뜻의 자입니다.

 號 號 號 : 이름 호 / 부르짖을 호

범이 입을 벌려 우렁차게 울 '**부짖**'듯이 그렇게 큰소리로 '**이름**'을 부른다는 뜻의 자입니다.
• 긴소리로 읽음.
• 부수는 虍(범호엄)임.

6급(6급Ⅱ)-29

월   일 【시 간】   ~

幸 다행 행	干 부수 5획, 총 8획.	( )부수 ( )획, 총 ( )획.
	幸:運 天幸 幸:不幸 千萬多幸	

向 향할 향	口 부수 3획, 총 6획.	( )부수 ( )획, 총 ( )획.
	向:上 向:方 向:學 動:向 方向	

現 나타날 현	王 玉 부수 7획, 총 11획.	( )부수 ( )획, 총 ( )획.
	現:場 現:在 現:代 現:金 現:住所	

形 모양(꼴) 형	彡 부수 4획, 총 7획.	( )부수 ( )획, 총 ( )획.
	形便 形式 形成 形體 字形	

號 이름 부르짖을 호 호	虍 부수 7획, 총 13획.	( )부수 ( )획, 총 ( )획.
	口:號 國號 記:號 年號 靑信號	

♣ 아래의 빈칸을 채우시오.　　　　　　　　　　　　　【지난학습】

특별할 **특**	겉 **표**	바람 **풍**	합할 **합**	다닐 **행**

【금일학습】

幸 다행 **행**					
向 향할 **향**					
現 나타날 **현**					
形 모양 **형**					
號 이름 **호**					

행운　천행　행불행　천만다행
향상　향방　향학　동향　방향
현장　현재　현대　현금　현주소
형편　형식　형성　형체　자형
구호　국호　기호　연호　청신호

▦ 다음 그림에 알맞은 한자(漢字)의 뜻(訓)과 음(音)을 연결 지어 보시오.

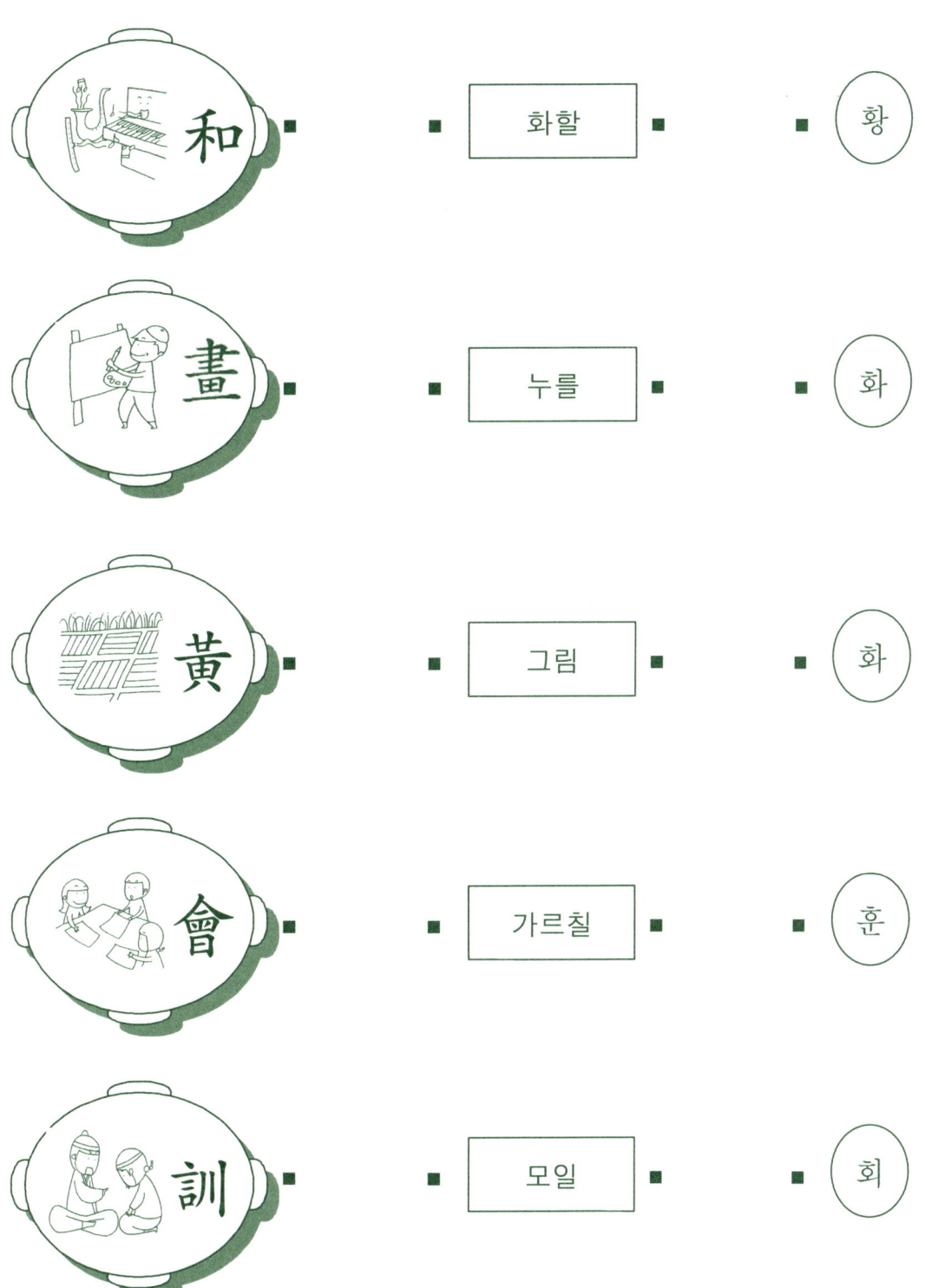

○ 핵심정리장 30　　　　　　　　　　　　　　자세히 읽어 보세요.

자원풀이 및 핵심정리

 　화할　화

벼가 자라 자연스레 쌀을 생산하듯이 피리를 부는 소리가 잘 어울려 '화하다(조화롭다)'는 뜻의 자입니다.
- 부수는 口(입 구)임.

　그림　화 / 그을　획

화선지 등의 도면 위에 밭의 경계를 붓으로 긋고 '그림'을 그린다는 뜻의 자입니다.
- 긴소리로 읽음.
- 일자다음자임. 화실(畵室)·계획(計畵).
- 도화(圖 ≒ 畵)는 서로 동의어임.
- 書(글 서), 晝(낮 주), 畫 = 畵(그림 화 / 그을 획).

 　누를　황

땅의 빛이 '누르다(누렇다)'는 뜻의 자입니다.

 　모일　회

그릇에 물건을 담고 뚜껑을 덮어 합친 모습을 본뜬 자로, 물건이나 사람의 수를 거듭 합치면 많이 '모인다'는 뜻의 자입니다.
- 긴소리로 읽음.
- 合(합할 합), 會(모일 회).

　가르칠　훈 / 뜻풀이할　훈

흐르는 냇물처럼 이치에 맞도록 말로 풀어서 '가르친다'는 뜻의 자입니다.
- 긴소리로 읽음.
- 교훈(敎 ≒ 訓)은 서로 동의어임.

월   일 【시 간】   ~

6급(6급Ⅱ)-30

和 화할 화	口 부수 5획, 총 8획. ( )부수 ( )획, 총 ( )획.
	和合 和氣 和答 和親 和音
畵 그림 그을 화획	田 부수 8획, 총 12획. ( )부수 ( )획, 총 ( )획.
	畵:家 畵:面 畵:室 名畵 區畵
黃 누를 황	黃 부수 0획, 총 12획. ( )부수 ( )획, 총 ( )획.
	黃土 黃色 黃金 黃道 黃海
會 모일 회	日 부수 9획, 총 13획. ( )부수 ( )획, 총 ( )획.
	會:社 會:食 會:同 會:意 會:話 敎:會
訓 가르칠 뜻풀이할 훈훈	言 부수 3획, 총 10획. ( )부수 ( )획, 총 ( )획.
	訓:長 訓:話 訓:手 校:訓 家訓

141

6급(6급Ⅱ)-30-복습·쓰기장

♣ 아래의 빈칸을 채우시오.　　　　　　　　　　　　　　　　　　【지난학습】

다행 **행**	향할 **향**	나타날 **현**	모양 **형**	이름 **호**

【금일학습】

和 화할 **화**						
畵 그림 **화**						
黃 누를 **황**						
會 모일 **회**						
訓 가르칠 **훈**						

화합　화기　화답　화친　화음
화가　화면　화실　명화　구획
황토　황색　황금　황도　황해
회사　회식　회동　회의　회화　교회
훈장　훈화　훈수　교훈　가훈

♣ 아래의 한자(漢字)를 써 보시오.

各	各								
각각 각									
角	角								
뿔 각									
感	感								
느낄 감									
強	強								
강할 강									
開	開								
열 개									
京	京								
서울 경									
界	界								
지경 계									
計	計								
셀 계									
古	古								
예 고									

♣ 아래의 한자(漢字)를 써 보시오.

苦	苦							
쓸 고								
高	高							
높을 고								
功	功							
공 공								
公	公							
공평할 공								
共	共							
한가지 공								
果	果							
실과 과								
科	科							
과목 과								
光	光							
빛 광								
交	交							
사귈 교								

♣ 아래의 한자(漢字)를 써 보시오.

區	區							
구분할 구								
球	球							
공 구								
郡	郡							
고을 군								
近	近							
가까울 근								
根	根							
뿌리 근								
今	今							
이제 금								
急	急							
급할 급								
級	級							
등급 급								
多	多							
많을 다								

♣ 아래의 한자(漢字)를 써 보시오.

短	短							
짧을 단								
堂	堂							
집 당								
代	代							
대신 대								
待	待							
기다릴 대								
對	對							
대할 대								
度	度							
법도 도								
圖	圖							
그림 도								
讀	讀							
읽을 독								
童	童							
아이 동								

♣ 아래의 한자(漢字)를 써 보시오.

頭	頭							
머리 두								
等	等							
무리 등								
樂	樂							
즐길 락								
例	例							
법식 례								
禮	禮							
예도 례								
路	路							
길 로								
綠	綠							
푸를 록								
利	利							
이할 리								
李	李							
오얏 리								

♣ 아래의 한자(漢字)를 써 보시오.

理	理								
다스릴 리									
明	明								
밝을 명									
目	目								
눈 목									
聞	聞								
들을 문									
米	米								
쌀 미									
美	美								
아름다울 미									
朴	朴								
성 박									
反	反								
돌이킬 반									
半	半								
반 반									

♣ 아래의 한자(漢字)를 써 보시오.

班	班							
나눌 반								
發	發							
필 발								
放	放							
놓을 방								
番	番							
차례 번								
別	別							
다를 별								
病	病							
병 병								
服	服							
옷 복								
本	本							
근본 본								
部	部							
떼 부								

♣ 아래의 한자(漢字)를 써 보시오.

分	分							
나눌 분								
死	死							
죽을 사								
使	使							
하여금 사								
社	社							
모일 사								
書	書							
글 서								
石	石							
돌 석								
席	席							
자리 석								
線	線							
줄 선								
雪	雪							
눈 설								

♣ 아래의 한자(漢字)를 써 보시오.

成	成							
이룰 성								
省	省							
살필 성								
消	消							
사라질 소								
速	速							
빠를 속								
孫	孫							
손자 손								
樹	樹							
나무 수								
術	術							
재주 술								
習	習							
익힐 습								
勝	勝							
이길 승								

♣ 아래의 한자(漢字)를 써 보시오.

始	始								
비로소 시									
式	式								
법 식									
身	身								
몸 신									
信	信								
믿을 신									
神	神								
귀신 신									
新	新								
새 신									
失	失								
잃을 실									
愛	愛								
사랑 애									
夜	夜								
밤 야									

♣ 아래의 한자(漢字)를 써 보시오.

野	野							
들 야								
弱	弱							
약할 약								
藥	藥							
약 약								
洋	洋							
큰바다 양								
陽	陽							
볕 양								
言	言							
말씀 언								
業	業							
업 업								
永	永							
길 영								
英	英							
꽃부리 영								

♣ 아래의 한자(漢字)를 써 보시오.

溫	溫							
따뜻할 온								
用	用							
쓸 용								
勇	勇							
날랠 용								
運	運							
옮길 운								
園	園							
동산 원								
遠	遠							
멀 원								
由	由							
말미암을 유								
油	油							
기름 유								
銀	銀							
은 은								

♣ 아래의 한자(漢字)를 써 보시오.

飲	飲							
마실 음								
音	音							
소리 음								
衣	衣							
옷 의								
意	意							
뜻 의								
醫	醫							
의원 의								
者	者							
놈 자								
作	作							
지을 작								
昨	昨							
어제 작								
章	章							
글 장								

♣ 아래의 한자(漢字)를 써 보시오.

才	才							
재주 재								
在	在							
있을 재								
戰	戰							
싸움 전								
定	定							
정할 정								
庭	庭							
뜰 정								
第	第							
차례 제								
題	題							
제목 제								
朝	朝							
아침 조								
族	族							
겨레 족								

♣ 아래의 한자(漢字)를 써 보시오.

注	注								
부을 주									
晝	晝								
낮 주									
集	集								
모을 집									
窓	窓								
창 창									
淸	淸								
맑을 청									
體	體								
몸 체									
親	親								
친할 친									
太	太								
클 태									
通	通								
통할 통									

♣ 아래의 한자(漢字)를 써 보시오.

特	特								
특별할 특									
表	表								
겉 표									
風	風								
바람 풍									
合	合								
합할 합									
行	行								
다닐 행									
幸	幸								
다행 행									
向	向								
향할 향									
現	現								
나타날 현									
形	形								
모양 형									

♣ 아래의 한자(漢字)를 써 보시오.

號	號							
이름 호								
和	和							
화할 화								
畫	畫							
그림 화								
黃	黃							
누를 황								
會	會							
모일 회								
訓	訓							
가르칠 훈								

♣ 아래의 약자(略字)·속자(俗字)를 써 보시오.

약자·속자 6Ⅱ·6급 - 1

區	区								
구분할 구									
對	対								
대할 대									
圖	図								
그림 도									
讀	読								
읽을 독									
同	仝								
한가지 동									
樂	楽								
즐길 락									
禮	礼								
예도 례									
發	発								
필 발									
藥	薬								
약 약									

♣ 아래의 약자(略字)·속자(俗字)를 써 보시오.

약자·속자 6Ⅱ·6급 － 2

溫	溫								
따뜻할 온									
遠	遠								
멀 원									
醫	医								
의원 의									
戰	战					戦			
싸움 전									
定	定								
정할 정									
晝	昼								
낮 주									
體	体								
몸 체									
號	号								
이름 호									
畵	画								
그림 화									

♣ 아래의 약자(略字)·속자(俗字)를 써 보시오.

약자·속자 6Ⅱ·6급 - 3

會	会								
모일 회									

한자어(漢字語) 학습

- 한자어 독음(讀音) 쓰기
- 한자어 쓰기
- 반의어(反義語)
- 동의어(同義語)
- 동음이의어(同音異義語)

♣ 다음 한자어(漢字語)의 독음(讀音)을 쓰시오. ▶정답은 183쪽

1. 各國 ( )
2. 各道 ( )
3. 各別 ( )
4. 各自 ( )
5. 角度 ( )
6. 角木 ( )
7. 直角 ( )
8. 正:三角形 ( )
9. 感:動 ( )
10. 感:氣 ( )
11. 感:服 ( )
12. 感:電 ( )
13. 萬:感 ( )
14. 強弱 ( )
15. 強國 ( )
16. 強軍 ( )
17. 強力 ( )
18. 強者 ( )
19. 開放 ( )
20. 開國 ( )
21. 開業 ( )
22. 開通 ( )
23. 開校 ( )
24. 上:京 ( )
25. 開京 ( )
26. 東京 ( )
27. 各界 ( )
28. 世:界 ( )
29. 學界 ( )
30. 外:界人 ( )
31. 計:畫 ( )
32. 計:算 ( )
33. 計:數 ( )
34. 生計 ( )
35. 時計 ( )
36. 古:今 ( )

♣ 다음 한자어(漢字語)의 독음(讀音)을 쓰시오.   ▶정답은 183쪽

1. 古:風
(   )

2. 古:代
(   )

3. 太古
(   )

4. 古:書畫
(   )

5. 苦生
(   )

6. 苦待
(   )

7. 苦戰
(   )

8. 同苦同樂
(   )

9. 高級
(   )

10. 高等
(   )

11. 高速
(   )

12. 高名
(   )

13. 高空
(   )

14. 功利
(   )

15. 有:功者
(   )

16. 功名心
(   )

17. 公共
(   )

18. 公園
(   )

19. 公平
(   )

20. 公明正大
(   )

21. 共:感
(   )

22. 共:同體
(   )

23. 共:生
(   )

24. 共:通
(   )

25. 共:學
(   )

26. 果:木
(   )

27. 果:然
(   )

28. 青果物
(   )

29. 水正果
(   )

30. 科學
(   )

31. 科目
(   )

32. 百科
(   )

33. 學科
(   )

34. 外:科
(   )

35. 光線
(   )

36. 光速
(   )

165

♣ 다음 한자어(漢字語)의 독음(讀音)을 쓰시오.　　　　　　　▶정답은 183쪽

1. 光年 （　　　）　　2. 光明 （　　　）　　19. 郡:內 （　　　）　　20. 郡:民 （　　　）

3. 光體 （　　　）　　4. 交通 （　　　）　　21. 市:郡區 （　　　）　　22. 近:來 （　　　）

5. 交戰 （　　　）　　6. 交代 （　　　）　　23. 近:者 （　　　）　　24. 近:世 （　　　）

7. 交感 （　　　）　　8. 交信 （　　　）　　25. 近:方 （　　　）　　26. 近:海 （　　　）

9. 區分 （　　　）　　10. 區別 （　　　）　　27. 根本 （　　　）　　28. 草根 （　　　）

11. 區間 （　　　）　　12. 地區 （　　　）　　29. 今年 （　　　）　　30. 今日 （　　　）

13. 球場 （　　　）　　14. 球速 （　　　）　　31. 方今 （　　　）　　32. 東西古今 （　　　）

15. 水球 （　　　）　　16. 電:球 （　　　）　　33. 急行 （　　　）　　34. 急速 （　　　）

17. 地球 （　　　）　　18. 北半球 （　　　）　　35. 急所 （　　　）　　36. 時急 （　　　）

♣ 다음 한자어(漢字語)의 독음(讀音)을 쓰시오.   ▶정답은 183쪽

1. 火:急 (　　　)
2. 級數 (　　　)
3. 級訓 (　　　)
4. 同級 (　　　)
5. 學級 (　　　)
6. 上:級生 (　　　)
7. 多感 (　　　)
8. 多才 (　　　)
9. 多少 (　　　)
10. 多幸 (　　　)
11. 多讀 (　　　)
12. 短信 (　　　)
13. 短:命 (　　　)
14. 短:時日 (　　　)
15. 一長一短 (　　　)
16. 堂山 (　　　)
17. 書堂 (　　　)
18. 食堂 (　　　)
19. 天堂 (　　　)
20. 正:正堂堂 (　　　)
21. 代:金 (　　　)
22. 代:數 (　　　)
23. 代:身 (　　　)
24. 代:讀 (　　　)
25. 代:用 (　　　)
26. 待:合室 (　　　)
27. 下:待 (　　　)
28. 苦待 (　　　)
29. 對:話 (　　　)
30. 對:答 (　　　)
31. 對:面 (　　　)
32. 對:立 (　　　)
33. 對:等 (　　　)
34. 度:數 (　　　)
35. 色度 (　　　)
36. 年度 (　　　)

♣ 다음 한자어(漢字語)의 독음(讀音)을 쓰시오.　　　　　▶정답은 183쪽

1. 圖章
(　　　)

2. 圖面
(　　　)

19. 等:分
(　　　)

20. 等:數
(　　　)

3. 圖形
(　　　)

4. 圖書室
(　　　)

21. 同等
(　　　)

22. 樂勝
(　　　)

5. 地圖
(　　　)

6. 讀者
(　　　)

23. 樂園
(　　　)

24. 安樂
(　　　)

7. 讀書
(　　　)

8. 讀後感
(　　　)

25. 農樂
(　　　)

26. 樂山樂水
(　　　)

9. 愛:讀者
(　　　)

10. 童:話
(　　　)

27. 例:外
(　　　)

28. 例:年
(　　　)

11. 童:心
(　　　)

12. 童:子
(　　　)

29. 先例
(　　　)

30. 事:例
(　　　)

13. 頭角
(　　　)

14. 頭目
(　　　)

31. 前例
(　　　)

32. 禮:物
(　　　)

15. 頭音
(　　　)

16. 先頭
(　　　)

33. 禮:式
(　　　)

34. 禮:式場
(　　　)

17. 等:級
(　　　)

18. 等:式
(　　　)

35. 主禮
(　　　)

36. 答禮
(　　　)

♣ 다음 한자어(漢字語)의 독음(讀音)을 쓰시오.　　▶정답은 183쪽

1. 路上　　　　2. 農路　　　　19. 敎理　　　　20. 道理
(　　　)　　(　　　)　　(　　　)　　(　　　)

3. 道路　　　　4. 大路　　　　21. 事理　　　　22. 明月
(　　　)　　(　　　)　　(　　　)　　(　　　)

5. 活路　　　　6. 綠地　　　　23. 明日　　　　24. 明年
(　　　)　　(　　　)　　(　　　)　　(　　　)

7. 綠色　　　　8. 靑綠　　　　25. 明堂　　　　26. 明白
(　　　)　　(　　　)　　(　　　)　　(　　　)

9. 草綠同色　　10. 利用　　　　27. 目前　　　　28. 目禮
(　　　)　　(　　　)　　(　　　)　　(　　　)

11. 利子　　　　12. 不利　　　　29. 名目　　　　30. 所聞
(　　　)　　(　　　)　　(　　　)　　(　　　)

13. 有利　　　　14. 便利　　　　31. 後聞　　　　32. 風聞
(　　　)　　(　　　)　　(　　　)　　(　　　)

15. 李花　　　　16. 李王朝　　　33. 白米　　　　34. 美術
(　　　)　　(　　　)　　(　　　)　　(　　　)

17. 理科　　　　18. 理由　　　　35. 美男　　　　36. 美感
(　　　)　　(　　　)　　(　　　)　　(　　　)

♣ 다음 한자어(漢字語)의 독음(讀音)을 쓰시오.   ▶정답은 183쪽

1. 美軍 (　　　)
2. 美:食家 (　　　)
3. 反:對 (　　　)
4. 反:省 (　　　)
5. 反:感 (　　　)
6. 反:共 (　　　)
7. 反:動 (　　　)
8. 半:開 (　　　)
9. 半:白 (　　　)
10. 半:音 (　　　)
11. 半:白年 (　　　)
12. 上:半身 (　　　)
13. 班長 (　　　)
14. 各班 (　　　)
15. 合班 (　　　)
16. 發明 (　　　)
17. 發育 (　　　)
18. 發病 (　　　)
19. 開發 (　　　)
20. 百發百中 (　　　)
21. 放學 (　　　)
22. 放:生 (　　　)
23. 放:心 (　　　)
24. 放:出 (　　　)
25. 放:火 (　　　)
26. 番地 (　　　)
27. 番號 (　　　)
28. 軍番 (　　　)
29. 每:番 (　　　)
30. 別名 (　　　)
31. 別堂 (　　　)
32. 別室 (　　　)
33. 別世 (　　　)
34. 別有天地 (　　　)
35. 病:者 (　　　)
36. 病:室 (　　　)

♣ 다음 한자어(漢字語)의 독음(讀音)을 쓰시오.   ▶정답은 183쪽

1. 病:弱   2. 問:病 | 19. 分家   20. 分野
(   )   (   ) | (   )   (   )

3. 重:病   4. 校:服 | 21. 分校   22. 分明
(   )   (   ) | (   )   (   )

5. 軍服   6. 冬:服 | 23. 分母   24. 死:生
(   )   (   ) | (   )   (   )

7. 韓:服   8. 服用藥 | 25. 死:後   26. 死:色
(   )   (   ) | (   )   (   )

9. 本校   10. 本國 | 27. 死:線   28. 死:地
(   )   (   ) | (   )   (   )

11. 本文   12. 本部 | 29. 使:用   30. 使:者
(   )   (   ) | (   )   (   )

13. 本業   14. 部分 | 31. 大:使   32. 天使
(   )   (   ) | (   )   (   )

15. 部長   16. 部門 | 33. 使:命感   34. 社會
(   )   (   ) | (   )   (   )

17. 部下   18. 外:部 | 35. 社旗   36. 社交
(   )   (   ) | (   )   (   )

171

♣ 다음 한자어(漢字語)의 독음(讀音)을 쓰시오. ▶정답은 184쪽

1. 社長 (　　　)
2. 入社 (　　　)
3. 書信 (　　　)
4. 書室 (　　　)
5. 書記 (　　　)
6. 書體 (　　　)
7. 文書 (　　　)
8. 石工 (　　　)
9. 石油 (　　　)
10. 石手 (　　　)
11. 立石 (　　　)
12. 木石 (　　　)
13. 空席 (　　　)
14. 同席 (　　　)
15. 立席 (　　　)
16. 上:席 (　　　)
17. 出席 (　　　)
18. 線路 (　　　)
19. 直線 (　　　)
20. 車線 (　　　)
21. 三八線 (　　　)
22. 五:線紙 (　　　)
23. 雪花 (　　　)
24. 雪山 (　　　)
25. 大:雪 (　　　)
26. 白雪 (　　　)
27. 春雪 (　　　)
28. 成功 (　　　)
29. 成果 (　　　)
30. 成分 (　　　)
31. 成長 (　　　)
32. 育成 (　　　)
33. 自省 (　　　)
34. 反:省 (　　　)
35. 人事不省 (　　　)
36. 消日 (　　　)

♣ 다음 한자어(漢字語)의 독음(讀音)을 쓰시오.   ▶정답은 184쪽

1. 消風
(   )

2. 消火
(   )

19. 道:術
(   )

20. 算:術
(   )

3. 消失
(   )

4. 速度
(   )

21. 心術
(   )

22. 手術
(   )

5. 速力
(   )

6. 速行
(   )

23. 學術
(   )

24. 習作
(   )

7. 速成
(   )

8. 時速
(   )

25. 習字
(   )

26. 敎:習
(   )

9. 長:孫
(   )

10. 王孫
(   )

27. 風習
(   )

28. 學習
(   )

11. 世:孫
(   )

12. 後:孫
(   )

29. 勝利
(   )

30. 勝戰
(   )

13. 祖孫
(   )

14. 樹立
(   )

31. 勝者
(   )

32. 全勝
(   )

15. 樹林
(   )

16. 樹木
(   )

33. 名勝地
(   )

34. 始:作
(   )

17. 植樹
(   )

18. 果:樹園
(   )

35. 始:球
(   )

36. 始:動
(   )

♣ 다음 한자어(漢字語)의 독음(讀音)을 쓰시오.　▶정답은 184쪽

1. 始:發 (　　　)
2. 始:祖 (　　　)
3. 式場 (　　　)
4. 方式 (　　　)
5. 正:式 (　　　)
6. 開會式 (　　　)
7. 入場式 (　　　)
8. 身體 (　　　)
9. 文身 (　　　)
10. 心身 (　　　)
11. 出身 (　　　)
12. 身土不二 (　　　)
13. 信:用 (　　　)
14. 信:者 (　　　)
15. 信:號 (　　　)
16. 所:信 (　　　)
17. 發信 (　　　)
18. 神童 (　　　)
19. 神父 (　　　)
20. 神話 (　　　)
21. 神通力 (　　　)
22. 新式 (　　　)
23. 新聞 (　　　)
24. 新綠 (　　　)
25. 新年 (　　　)
26. 新入生 (　　　)
27. 失神 (　　　)
28. 失手 (　　　)
29. 失意 (　　　)
30. 失言 (　　　)
31. 失業 (　　　)
32. 愛:用 (　　　)
33. 愛:人 (　　　)
34. 愛:族 (　　　)
35. 愛:國歌 (　　　)
36. 夜:光 (　　　)

♣ 다음 한자어(漢字語)의 독음(讀音)을 쓰시오.　　▶정답은 184쪽

1. 夜:食
( )

2. 夜:學
( )

3. 夜:行
( )

4. 夜:間
( )

5. 野:球
( )

6. 野:外
( )

7. 林野
( )

8. 平野
( )

9. 野:生花
( )

10. 弱體
( )

11. 弱小國
( )

12. 老:弱者
( )

13. 藥草
( )

14. 藥水
( )

15. 藥用
( )

16. 農藥
( )

17. 火:藥
( )

18. 洋服
( )

19. 洋藥
( )

20. 東洋
( )

21. 海:洋
( )

22. 大:西洋
( )

23. 陽地
( )

24. 陽氣
( )

25. 夕陽
( )

26. 太陽
( )

27. 漢:陽
( )

28. 言行
( )

29. 言語
( )

30. 名言
( )

31. 一口二言
( )

32. 業界
( )

33. 業主
( )

34. 業體
( )

35. 家業
( )

36. 學業
( )

175

♣ 다음 한자어(漢字語)의 독음(讀音)을 쓰시오.　　　▶정답은 184쪽

1. 永:生 ( )
2. 永:世 ( )
3. 永:遠 ( )
4. 永:住 ( )
5. 英才 ( )
6. 英語 ( )
7. 英國 ( )
8. 英美 ( )
9. 英特 ( )
10. 溫室 ( )
11. 溫度 ( )
12. 溫水 ( )
13. 溫風 ( )
14. 體溫 ( )
15. 用:度 ( )
16. 用:例 ( )
17. 用:語 ( )
18. 用:紙 ( )
19. 活用 ( )
20. 勇:氣 ( )
21. 運:命 ( )
22. 運:用 ( )
23. 運:行 ( )
24. 氣運 ( )
25. 運:動場 ( )
26. 農園 ( )
27. 樂園 ( )
28. 花園 ( )
29. 植物園 ( )
30. 遠:近 ( )
31. 遠:大 ( )
32. 遠:洋 ( )
33. 遠:心力 ( )
34. 不遠千里 ( )
35. 由來 ( )
36. 事:由 ( )

♣ 다음 한자어(漢字語)의 독음(讀音)을 쓰시오. ▶정답은 184쪽

1. 不自由
(   )

2. 自由世界
(   )

3. 油畫
(   )

4. 石油
(   )

5. 重:油
(   )

6. 銀行
(   )

7. 水銀
(   )

8. 金銀
(   )

9. 銀世界
(   )

10. 飮:食
(   )

11. 米飮
(   )

12. 食飮
(   )

13. 音樂
(   )

14. 音色
(   )

15. 讀音
(   )

16. 訓:音
(   )

17. 發音
(   )

18. 衣服
(   )

19. 上:衣
(   )

20. 衣食住
(   )

21. 白衣民族
(   )

22. 意:圖
(   )

23. 意:外
(   )

24. 意:表
(   )

25. 意:向
(   )

26. 民意
(   )

27. 醫術
(   )

28. 醫書
(   )

29. 醫學
(   )

30. 名醫
(   )

31. 洋醫
(   )

32. 前者
(   )

33. 後:者
(   )

34. 學者
(   )

35. 年長者
(   )

36. 不在者
(   )

177

♣ **다음 한자어(漢字語)의 독음(讀音)을 쓰시오.** ▶정답은 184쪽

1. 作家 ( )
2. 作文 ( )
3. 作業 ( )
4. 作別 ( )
5. 作心三日 ( )
6. 昨年 ( )
7. 昨今 ( )
8. 昨日 ( )
9. 文章 ( )
10. 樂章 ( )
11. 才色 ( )
12. 天才 ( )
13. 在:京 ( )
14. 在:學 ( )
15. 自由自在 ( )
16. 人命在天 ( )
17. 戰:勝 ( )
18. 戰:線 ( )
19. 戰:死 ( )
20. 戰:後 ( )
21. 出戰 ( )
22. 定:理 ( )
23. 定:立 ( )
24. 定:足數 ( )
25. 安定 ( )
26. 不特定 ( )
27. 庭園 ( )
28. 庭園樹 ( )
29. 庭球 ( )
30. 家庭 ( )
31. 校:庭 ( )
32. 第:三國 ( )
33. 第:三者 ( )
34. 第:一線 ( )
35. 第:四學年 ( )
36. 題目 ( )

♣ 다음 한자어(漢字語)의 독음(讀音)을 쓰시오. ▶정답은 184쪽

1. 題號 (　　　)
2. 問:題 (　　　)
3. 出題 (　　　)
4. 話題 (　　　)
5. 朝夕 (　　　)
6. 朝會 (　　　)
7. 王朝 (　　　)
8. 朝野 (　　　)
9. 族長 (　　　)
10. 部族 (　　　)
11. 家族 (　　　)
12. 漢:族 (　　　)
13. 韓:民族 (　　　)
14. 注:目 (　　　)
15. 注:意 (　　　)
16. 注:入式 (　　　)
17. 注:油所 (　　　)
18. 晝夜 (　　　)
19. 晝間 (　　　)
20. 白晝 (　　　)
21. 集中 (　　　)
22. 集合 (　　　)
23. 集會 (　　　)
24. 文集 (　　　)
25. 集大成 (　　　)
26. 窓口 (　　　)
27. 窓門 (　　　)
28. 同窓 (　　　)
29. 車窓 (　　　)
30. 學窓 (　　　)
31. 淸算 (　　　)
32. 淸明 (　　　)
33. 淸風明月 (　　　)
34. 體育 (　　　)
35. 體力 (　　　)
36. 體重 (　　　)

179

♣ 다음 한자어(漢字語)의 독음(讀音)을 쓰시오.   ▶정답은 185쪽

1. 體溫 (   )
2. 人體 (   )
3. 親家 (   )
4. 親庭 (   )
5. 親族 (   )
6. 親近 (   )
7. 親書 (   )
8. 太陽 (   )
9. 太古 (   )
10. 太半 (   )
11. 太祖 (   )
12. 太不足 (   )
13. 通學 (   )
14. 通信 (   )
15. 通路 (   )
16. 通行 (   )
17. 通用 (   )
18. 特別 (   )
19. 特級 (   )
20. 特急 (   )
21. 特席 (   )
22. 特使 (   )
23. 特食 (   )
24. 表現 (   )
25. 表意 (   )
26. 表紙 (   )
27. 表出 (   )
28. 年表 (   )
29. 風物 (   )
30. 風速 (   )
31. 風習 (   )
32. 風雪 (   )
33. 海:風 (   )
34. 合計 (   )
35. 合同 (   )
36. 合理 (   )

♣ 다음 한자어(漢字語)의 독음(讀音)을 쓰시오.　　▶정답은 185쪽

1. 合席 (　　　)
2. 合成 (　　　)
3. 行動 (　　　)
4. 行樂 (　　　)
5. 行事 (　　　)
6. 行路 (　　　)
7. 孝:行 (　　　)
8. 幸:運 (　　　)
9. 天幸 (　　　)
10. 幸:不幸 (　　　)
11. 千萬多幸 (　　　)
12. 向:上 (　　　)
13. 向:方 (　　　)
14. 向:學 (　　　)
15. 動:向 (　　　)
16. 方向 (　　　)
17. 現:場 (　　　)
18. 現:在 (　　　)
19. 現:代 (　　　)
20. 現:金 (　　　)
21. 現:住所 (　　　)
22. 形便 (　　　)
23. 形式 (　　　)
24. 形成 (　　　)
25. 形體 (　　　)
26. 字形 (　　　)
27. 口:號 (　　　)
28. 國號 (　　　)
29. 記:號 (　　　)
30. 年號 (　　　)
31. 靑信號 (　　　)
32. 和合 (　　　)
33. 和氣 (　　　)
34. 和答 (　　　)
35. 和親 (　　　)
36. 和音 (　　　)

181

♣ 다음 한자어(漢字語)의 독음(讀音)을 쓰시오. ▶정답은 185쪽

1. 畫:家 ( )
2. 畫:面 ( )
3. 畫:室 ( )
4. 名畫 ( )
5. 區畫 ( )
6. 黃土 ( )
7. 黃色 ( )
8. 黃金 ( )
9. 黃道 ( )
10. 黃海 ( )
11. 會:社 ( )
12. 會:食 ( )
13. 會:同 ( )
14. 會:話 ( )
15. 敎:會 ( )
16. 訓:長 ( )
17. 訓:話 ( )
18. 訓:手 ( )
19. 校:訓 ( )
20. 家訓 ( )
21. 歌樂 ( )
22. 發火 ( )
23. 合意 ( )
24. 會意 ( )

【정답】 - 한자어 독음 쓰기

▶ 164쪽

1.각국 2.각도 3.각별 4.각자 5.각도
6.각목 7.직각 8.정삼각형 9.감동 10.감기
11.감복 12.감전 13.만감 14.강약 15.강국
16.강군 17.강력 18.강자 19.개방 20.개국
21.개업 22.개통 23.개교 24.상경 25.개경
26.동경 27.각계 28.세계 29.학계 30.외계인
31.계획 32.계산 33.계수 34.생계 35.시계
36.고금

▶ 165쪽

1.고풍 2.고대 3.태고 4.고서화 5.고생
6.고대 7.고전 8.동고동락 9.고급 10.고등
11.고속 12.고명 13.고공 14.공리 15.유공자
16.공명심 17.공공 18.공원 19.공평 20.공명정대
21.공감 22.공동체 23.공생 24.공통 25.공학
26.과목 27.과연 28.청과물 29.수정과 30.과학
31.과목 32.백과 33.학과 34.외과 35.광선
36.광속

▶ 166쪽

1.광년 2.광명 3.광체 4.교통 5.교전
6.교대 7.교감 8.교신 9.구분 10.구별
11.구간 12.지구 13.구장 14.구속 15.수구
16.전구 17.지구 18.북반구 19.군내 20.군민
21.시군구 22.근래 23.근자 24.근세 25.근방
26.근해 27.근본 28.초근 29.금년 30.금일
31.방금 32.동서고금 33.급행 34.급속 35.급소
36.시급

▶ 167쪽

1.화급 2.급수 3.급훈 4.동급 5.학급
6.상급생 7.다감 8.다재 9.다소 10.다행
11.다독 12.단신 13.단명 14.단시일 15.일장일단
16.당산 17.서당 18.식당 19.천당 20.정정당당
21.대금 22.대수 23.대신 24.대독 25.대용
26.대합실 27.하대 28.고대 29.대화 30.대답
31.대면 32.대립 33.대등 34.도수 35.색도
36.연도

▶ 168쪽

1.도장 2.도면 3.도형 4.도서실 5.지도
6.독자 7.독서 8.독후감 9.애독자 10.동화
11.동심 12.동자 13.두각 14.두목 15.두음
16.선두 17.등급 18.등식 19.등분 20.등수
21.동등 22.낙승 23.낙원 24.안락 25.농악
26.요산요수 27.예외 28.예년 29.선례 30.사례
31.전례 32.예물 33.예식 34.예식장 35.주례
36.답례

▶ 169쪽

1.노상 2.농로 3.도로 4.대로 5.활로
6.녹지 7.녹색 8.청록 9.초록동색 10.이용
11.이자 12.불리 13.유리 14.편리 15.이화
16.이왕조 17.이과 18.이유 19.교리 20.도리
21.사리 22.명월 23.명일 24.명년 25.명당
26.명백 27.목전 28.목례 29.명목 30.소문
31.후문 32.풍문 33.백미 34.미술 35.미남
36.미감

▶ 170쪽

1.미군 2.미식가 3.반대 4.반성 5.반감
6.반공 7.반동 8.반개 9.반백 10.반음
11.반백년 12.상반신 13.반장 14.각반 15.합반
16.발명 17.발육 18.발병 19.개발 20.백발백중
21.방학 22.방생 23.방심 24.방출 25.방화
26.번지 27.번호 28.군번 29.매번 30.별명
31.별당 32.별실 33.별세 34.별유천지 35.병자
36.병실

▶ 171쪽

1.병약 2.문병 3.중병 4.교복 5.군복
6.동복 7.한복 8.복용약 9.본교 10.본국
11.본문 12.본부 13.본업 14.부분 15.부장
16.부문 17.부하 18.외부 19.분가 20.분야
21.분교 22.분명 23.분모 24.사생 25.사후
26.사색 27.사선 28.사지 29.사용 30.사자
31.대사 32.천사 33.사명감 34.사회 35.사기
36.사교

▶ 172쪽

1.사장 2.입사 3.서신 4.서실 5.서기
6.서체 7.문서 8.석공 9.석유 10.석수
11.입석 12.목석 13.공석 14.동석 15.입석
16.상석 17.출석 18.선로 19.직선 20.차선
21.삼팔선 22.오선지 23.설화 24.설산 25.대설
26.백설 27.춘설 28.성공 29.성과 30.성분
31.성장 32.육성 33.자성 34.반성 35.인사불성
36.소일

▶ 173쪽

1.소풍 2.소화 3.소실 4.속도 5.속력
6.속행 7.속성 8.시속 9.장손 10.왕손
11.세손 12.후손 13.조손 14.수립 15.수림
16.수목 17.식수 18.과수원 19.도술 20.산술
21.심술 22.수술 23.학술 24.습작 25.습자
26.교습 27.풍습 28.학습 29.승리 30.승전
31.승자 32.전승 33.명승지 34.시작 35.시구
36.시동

▶ 174쪽

1.시발 2.시조 3.식장 4.방식 5.정식
6.개회식 7.입장식 8.신체 9.문신 10.심신
11.출신 12.신토불이 13.신용 14.신자 15.신호
16.소신 17.발신 18.신동 19.신부 20.신화
21.신통력 22.신식 23.신문 24.신록 25.신년
26.신입생 27.실신 28.실수 29.실의 30.실언
31.실업 32.애용 33.애인 34.애족 35.애국가
36.야광

▶ 175쪽

1.야식 2.야학 3.야행 4.야간 5.야구
6.야외 7.임야 8.평야 9.야생화 10.약체
11.약소국 12.노약자 13.약초 14.약수 15.약용
16.농약 17.화약 18.양복 19.양약 20.동양
21.해양 22.대서양 23.양지 24.양기 25.석양
26.태양 27.한양 28.언행 29.언어 30.명언
31.일구이언 32.업계 33.업주 34.업체 35.가업
36.학업

▶ 176쪽

1.영생 2.영세 3.영원 4.영주 5.영재
6.영어 7.영국 8.영미 9.영특 10.온실
11.온도 12.온수 13.온풍 14.체온 15.용도
16.용례 17.용어 18.용지 19.활용 20.용기
21.운명 22.운용 23.운행 24.기운 25.운동장
26.농원 27.낙원 28.화원 29.식물원 30.원근
31.원대 32.원양 33.원심력 34.불원천리 35.유래
36.사유

▶ 177쪽

1.부자유 2.자유세계 3.유화 4.석유 5.중유
6.은행 7.수은 8.금은 9.은세계 10.음식
11.미음 12.식음 13.음악 14.음색 15.독음
16.훈음 17.발음 18.의복 19.상의 20.의식주
21.백의민족 22.의도 23.의외 24.의표 25.의향
26.민의 27.의술 28.의서 29.의학 30.명의
31.양의 32.전자 33.후자 34.학자 35.연장자
36.부재자

▶ 178쪽

1.작가 2.작문 3.작업 4.작별 5.작심삼일
6.작년 7.작금 8.작일 9.문장 10.악장
11.재색 12.천재 13.재경 14.재학 15.자유자재
16.인명재천 17.전승 18.전선 19.전사 20.전후
21.출전 22.정리 23.정립 24.정족수 25.안정
26.불특정 27.정원 28.정원수 29.정구 30.가정
31.교정 32.제삼국 33.제삼자 34.제일선 35.제사학년
36.제목

▶ 179쪽

1.제호 2.문제 3.출제 4.화제 5.조석
6.조회 7.왕조 8.조야 9.족장 10.부족
11.가족 12.한족 13.한민족 14.주목 15.주의
16.주입식 17.주유소 18.주야 19.주간 20.백주
21.집중 22.집합 23.집회 24.문집 25.집대성
26.창구 27.창문 28.동창 29.차창 30.학창
31.청산 32.청명 33.청풍명월 34.체육 35.체력
36.체중

► 180쪽

1.체온 2.인체 3.친가 4.친정 5.친족
6.친근 7.친서 8.태양 9.태고 10.태반
11.태조 12.태부족 13.통학 14.통신 15.통로
16.통행 17.통용 18.특별 19.특급 20.특급
21.특석 22.특사 23.특식 24.표현 25.표의
26.표지 27.표출 28.연표 29.풍물 30.풍속
31.풍습 32.풍설 33.해풍 34.합계 35.합동
36.합리

► 181쪽

1.합석 2.합성 3.행동 4.행락 5.행사
6.행로 7.효행 8.행운 9.천행 10.행불행
11.천만다행 12.향상 13.향방 14.향학 15.동향
16.방향 17.현장 18.현재 19.현대 20.현금
21.현주소 22.형편 23.형식 24.형성 25.형체
26.자형 27.구호 28.국호 29.기호 30.연호
31.청신호 32.화합 33.화기 34.화답 35.화친
36.화음

► 182쪽

1.화가 2.화면 3.화실 4.명화 5.구획
6.황토 7.황색 8.황금 9.황도 10.황해
11.회사 12.회식 13.회동 14.회화 15.교회
16.훈장 17.훈화 18.훈수 19.교훈 20.가훈
21.가악 22.발화 23.합의 24.회의

♣ **다음 낱말 풀이에 알맞은 한자(漢字)를 쓰시오.**　　　▶정답은 219쪽

1. 각반　(　　　　　)
   각각의 반
   ¶ 선생님들은 ~에 돌아가셔서 학생들에게 주지시켜 주세요.

2. 각계　(　　　　　)
   사회의 각각의 방면
   ¶ 그의 장례식에는 ~ 각층의 사람들이 모두 모였다.

3. 각국　(　　　　　)
   각각의 나라
   ¶ 나는 세계 ~을 두루 여행할 거야.

4. 각도　(　　　　　)
   각각의 도
   ¶ ~의 대표 선수들이 모두 한자리에 모였습니다.

5. 각별　(　　　　　)
   특별함, 유별함
   ¶ ~히 이 점을 신경 써 주십시오.

6. 각도　(　　　　　)
   ① (수학에서) 각의 크기 ② 관점, 방면
   ¶ 이러한 ~에서 문제를 다시 점검해 보십시오.

7. 각목　(　　　　　)
   모가 나도록 자른 나무
   ¶ 이 ~을 이 정도 크기로 잘라 주십시오.

8. 직각　(　　　　　)
   90도로 이루어진 각
   ¶ ~삼각형을 이렇게 두 개 만드세요.

9. 정삼각형　(　　　　　)
   세 변의 길이가 똑같은 삼각형
   ¶ ~은 세 변의 길이가 서로 같다.

10. 감동　(　　　　　)
    느껴서 마음이 움직임, 마음에 느낌이 일어나는 급격한 정신의 흥분
    ¶ 옥희는 그 그림을 보자마자 ~의 물결이 가슴 깊이 밀려들어옴을 억제할 수 없었다.

11. 감기　(　　　　　)
    추위에 상하여 일어나는 호흡기 계통의 염증성 질환
    ¶ ~ 조심하세요.

12. 감복　(　　　　　)
    감동(感動)하여 진심으로 복종(服從)함
    ¶ 신은 주상 전하의 은혜에 깊이 ~하였나이다.

13. 감전　(　　　　　)
    전기가 신체에 느껴서 충격을 받는 일
    ¶ 비가 올 때는 특히 ~에 유의해야 한다.

14. 만감　(　　　　　)
    여러 가지 느낌, 온갖 생각
    ¶ 조국 땅을 다시 보자 ~이 교차하기 시작했다.

15. 강약　(　　　　　)
    강하고 약함
    ¶ ~을 잘 조절해야 돼.

16. 강국　(　　　　　)
    강한 나라
    ¶ 약소국에 대한 ~의 횡포는 이루 말할 수 없다.

17. 강군　(　　　　　)
    강한 군대
    ¶ 오직 ~만이 이 난국을 타파해 갈 수 있습니다.

18. 강력　(　　　　　)
    힘이 매우 셈
    ¶ ~한 건전지가 새로 나왔다.

19. 강자　(　　　　　)
    강한 사람
    ¶ 자신이 약자라고 느낀다면 어서 힘을 키워 ~가 되어야 한다.

20. 개방　(　　　　　)
    문을 열고 소통할 수 있게 함
    ¶ 현대의 ~ 시대를 산다는 것은 결코 쉬운 일이 아니다.

♣ 다음 낱말 풀이에 알맞은 한자(漢字)를 쓰시오.　　▶정답은 219쪽

1. 개국　(　　　　　)

　　나라를 열다, 나라가 처음 시작되다
　　¶ 이 땅에 조상님들께서 ~하신지 어언 반만년이 되었다.

2. 개업　(　　　　　)

　　영업(營業)을 시작하다
　　¶ 신장~했습니다. 잘 부탁드립니다.

3. 개통　(　　　　　)

　　열어서 통하게 함
　　¶ 서해 고속도로가 내일부터 ~된다고 한다.

4. 개화　(　　　　　)

　　꽃이 피다
　　¶ 올해는 포근해서 ~가 10일이나 빨랐다.

5. 상경　(　　　　　)

　　시골에서 서울로 올라감
　　¶ 이번에 ~하거든 반드시 합격하고야 말겠다.

6. 개경　(　　　　　)

　　개성(開城)의 고려 때 이름
　　¶ 개성을 ~이라고도 한다.

7. 동경　(　　　　　)

　　고려 때 네 경(京)의 하나로 동쪽에 있는 경(京), 곧 경주(慶州)
　　¶ 고려시대의 ~은 곧 경주다.

8. 각계　(　　　　　)

　　사회의 각각의 방면
　　¶ 이번 대회에는 ~ 방면의 전문가들이 모두 모여들었다.

9. 세계　(　　　　　)

　　세상
　　¶ 지금부터 나는 ~ 모든 나라를 여행할 것이다.

10. 학계　(　　　　　)

　　학문의 세계
　　¶ ~에서는 이 안건에 대해 대 찬성하고 있습니다.

11. 외계인　(　　　　　)

　　바깥 세계에 있는 사람, 지구인이 아닌 다른 행성의 사람
　　¶ ~이 서울을 방문한다고 합니다.

12. 계획　(　　　　　)

　　꾀하여 미리 정함
　　¶ 어떻게 해야할지 도무지 ~이 서지 않아.

13. 계산　(　　　　　)

　　셈을 하는 것
　　¶ ~도 못하는 것이 무슨 수학을 하겠다고.

14. 가계　(　　　　　)

　　한 집안이 살아가는 형편이나 방도, 살림살이
　　¶ 내가 어서 몸이 나아서 ~에 도움이 되어야 하는데...

15. 생계　(　　　　　)

　　살아가는 방도
　　¶ 그 수입으로는 ~도 지탱할 수 없었다.

16. 시계　(　　　　　)

　　시간을 알려주는 장치
　　¶ 새로 산 ~야. 어때? 멋지지?

17. 고금　(　　　　　)

　　옛날과 지금
　　¶ ~의 역사 사적을 두루 조사하기 시작했다.

18. 고풍　(　　　　　)

　　예스러운 풍취
　　¶ 이 집은 ~스러운 멋이 있어서 좋아요.

19. 고대　(　　　　　)

　　옛 시대
　　¶ ~인들의 지능이 과연 현대인만 못했을까?

20. 태고　(　　　　　)

　　아주 오랜 옛날
　　¶ 야, ~적 얘기 그만둬라!

♣ 다음 낱말 풀이에 알맞은 한자(漢字)를 쓰시오.   ▶정답은 219쪽

1. 고서화　(　　　　　)

　오래된 책이나 그림
　¶ 내 취미는 ~를 모으는 거야.

2. 고생　(　　　　　)

　괴로운 생활, 어려운 일을 많이 당하는 것
　¶ 온갖 ~ 끝에 드디어 낙이 찾아왔다.

3. 고대　(　　　　　)

　몹시 괴롭도록 기다림
　¶ 아무리 ~해도 그는 돌아오지 않았다.

4. 고전　(　　　　　)

　어렵게 싸우는 것
　¶ 이대로 가다간 ~을 면치 못해.

5. 동고동락　(　　　　　)

　괴로움을 함께 하고 즐거움을 함께 함
　¶ ~이라 했거늘, 너는 어떻게 낙(樂)만 함께 하려고 하니?

6. 고급　(　　　　　)

　높은 계급, 취향이 아주 세련됨
　¶ 메리는 입이 아주 ~이란다.

7. 고등　(　　　　　)

　높은 등급, 정도가 높음
　¶ 드디어 ~학생이 되었다.

8. 고속　(　　　　　)

　속도가 빠름
　¶ ~도로에 진입할 때까지의 시간이 많이 걸렸다.

9. 고명　(　　　　　)

　남의 이름을 높여서 부르는 말
　¶ ~이라도 듣고 싶습니다.

10. 고공　(　　　　　)

　높은 하늘
　¶ 비행기가 ~으로 솟구쳐 올랐다.

11. 공리　(　　　　　)

　공명과 이익
　¶ ~를 함께 추구할 수 있는 방법이 필요하다.

12. 유공자　(　　　　　)

　공이 있는 사람
　¶ ~를 그렇게 대우해서는 안 된다.

13. 공명심　(　　　　　)

　공을 세워 이름을 떨치고 싶은 마음
　¶ 젊은이들은 흔히 ~에 불타 일을 그르치는 경우가 있다.

14. 공공　(　　　　　)

　공중, 사회 일반
　¶ ~의 이익을 위해 봉사해야 한다.

15. 공원　(　　　　　)

　여러 사람들이 즐길 수 있도록 만든 정원
　¶ 날씨도 좋은데 ~에 산책이나 하러 가자.

16. 공평　(　　　　　)

　한쪽으로 기울어지지 않고 똑같음, 공정함
　¶ 자! 이렇게 나누면 ~하지?

17. 공명정대　(　　　　　)

　바르고 분명하고 떳떳함
　¶ 사사로운 이익에 현혹되지 말고 ~하게 판결하시오.

18. 공감　(　　　　　)

　남의 의견에 대해 자신도 그렇다고 느낌
　¶ 나는 그의 의견에 ~할 수 없었다.

19. 공동　(　　　　　)

　여럿이 일을 함께 함
　¶ 이 일은 ~으로 해결해야만 한다.

20. 공생　(　　　　　)

　함께 같이 살아감
　¶ 다 같이 ~할 수 있는 방법이 반드시 있을 것입니다.

♣ 다음 낱말 풀이에 알맞은 한자(漢字)를 쓰시오.　　▶정답은 219쪽

1. 과연　　(　　　　　　)

알고 보니 정말로
¶ ~ 그대의 말이 옳소이다.

2. 과수원　　(　　　　　　)

과일이 열리는 나무를 심은 동산
¶ 노년에 자그마한 ~이나 하나 하는 것이 바램입니다.

3. 청과물　　(　　　　　　)

채소와 과실 따위의 물건
¶ ~의 가격이 많이 떨어졌다.

4. 수정과　　(　　　　　　)

생강을 달인 물에 설탕이나 꿀을 넣고 곶감, 잣, 계피가루 등을 넣어 만든 음료
¶ 감주와 ~는 우리 고유의 음료이다.

5. 과학　　(　　　　　　)

일정한 방법에 의거해서 여러 방면에 그 원리를 연구하는 학문
¶ ~이 더 이상 만능이 아니라는 사실을 직시해야 한다.

6. 과목　　(　　　　　　)

학문의 구분
¶ 오늘 무슨 ~을 공부했니?

7. 문과　　(　　　　　　)

문학, 철학, 사학 등을 연구하는 부분
¶ ~로 갈 것이냐 이과로 갈 것이냐 이것이 문제로다.

8. 학과　　(　　　　　　)

학문의 과목
¶ 우리 형은 대학에서 경영~에 입학했다.

9. 외과　　(　　　　　　)

의학에서 내과(內科)의 반대말로, 주로 수술 등의 일을 담당하는 곳
¶ 팔을 다쳐서 ~로 갔다.

10. 광선　　(　　　　　　)

빛의 선, 빛
¶ 푸른빛 ~이 번쩍였다.

11. 광속　　(　　　　　　)

빛과 같은 속도
¶ 이 물질은 ~의 두 배 속도로 운동합니다.

12. 광년　　(　　　　　　)

빛이 일 년 동안 가야만 도달할 수 있는 거리
¶ 저 별까지는 거리가 40~이나 된데.

13. 광명　　(　　　　　　)

① 밝은 빛 ② 희망
¶ 자수하여 ~ 찾자.

14. 광체　　(　　　　　　)

빛을 내는 물체(物體)
¶ ~에서 푸른 빛이 나오기 시작했다.

15. 교통　　(　　　　　　)

① 서로 막힘 없이 통하는 일 ② 사람, 물건, 생각 등의 전달을 말함
¶ 오늘 서울 시내의 ~은 원활합니다.

16. 교전　　(　　　　　　)

편을 나누어 서로 섞어 전쟁을 하는 것
¶ 지금 이라크와 미국이 ~중이다.

17. 교대　　(　　　　　　)

어떤 사람을 대신하는 것
¶ ~ 시간이 되었으나 ~할 사람은 오지 않았다.

18. 교감　　(　　　　　　)

서로 느낌이 통함
¶ 그런 정도의 느낌도 ~이 안되니?

19. 교신　　(　　　　　　)

서로 신호나 소식을 주고받음
¶ 그 항공기는 오후 3시 이후에는 ~이 아예 끊어졌다.

20. 구분　　(　　　　　　)

구별하여 나눔
¶ 빛깔을 ~해서 나누었다.

♣ 다음 낱말 풀이에 알맞은 한자(漢字)를 쓰시오. ▶정답은 219쪽

1. 구별 (   )
   종류별로 나누어 놓음
   ¶너무 어두워서 적과 아군을 ~할 수 없었다.

2. 구간 (   )
   일정한 지점과 지점의 사이
   ¶이 ~의 책임자는 누구인가?

3. 지구 (   )
   어떤 땅을 구분하여 나눈 것
   ¶이 섬은 전체를 다시 다섯 ~로 나눌 수 있습니다.

4. 구장 (   )
   공놀이를 할 수 있는 장소
   ¶축구는 축~자에서 야구는 야~에서 하자.

5. 구속 (   )
   공의 속도
   ¶야구선수 박찬호의 ~이 나날이 늘고 있었다.

6. 수구 (   )
   물에서 하는 핸드볼과 비슷한 공놀이
   ¶매년 8월이면 이곳에서 ~대회가 열린다.

7. 전구 (   )
   전기가 들어오면 빛을 내는 공 모양의 전등의 알
   ¶이 ~는 수명이 40년이나 된데.

8. 지구 (   )
   우리가 사는 땅덩어리
   ¶우리의 땅 ~를 사랑합시다.

9. 군내 (   )
   고을의 안
   ¶~의 장님들이 모두 모여들었다.

10. 군민 (   )
    고을에 사는 백성, 주민
    ¶저번 체육대회를 계기로 ~들이 일치단결 되었다.

11. 근래 (   )
    현재를 기준으로 과거나 미래의 가까운 시일
    ¶~에 그런 일을 본 적이 거의 없습니다.

12. 근자 (   )
    요즘
    ¶~에 이런 소문들이 나돌고 있습니다.

13. 근세 (   )
    현대와 가까운 과거의 시대
    ¶~에 들어 최대의 발명은 바로 '전기'이다.

14. 근방 (   )
    가까운 지방, 가까운 곳
    ¶사장님은 이 ~에 나가 계세요.

15. 근해 (   )
    육지와 가까운 바다
    ¶이 물고기는 ~에서는 잡히지 않는다.

16. 근본 (   )
    사물이나 일의 시초
    ¶병의 ~을 바로 알아야 치료가 제대로 된다.

17. 초근 (   )
    풀뿌리
    ¶흉년이 들어 ~으로도 끼니를 이을 수 없었다.

18. 금년 (   )
    올해
    ¶~의 체육대회는 우리 학교에서 개최하기로 했다.

19. 금일 (   )
    오늘
    ¶내가 담배를 끊은지 ~로 10일 째다.

20. 방금 (   )
    지금 막
    ¶어머, 어쩌나! ~ 다 먹어버렸는데... .

♣ 다음 낱말 풀이에 알맞은 한자(漢字)를 쓰시오.   ▶정답은 219쪽

1. 동서고금　(　　　　　　　)
   동양과 서양, 옛날과 지금
   ¶ ~을 막론하고 그런 일은 본 적도 들은 적도 없다.

2. 급행　(　　　　　　　)
   급하게 빠르게 감
   ¶ 완행열차표 말고 ~열차표로 주세요.

3. 급속　(　　　　　　　)
   빠른 속도
   ¶ 그 소문은 젊은이 사이에 ~히 퍼지고 있었다.

4. 급소　(　　　　　　　)
   ① 몸 가운데에 다치거나 해롭게 하면 목숨이 위험한 곳 ② 사물의 가장 중요한 곳
   ¶ ~를 이렇게 단 한 번에 가격하십시오.

5. 시급　(　　　　　　　)
   시간이 급함, 매우 급함
   ¶ 지체할 수 없다. ~을 요하는 일이다.

6. 화급　(　　　　　　　)
   불같이 급함, 매우 급함
   ¶ ~을 다투는 일이었으나, 누구도 어쩔 줄 몰랐다.

7. 급수　(　　　　　　　)
   등급의 수, 순서
   ¶ 한자~ 시험이 다음 주에 있다.

8. 급훈　(　　　　　　　)
   학급(學級)의 교훈(敎訓)
   ¶ 우리 ~은 '착하게 살자'이다.

9. 동급　(　　　　　　　)
   같은 등급, 같은 학급
   ¶ ~생끼리 왜 이렇게 싸우니?

10. 학급　(　　　　　　　)
    학교의 반
    ¶ 1학년 1 ~은 지각 결석이 한 번도 없었다.

11. 상급생　(　　　　　　　)
    상위 등급, 학년에 있는 학생
    ¶ ~은 하급생을 잘 이끌어주어야 한다.

12. 다감　(　　　　　　　)
    정이 많음
    ¶ 허이구! ~도 하겠다!

13. 다재　(　　　　　　　)
    재능이 많음
    ¶ 병태는 정말 ~다능해!

14. 다소　(　　　　　　　)
    많고 적음, 얼마
    ¶ 얼마 안됩니다. ~ 도움이 되었으면 합니다.

15. 다행　(　　　　　　　)
    운이 좋음
    ¶ 그러길 천만 ~이었다.

16. 다독　(　　　　　　　)
    많이 읽기
    ¶ 정독(精讀)과 ~을 병행해야 한다.

17. 단신　(　　　　　　　)
    짧게 쓴 편지, 짧은 소식
    ¶ 우리 이럴 게 아니라, ~이라도 보내야 하지 않을까요?

18. 단명　(　　　　　　　)
    수명이 짧은 것, 일찍 죽음
    ¶ 예로부터 천재는 ~한다는 말이 있다.

19. 단시일　(　　　　　　　)
    짧은 시간
    ¶ 그 과목을 ~ 내에 정복한다는 것은 불가능해!

20. 일장일단　(　　　　　　　)
    하나의 장점이 있으면 하나의 단점이 있다
    ¶ 결국, 요약한다면 ~이 있다는 것이겠죠.

♣ 다음 낱말 풀이에 알맞은 한자(漢字)를 쓰시오.　　　▶정답은 219쪽

1. 당산　　(　　　　　　　)
   토지나 마을의 수호신이 있는 산
   ¶ ~에 모여 산신령께 정성껏 제사를 드렸다.

2. 식당　　(　　　　　　　)
   밥 먹는 집
   ¶ ~의 음식이 형편없었다.

3. 천당　　(　　　　　　　)
   하늘에 있는 집, 낙원
   ¶ 넌 죽어서 ~가라. 난 살아서 행복을 다 누릴 꺼다.

4. 정정당당　(　　　　　　　)
   떳떳하고 바름, 정당함
   ¶ 못된 놈이구만. 그게 ~이냐?

5. 대금　　(　　　　　　　)
   물건의 대가로 주는 돈, 물건의 값
   ¶ ~을 모두 치르지는 못했다.

6. 대수　　(　　　　　　　)
   ① 세대 등이 겹친 대대(代代)의 수, ② 수학에서 대수학(代數學)의 준말
   ¶ 기하학은 좀 하겠는데, ~는 영 못하겠어.

7. 대신　　(　　　　　　　)
   ① 남이 할 일을 자신이 하는 것 ② 어떤 것을 갈아 새 것으로 바꾸는 것
   ¶ 나 ~ 네가 청소 좀 해라.

8. 대독　　(　　　　　　　)
   다른 사람 대신 그 사람의 글을 읽는 것
   ¶ ~할 사람도 없다는 말이요?

9. 대용　　(　　　　　　　)
   어떤 것을 대신하여 사용하는 것
   ¶ 그러니까 난 ~품에 불과하다는 말이지?

10. 대합실　(　　　　　　　)
    정거장 등에서 차를 기다릴 때 쉬는 곳
    ¶ 서울역 ~에서 하루종일 기다렸으나 그녀는 오지 않았다.

11. 하대　　(　　　　　　　)
    ① 낮은 말을 쓰는 것 ② 함부로 대하는 것
    ¶ 함부로 ~해서는 안된다.

12. 고대　　(　　　　　　　)
    괴로이 간절히 기다림
    ¶ 서울역 대합실에서 하루종일 ~하고 있었으나 그녀는 오지 않았다.

13. 대화　　(　　　　　　　)
    마주 대하고 말하는 것
    ¶ 더 이상 그와는 ~가 되지 않았다.

14. 대답　　(　　　　　　　)
    묻는 말에 응답하는 것
    ¶ 그는 아무 말도, 아무 ~도 하지 않았기 때문이다.

15. 대면　　(　　　　　　　)
    얼굴(面)을 대하는 것
    ¶ 그런데도 이렇게 ~하고 있다는 것은 정말 죽기보다 싫었다.

16. 대립　　(　　　　　　　)
    ① 동등한 입장에서 대하는 것 ② 의견이나 행동이 서로 달라 대치하는 것
    ¶ 그도 나도 더 이상의 ~은 피하고 싶었다.

17. 대등　　(　　　　　　　)
    차이 없이 서로 똑같은 입장에 있는 것
    ¶ 그이와 나는 ~한 자격에서 다시 대화할 필요가 있었다.

18. 도수　　(　　　　　　　)
    각도나 온도 등의 수치
    ¶ 그러나 안경의 ~가 너무 높았다.

19. 색도　　(　　　　　　　)
    색의 도수로 색의 밝기
    ¶ 그가 디자인해 온 ~도 너무 밝았다.

♣ 다음 낱말 풀이에 알맞은 한자(漢字)를 쓰시오.　　　▶정답은 219쪽

1. 연도　　(　　　　　　　)

해의 수
¶ 이래가지고는 2002~ 안에 다 할 수 없을 것만 같았다.

2. 도장　　(　　　　　　　)

인장(印章)
¶ 그래서 나와 그이는 ~을 다시 만들기로 했다.

3. 도면　　(　　　　　　　)

건축물이나 기계 등의 구조나 설계 등등을 설명한 그림
¶ 우리가 같이 할 집도 ~을 새로 만들었다.

4. 도형　　(　　　　　　　)

그림의 모양·형체
¶ 그리고 ~도 새로 사이좋게 만들었다.

5. 도서실　　(　　　　　　　)

책을 보관하고 열람할 수 있게 한 방
¶ 우리는 날마다 ~에서 데이트를 했다.

6. 독자　　(　　　　　　　)

책을 읽는 자
¶ 나는 그녀의 열렬한 ~가 되었다.

7. 독서　　(　　　　　　　)

책을 읽는 것
¶ ~, 그 자체가 나의 행복이었다.

8. 독후감　　(　　　　　　　)

책을 읽은 후의 감상, 느낌
¶ 책을 읽은 후, ~을 쓰는 것은 내용을 정리하는데 많은 도움을 준다.

9. 동화　　(　　　　　　　)

아이들이 읽는 이야기
¶ 나는 우리의 2세를 위해 많은 ~책을 읽었다.

10. 동심　　(　　　　　　　)

아이들의 마음
¶ 동화책은 어른인 나도 ~으로 돌아가도록 도와주었다.

11. 동자　　(　　　　　　　)

나이 어린 남자 아이
¶ 예쁘게 생긴 ~ 한 명이 나왔다.

12. 두각　　(　　　　　　　)

재능이나 학식이 뛰어남
¶ 이 분야에서 그는 ~을 드러내기 시작했다.

13. 두목　　(　　　　　　　)

여러 사람 중의 우두머리
¶ 이 산골 도둑떼의 ~이 바로 너냐?

14. 두음　　(　　　　　　　)

음절의 첫소리
¶ 우리말에 ~법칙을 적용시키는 것은 말도 안 된다.

15. 선두　　(　　　　　　　)

첫머리, 맨 앞
¶ 심재길 선수가 드디어 ~로 달리기 시작했습니다.

16. 등급　　(　　　　　　　)

높고 낮음을 구별하는 등수
¶ 이 번 시험으로 나의 ~은 결정될 것이다.

17. 등식　　(　　　　　　　)

두 개 이상의 식을 '='로 묶어 같음을 표시하는 관계식
¶ 도무지 그 수학 문제의 ~이 생각나지 않았다.

18. 등분　　(　　　　　　　)

똑같게 나눔
¶ 다섯 ~을 해서 똑같이 나누어 가졌다.

19. 등수　　(　　　　　　　)

등급의 수, 등급의 순위
¶ 이 번 시험에서 나의 ~는 10등이나 올랐다.

20. 동등　　(　　　　　　　)

똑같음
¶ 부자와 가난뱅이는 법적으로는 ~한 권리를 가지고 있다.

♣ 다음 낱말 풀이에 알맞은 한자(漢字)를 쓰시오.　　　▶정답은 219쪽

1. 낙승　(　　　　　　)

힘을 안 들이고 수월하게 이김
¶ 청군은 백군을 예상보다 쉽게 ~했다.

2. 낙원　(　　　　　　)

이상향, 천국
¶ 저승이 아니라 우리가 사는 이곳을 ~으로 만들어야 합니다.

3. 안락　(　　　　　　)

편안하게 즐김
¶ ~한 생활은 종종 우리의 영혼을 좀먹는다.

4. 요산요수　(　　　　　　)

산을 좋아하고 물을 좋아함
¶ ~니, 낙산낙수니, 아니면 악산악수니?

5. 예외　(　　　　　　)

법칙이 적용되지 않는 것
¶ ~없는 법칙이란 없다.

6. 예년　(　　　　　　)

① 지나온 해 ② 매년, 해마다
¶ ~에도 이런 적이 있었다.

7. 선례　(　　　　　　)

앞선 전례
¶ 허가해주고 싶어도 그런 ~가 없어.

8. 사례　(　　　　　　)

일의 전례
¶ 아무리 ~를 들어 설명해도 알아듣지를 못했다.

9. 전례　(　　　　　　)

앞서 있었던 비슷한 일, 선례
¶ ~에 없는 일이 연일 계속되고 있었다.

10. 예물　(　　　　　　)

① 고마움을 표하기 위해 주는 물건 ② 결혼식에서 신랑, 신부가 주고받는 기념품
¶ 신랑 신부의 ~ 교환이 있겠습니다.

11. 예식　(　　　　　　)

예법에 따라 행하는 식
¶ 한달 전부터 찾아다녔지만, 도무지 ~장을 구할 수가 없었다.

12. 주례　(　　　　　　)

예법을 주관함, 또는 그 사람
¶ 다음은 오늘의 ~를 맡으신 선생님에 대한 소개가 있겠습니다.

13. 예식장　(　　　　　　)

예식을 하는 장소
¶ ~이 어딘지 알아야 가든지 말든지 하지.

14. 노상　(　　　　　　)

길 위
¶ ~ 방뇨는 절대 허락할 수 없다.

15. 노면　(　　　　　　)

길바닥
¶ 어제 내린 비로 ~이 꽁꽁 얼어붙었다.

16. 농로　(　　　　　　)

농사에 이용되는 길
¶ 이 밭을 헐어서 ~를 만들 계획이다.

17. 도로　(　　　　　　)

길
¶ 어제의 폭격으로 모든 ~가 파괴되었다.

18. 대로　(　　　　　　)

큰 길
¶ 이렇게 큰 ~에 차가 하나 없다니... .

19. 녹지　(　　　　　　)

초목(草木)이 무성한 땅
¶ 대한민국은 리비아의 사막을 ~로 만들고 있다.

20. 녹색　(　　　　　　)

푸른색, 초록색
¶ 눈이 피로하면 ~을 바라보래.

♣ **다음 낱말 풀이에 알맞은 한자(漢字)를 쓰시오.**　　　▶정답은 219쪽

1. 청록　（　　　　　）

   푸른빛이 도는 녹색
   ¶ ~색이 좋으니 녹색이 좋으니?

2. 초록동색　（　　　　　）

   ① 비슷한 것끼리 어울린다 ② 겉으로 보면 다른 것 같지만 따지고 보면 같다
   ¶ ~이요 가재는 게 편이라.

3. 이용　（　　　　　）

   이롭게 편리하게 사용함
   ¶ 많이 ~해 주십시오.

4. 이자　（　　　　　）

   돈을 빌려쓴 대가로 주는 돈
   ¶ 원금은커녕 ~도 갚기 힘들었다.

5. 불리　（　　　　　）

   이롭지 않음
   ¶ 이 번 계약은 우리에게 ~합니다.

6. 유리　（　　　　　）

   이로움이 있음
   ¶ 하지만, ~한 점이 전혀 없는 것은 아닙니다.

7. 편리　（　　　　　）

   편하고 이로움, 간단하고 쉬움
   ¶ 아무 ~한 점도 없이 돈만 낼 수는 없다.

8. 이화　（　　　　　）

   오얏꽃, 자두꽃
   ¶ ~가 활짝 피었다.

9. 이왕조　（　　　　　）

   이씨 성을 가진 왕조로 곧 '조선'을 말함
   ¶ 조선 왕조를 ~라고도 한다.

10. 이과　（　　　　　）

    문과의 반대로, 자연과학을 다룸
    ¶ ~냐, 문과냐 이것이 문제로다.

11. 이유　（　　　　　）

    까닭, 원인
    ¶ ~없는 반항!

12. 교리　（　　　　　）

    종교상의 이치나 원리
    ¶ 도대체 네가 ~에 위배되지 않는 일은 한 적이 있기는 있나?

13. 도리　（　　　　　）

    ① 사람이 마땅히 지켜야할 원칙 ② 사물의 원리
    ¶ 인간의 ~를 저버리다니... 도저히 용서할 수 없다.

14. 사리　（　　　　　）

    사물의 원리, 이치
    ¶ 그의 말은 ~에 맞지 않았다.

15. 명월　（　　　　　）

    ① 밝은 달 ② 음력 8월 15일의 밤
    ¶ ~이 너의 밤길을 밝혀줄 것이니라.

16. 명일　（　　　　　）

    내일
    ¶ 오늘은 늦었으니, ~ 다시 오시오.

17. 명당　（　　　　　）

    무덤을 쓰기에 좋은 자리
    ¶ 살아생전 나쁜 일만 한 놈에게 그런 ~ 자리를 준다는 것은 말도 안 된다.

18. 명백　（　　　　　）

    명확함, 밝고 분명함
    ¶ 사건의 전말이 이미 ~하게 밝혀졌습니다.

19. 목전　（　　　　　）

    눈앞, 당장
    ¶ 범인을 ~에서 놓치고 말았다.

20. 목례　（　　　　　）

    눈으로만 인사, 눈인사
    ¶ 그녀는 가볍게 ~만 하고 지나갔다.

♣ 다음 낱말 풀이에 알맞은 한자(漢字)를 쓰시오.　　▶정답은 219쪽

1. 명목　（　　　　　　）

(표면상으로 내세우는) 이유, 까닭
¶ 그렇게 할 아무 ~이 없습니다.

2. 소문　（　　　　　　）

떠도는 이야기
¶ 그와 나에 관한 ~은 전혀 사실무근이다.

3. 풍문　（　　　　　　）

바람결에 들리는 소문
¶ 그럴싸한 ~이 나돌았다.

4. 백미　（　　　　　　）

하얀 쌀
¶ 우와! 이 ~로 밥을 지으면 정말 맛있겠다.

5. 미술　（　　　　　　）

시각을 통해 감상하도록 한 공간에 미를 표현하는 예술
¶ 오늘은 ~ 시간이 네 시간이나 들어서 너무 신났다.

6. 미남　（　　　　　　）

잘 생긴 남자
¶ 미인(美人)이란 ~과 미녀(美女)를 모두 가리키는 말이었으나 지금은 미녀만을 뜻한다.

7. 미감　（　　　　　　）

아름다운 느낌
¶ ~이 그렇게 둔해서야 어떻게 시를 쓸 수 있겠니?

8. 미식가　（　　　　　　）

맛있는 것만 찾아다니며 먹는 사람
¶ 나는 우리 회사에서 ~로 통한다.

9. 반대　（　　　　　　）

어떤 일에 찬성하지 않는 것
¶ 전 세계의 나라들이 미국의 이라크 공격을 ~했다.

10. 반성　（　　　　　　）

자신이 한 일을 돌이키어 성찰(省察)함
¶ 하루에 세 번씩 자신이 한 일을 ~해야 한다.

11. 반감　（　　　　　　）

반대하는 느낌, 또는 그런 마음
¶ 그가 하는 말에는 사사건건 ~이 생기니 정말 큰일이다.

12. 반공　（　　　　　　）

공산주의(共産主義)를 반대함
¶ 전 세계에서 ~정신이 가장 투철한 나라는 한국일 것이다.

13. 반동　（　　　　　　）

① 어떤 힘에 대항해 반대로 움직임 ② 진보주의자들이 보수주의자를 비판할 때 이들을 지칭하는 말
¶ 로프의 ~을 이용해서 이렇게 튀어 오르는 겁니다.

14. 반백　（　　　　　　）

① 머리카락이 반은 하얀색임 ② 현미와 백미를 반쯤 섞은 쌀
¶ 새까맣던 머리가 어느새 ~의 머리가 되었다.

15. 반백년　（　　　　　　）

백 년의 반, 곧 50년
¶ 내 여기에 이렇게 산지가 어느덧 ~이 되었다오.

16. 상반신　（　　　　　　）

몸을 이등분했을 때 윗부분
¶ 엑스레이를 찍기 전에 ~을 탈의(脫衣)해 주십시오.

17. 반장　（　　　　　　）

학급의 장
¶ 오늘 ~ 선거는 내가 당선될 것이 확실하다.

18. 합반　（　　　　　　）

반을 합침
¶ 너와 내가 ~을 해 같이 수업을 하다니 말도 안돼!

19. 발명　（　　　　　　）

새로운 물건을 만들어냄
¶ 태걸아, 너 ~과 발견(發見)의 차이를 아니?

20. 발신　（　　　　　　）

신호를 보냄
¶ ~란이 비어있어서 누가 보냈는지 알 수 없었다.

♣ 다음 낱말 풀이에 알맞은 한자(漢字)를 쓰시오.　　　　▶정답은 219쪽

1. 발육　(　　　　　　　)

　성장하도록 키우는 것
　¶ 어린이 ~에는 세 끼 밥이 최고다.

2. 발병　(　　　　　　　)

　병이 나다
　¶ 김 노인은 지병이 언제 ~할지 몰라 하루도 편안할 날이 없었다.

3. 개발　(　　　　　　　)

　개척하여 발전시킴
　¶ 자연의 무분별한 ~은 바로 인간의 탐욕 때문이다.

4. 방학　(　　　　　　　)

　학교에서 학업을 일정기간 동안 중지하는 것
　¶ 여름 ~이 더 좋니, 아니면 겨울 ~이 더 좋니?

5. 방생　(　　　　　　　)

　생명체를 놓아줌
　¶ 상류에서는 ~을 하고, 하류에서는 그물로 물고기를 잡아 다시 팔고... 알 수 없는 세상이다.

6. 방출　(　　　　　　　)

　쫓아냄, 놓아줌, 내버림
　¶ 오염 물질을 더 이상 ~해서는 안됩니다.

7. 방화　(　　　　　　　)

　불을 놓음, 불을 지름
　¶ ~로 추측되는 불이 밤새 열 곳에서 일어났다.

8. 번지　(　　　　　　　)

　주소지의 번지
　¶ 우리 집 ~는 알아서 뭐 할려고.

9. 번호　(　　　　　　　)

　① 차례를 나타내는 숫자 ② 순번의 수를 외치는 일
　¶ 차례대로 여기에 ~를 메기면 돼.

10. 군번　(　　　　　　　)

　군대에서 병사의 번호
　¶ 지금 내가 청소할 ~이냐?

11. 매번　(　　　　　　　)

　할 때마다, 늘, 항상
　¶ 바쁠 때면 ~ 말썽이라고.

12. 별명　(　　　　　　　)

　다르게 별도로 있는 이름
　¶ 심심한데 우리 ~이나 하나씩 지을까?

13. 별당　(　　　　　　　)

　본당 말고 별도로 지은 집
　¶ 어서 ~ 아씨께 전해주거라.

14. 별실　(　　　　　　　)

　본래의 방말고 따로 별도로 만든 방
　¶ 어서오시지오. ~에서 모두들 기다리고 있습니다.

15. 별세　(　　　　　　　)

　세상과 이별한다는 뜻으로, 죽었다는 뜻
　¶ 김 교수님께서 어제 저녁에 ~하셨습니다.

16. 병자　(　　　　　　　)

　아픈 사람, 환자
　¶ ~를 다섯 시간이나 혼자 방치하다니, 말이 됩니까?

17. 병실　(　　　　　　　)

　병자를 치료하기 위한 방
　¶ ~은 환자들로 연일 만원이었다.

18. 병약　(　　　　　　　)

　병이 잘 나서 허약함
　¶ 이 ~한 몸으로 대체 무엇을 할 수 있단 말인가?

19. 문병　(　　　　　　　)

　병자에게 방문하여 위로하는 것
　¶ ~을 가긴 가야겠는데... 당체 시간이 없어서.

20. 중병　(　　　　　　　)

　위중한 병
　¶ 지역감정이란 이 ~을 하루 빨리 치료해야 한다.

♣ 다음 낱말 풀이에 알맞은 한자(漢字)를 쓰시오. ▶정답은 220쪽

1. 교복 (　　　　　　)
  학교(學校)에서 똑같이 입는 옷
  ¶ 우리 학교 ~이 제일 이쁘다.

2. 군복 (　　　　　　)
  군대에서 입는 똑같은 옷
  ¶ 요즘은 ~도 패션시대다.

3. 내복 (　　　　　　)
  겉옷 안에 바쳐 있는 옷, 속옷
  ¶ 추우면 ~을 입으면 될 거 아냐?

4. 복용약 (　　　　　　)
  먹는 약
  ¶ 식후 30분에 먹는 ~이에요.

5. 본교 (　　　　　　)
  ① 분교에 대해 근간이 되는 학교 ② 다른 학교에 대해 자신의 학교를 가리키는 말
  ¶ ~에서는 개교이래 이런 학생은 없었습니다.

6. 본국 (　　　　　　)
  자신의 국적이 속한 나라
  ¶ 대사관의 모든 직원들이 ~으로 송환되었다.

7. 본문 (　　　　　　)
  ① 문서 중의 중심이 되는 글 ② 원래의 글, 원문
  ¶ ~을 잘 읽어보고, 아래의 물음에 답하시오.

8. 본부 (　　　　　　)
  한 기관의 중심이 되는 조직
  ¶ ~하고의 연락이 48시간 째 끊어졌다.

9. 본업 (　　　　　　)
  부업(副業)의 반대말로, 본래의 직업
  ¶ 너는 만화책 보는 게 ~이니?

10. 부분 (　　　　　　)
  전체 중의 일부
  ¶ ~ 끼리의 합이 전체라고 생각하는 사람들도 있다.

11. 부장 (　　　　　　)
  한 부서(部署)의 장
  ¶ 하! 언제 과장되고 또 ~되나?

12. 부문 (　　　　　　)
  갈라놓은 부류
  ¶ 각 ~들이 서로 섞이지 않도록 조심하시오.

13. 부하 (　　　　　　)
  남의 밑에서 그 사람의 명령에 움직이는 사람
  ¶ ~ 직원을 자신의 동생처럼 사랑해야 한다.

14. 외부 (　　　　　　)
  부서의 밖, 어떤 조직의 밖
  ¶ 이 바이러스는 ~에서 유입된 게 틀림없습니다.

15. 분가 (　　　　　　)
  가족의 한 부분이 떨어져나가 딴살림을 차리는 것
  ¶ 얼른 자식놈들을 결혼시켜 ~시켜야 할텐데.

16. 분야 (　　　　　　)
  여러 개로 나눈 각각의 범위
  ¶ 그 ~에서는 내가 전문가다.

17. 분교 (　　　　　　)
  본교(本校)의 반대말로, 본교에서 떨어져 나간 학교
  ¶ 본교가 ~로 전락되더니, 이제는 ~마저 폐교되고 있다.

18. 분명 (　　　　　　)
  명확하고 확실함
  ¶ 자신의 입장을 ~하게 밝히시오.

19. 분모 (　　　　　　)
  분수에서 가로줄 밑에 적은 숫자나 식
  ¶ ~와 분자도 구별 못하다니.

20. 사생 (　　　　　　)
  죽고 삶
  ¶ 이번 전투에서 ~은 더 이상 나의 관심사가 아니다.

♣ 다음 낱말 풀이에 알맞은 한자(漢字)를 쓰시오.   ▶정답은 220쪽

1. 사후   (   )
   죽은 뒤
   ¶ ~에 이런 게 무슨 소용이 있겠는가?

2. 사색   (   )
   겁이 나서 얼굴이 질린 것
   ¶ 그 순간 적군의 얼굴은 ~이 되었다.

3. 사선   (   )
   죽을 고비
   ¶ 나는 30여 년의 전투에서 ~을 수없이 넘겼다.

4. 사지   (   )
   죽을 곳, 도저히 살아 나올 수 없는 위험한 곳
   ¶ 우리 부대는 적을 ~로 유인하는 임무를 맡았다.

5. 사용   (   )
   어떤 물건을 이용하는 것
   ¶ 이 라디오는 ~ 설명서가 없어.

6. 사자   (   )
   명령을 받고 심부름을 하는 사람
   ¶ 나는 너를 데리러 온 저승 ~이니라.

7. 천사   (   )
   하늘나라에서 온 사자
   ¶ 암만 기도해 봐라 ~가 널 구해주나.

8. 사명감   (   )
   사자로서 또는 부하로써 받은 임무를 반드시 완수하겠다는 마음
   ¶ 반드시 완수하고 말겠다는 굳은 ~이 필요할 때입니다.

9. 사회   (   )
   사람들이 모여서 사는 집단
   ¶ ~가 누구길래 허구헌 날 술만 권한다냐?

10. 사운   (   )
    회사(會社)의 운명(運命)
    ¶ 이 번 계약에 우리 회사의 ~이 걸렸습니다.

11. 사교   (   )
    사회적으로 교제하여 사귐
    ¶ 나는 ~에 그리 능하지 못하다.

12. 사장   (   )
    회사의 우두머리
    ¶ 너한테나 ~이지, 나한데도 ~이냐?

13. 입사   (   )
    회사에 들어가 취직함
    ¶ 이 회사에 ~한지도 벌써 10년이 되었다.

14. 서신   (   )
    편지로 보내는 소식
    ¶ 서방님은 무엇이 그리 바쁘시길래 ~ 한 장 못 보내신다냐?

15. 서실   (   )
    책이나 글을 쓰는 방
    ¶ 드디어 내 개인 ~을 갖게 되었다.

16. 서기   (   )
    기록을 맡아 하는 사람
    ¶ 오늘 하루 동안 ~할 사람?

17. 서체   (   )
    글씨의 체
    ¶ ~로 보아 이 작품은 위조품이 분명합니다.

18. 문서   (   )
    글로 기록하여 적은 것
    ¶ 일 년 전 ~라면 ~보관실에서 찾아봐.

19. 석공   (   )
    돌을 조각하여 물건을 만드는 사람, 석수
    ¶ 아사달은 신라의 유명한 ~이었다.

20. 석유   (   )
    돌에서 나온 기름, 이것을 증류 정제하여 자동차나 여러 기계 등의 원료로 사용함
    ¶ ~값이 연일 오르고 있다.

199

♣ 다음 낱말 풀이에 알맞은 한자(漢字)를 쓰시오.   ▶정답은 220쪽

1. 석수 (   )

돌을 조각하여 물건을 만드는 사람, 석공
¶ 아사녀는 유명한 ~ 바로 아사달의 아내였다.

2. 입석 (   )

비석이나 돌로 만든 표지 등을 세우는 것, 또는 그 돌
¶ 여기에 ~하면 좋겠구먼.

3. 목석 (   )

① 나무와 돌 ② 나무와 돌처럼 감정이 없는 사람
¶ 당신 같은 ~은 천하에 둘도 없을 거에요.

4. 공석 (   )

비어있는 자리
¶ 마땅한 인물이 없으면 ~으로 두어야 합니다.

5. 동석 (   )

함께 앉음
¶ 오늘 ~하실 분을 소개해 드리겠습니다.

6. 입석 (   )

서서 타고 가거나 구경하는 자리
¶ 좌석표은 물론 ~표도 구할 수 없었다.

7. 상석 (   )

윗자리, 나이가 많거나 지위가 높은 사람이 앉는 자리
¶ 어서 ~에 앉으시지요.

8. 출석 (   )

자리에 나감, 어떤 모임에 나가 참여함
¶ 결석한 사람도 많은데 ~이나 불러볼까?

9. 선로 (   )

전차나 기차 따위가 다니는 길
¶ 위험하니 ~ 가까이는 가지 말아라.

10. 직선 (   )

곧은 선
¶ 두 점을 가장 가깝게 이은 선을 ~이라고 한다.

11. 차선 (   )

차가 다니도록 도로에 그려놓은 선
¶ ~은 멋으로 그려 놓은 게 아니다.

12. 삼팔선 (   )

남북을 갈라놓은 선
¶ 우리 민족이 힘이 약하면 ~은 없어지지도 않을뿐더러, 혹 없어졌다해도 다시 생길 것이다.

13. 오선지 (   )

다섯 개의 선이 그려진 종이, 곧 서양음악에서 음보를 적어 넣는데 쓰임
¶ 새로 산 ~에 예쁘게 악보를 그렸다.

14. 설화 (   )

① 눈송이 ② 나뭇가지에 내린 눈
¶ 밤새 내린 눈에 ~가 예쁘게 피었다.

15. 설산 (   )

눈이 내린 산
¶ 뿐만 아니라 ~도 해맑은 얼굴로 서 있었다.

16. 대설 (   )

① 많이 대린 눈 ② 이십사 절기의 하나로 12월 8일경
¶ 오늘 ~주의보가 내릴 예정이라고 한다.

17. 백설 (   )

하얀 눈
¶ 밤새도록 ~이 소리 없이 내리고 있었다.

18. 춘설 (   )

이른 봄에 내리는 눈
¶ 그러나 눈 중에서 가장 아름다운 눈은 바로 이른 봄에 내리는 ~이다.

19. 성공 (   )

목표한 바를 달성하다
¶ 실패는 ~의 어머니.

20. 성과 (   )

일이 이루어진 결과
¶ 비록 성공이라고는 하나 ~가 너무 미미했다.

♣ 다음 낱말 풀이에 알맞은 한자(漢字)를 쓰시오.　　►정답은 220쪽

1. 성분　(　　　　　　　)

　어떤 물체를 이룬 바탕이 되는 물질
　¶ ~을 아무리 분석해 보아도, 지구상의 물질은 아니었다.

2. 성장　(　　　　　　　)

　자라서 커감
　¶ 이 나무는 ~ 속도가 매우 빠릅니다.

3. 육성　(　　　　　　　)

　길러서 자라게 함
　¶ ~회에서는 학교의 결정에 모두 반대하고 있었다.

4. 자성　(　　　　　　　)

　자기 자신을 반성함
　¶ 하루에 세 번은 ~해야 한다.

5. 반성　(　　　　　　　)

　잘못된 것이 있는지 살펴보는 것
　¶ ~을 모르는 인간은, 인간이 아니라 신이다.

6. 인사불성　(　　　　　　　)

　① 사람이 지킬 예절을 분별하지 못함 ② 정신을 잃음
　¶ 대낮부터 술에 취해 쓰러져 ~이 된 청소년들이 늘어만 간다.

7. 소일　(　　　　　　　)

　① 하는 일없이 세월을 보냄 ② 어떤 것에 마음을 붙여 세월을 보냄
　¶ 강태공은 낚시로 ~하고 있었다.

8. 소화　(　　　　　　　)

　불을 끔
　¶ 소방차가 들어갈 수 없어서 ~에 어려움이 많았다.

9. 발화　(　　　　　　　)

　불이 일어남
　¶ 옛날에는 자연 ~로 산불이 자주 일어났다.

10. 소실　(　　　　　　　)

　물건을 잃어버림, 또는 물건이 사라져 버림
　¶ 한 번 ~된 물건은 좀처럼 찾기 힘들다.

11. 속도　(　　　　　　　)

　빠르기의 정도
　¶ 더 이상 ~를 올리면 위험합니다.

12. 속력　(　　　　　　　)

　속도를 이루는 힘
　¶ 그 정도의 ~으로는 어림도 없다.

13. 속기　(　　　　　　　)

　빠르게 기록하기
　¶ 옛날에는 ~를 따로 배우기도 했다.

14. 속성　(　　　　　　　)

　정상 속도보다 빨리 완성(完成)함
　¶ ~은 항상 위험을 내포하고 있다.

15. 시속　(　　　　　　　)

　한 시간 동안 가는 거리를 기준으로 나타낸 속도
　¶ 순간 ~ 200km의 속도로 따라붙었다.

16. 손자　(　　　　　　　)

　자식의 자식, 자식의 아들
　¶ 아들, 딸, 며느리, ~ 다 모여서 즐거이 놀아봅시다.

17. 손녀　(　　　　　　　)

　자식의 딸
　¶ 인사드리시지요. 바로 김 선생님의 ~님이십니다.

18. 왕손　(　　　　　　　)

　왕족의 후손
　¶ 조선왕조의 ~들은 어렵게 살아가고 있다.

19. 세손　(　　　　　　　)

　왕세손(王世孫)의 준말
　¶ ~께서 어인 행차이십니까?

♣ 다음 낱말 풀이에 알맞은 한자(漢字)를 쓰시오.　　▶정답은 220쪽

1. 수립　　(　　　　　)
어떤 사업을 이룩하여 세움
¶ 이곳 상하이는 임시정부를 ~한 곳입니다.

2. 수목　　(　　　　　)
나무를 심음
¶ 나는 이제부터 ~ 사업을 할까 합니다.

3. 수목원　　(　　　　　)
나무를 심은 동산
¶ 이번 주말에는 ~에서 보낼 셈이다.

4. 도술　　(　　　　　)
도사들이 부리는 방술(方術)
¶ 뭐 ~이라도 배워 오셨습니까?

5. 산술　　(　　　　　)
셈하는 재주, 곧 산수(算數)
¶ ~ 시험은 자신있다.

6. 심술　　(　　　　　)
사납고 고집스러운 마음
¶ ~로 가장 유명한 이는 바로 놀부이다.

7. 수술　　(　　　　　)
외과 기구로 하는 치료법으로 몸의 일부를 도려내거나 째서 치료하는 일
¶ 오늘 ~ 계획이 이십 개나 있다고.

8. 학술　　(　　　　　)
학문(學問)과 예술(藝術)
¶ 지금부터 ~발표회를 시작하겠습니다.

9. 습작　　(　　　　　)
연습삼아 만들거나 써본 작품, 또는 아직 세상에 발표하지 않은 작품
¶ 이런 ~품을 책으로 내놓게 되어 부끄럽습니다.

10. 습자　　(　　　　　)
글씨 쓰기를 배워 익힘
¶ 작문은커녕 가서 ~나 해라.

11. 교습　　(　　　　　)
가르쳐서 익히게 함. 가르침과 익힘
¶ 우리도 ~을 허가받을 수 있게 되었습니다.

12. 풍습　　(　　　　　)
풍속(風俗)과 습성(習性), 기습(氣習)
¶ ~이 다르면 예절도 다른 법이다.

13. 학습　　(　　　　　)
배우고 익힘, 공부하는 것
¶ 이상하네. ~목표와 ~내용이 별 관계가 없어.

14. 승리　　(　　　　　)
시합이나 전쟁에서 이기는 것
¶ 우리에겐 ~가 아니면 죽음이 있을 뿐이다.

15. 승전　　(　　　　　)
전쟁에서 이김
¶ 겁을 먹은 태자는 패전을 ~이라 거짓 보고하였다.

16. 승자　　(　　　　　)
이긴 사람
¶ 불행하게도 ~에게는 모든 것이 합리화된다.

17. 전승　　(　　　　　)
한 번도 지지 않고 모두 이김
¶ 우리 팀은 결승진출이 우승이 목적이 아니라 ~이 목적입니다.

18. 명승지　　(　　　　　)
경치가 빼어나다고 이름난 곳
¶ 이번 주말에는 어디 ~라도 가서 쉬어야겠다.

19. 시작　　(　　　　　)
어떤 일을 처음으로 함
¶ '~이 반'인 건 좋은데, 남은 반은 언제나 끝내냐고요?

20. 시구　　(　　　　　)
야구에서 시합하기 전에 주최자나 내빈 중에서 제일 먼저 공을 던지는 의식
¶ 오늘의 ~는 시장님께서 하시겠습니다.

♣ 다음 낱말 풀이에 알맞은 한자(漢字)를 쓰시오. ▶정답은 220쪽

1. 시동 (   )
   기계 장치 등이 운전을 시작함
   ¶ ~이 걸려야 출발하든지 하지.

2. 시발 (   )
   처음으로 떠남, 처음으로 시작함
   ¶ 이 곳을 ~점으로 삼아서 계속 나아가십시오.

3. 시조 (   )
   한 족속의 우두머리 조상, 비조(鼻祖), 태조(太祖)
   ¶ 우리 ~께서 그런 일은 하지도 말라고 하셨어.

4. 식장 (   )
   의식을 치르는 장소
   ¶ 워낙 사람들이 많이 모여들어서 ~이 비좁을 정도였다.

5. 방식 (   )
   어떤 일을 하는 방법
   ¶ 그런 ~으로는 일을 끝낼 수 없습니다.

6. 정식 (   )
   올바른 격식이나 방법
   ¶ 무슨 일이든지 ~을 배워야 한다.

7. 입장식 (   )
   입장하는 식
   ¶ 선수 ~이 있겠습니다.

8. 신체 (   )
   몸
   ¶ 자신의 ~는 자신이 소중하게 생각해야 한다.

9. 문신 (   )
   몸에 그림이나 글씨를 새겨 넣는 것
   ¶ 조직폭력배냐 ~이나 하고 다니게.

10. 신토불이 (   )
    몸과 그 몸이 자라는 땅은 둘이 아니다
    ¶ ~를 아무리 외쳐도 우리의 농촌 현실을 달라지지 않는다.

11. 신용 (   )
    사람을 믿고 씀
    ¶ 사회 생활에 있어 ~은 생명이다.

12. 신자 (   )
    종교를 믿는 사람
    ¶ ~의 수가 나날이 는다는 것은 세상이 각박해졌다는 뜻이기도 한다.

13. 신호 (   )
    미리 약속한 부호나 손짓으로 어떤 일이나 생각을 알리는 방법
    ¶ 아무리 기다려도 ~가 오지 않았다.

14. 소신 (   )
    믿는 바, 자신의 확신
    ¶ 김 과장 눈치 보지 말고 ~껏 하시오.

15. 외신 (   )
    외국에서 온 새로운 소식
    ¶ ~에 따르면 미국은 전쟁을 확대할 거라 합니다.

16. 신동 (   )
    재주와 지혜가 매우 특별한 아이, 천재적 자질을 가진 아이
    ¶ 누군 어려서 ~아니었나?

17. 신부 (   )
    천주교의 교직의 하나
    ¶ ~와 수녀의 관계는 하나님과 인간의 관계와 어떠한가?

18. 신화 (   )
    신들의 이야기
    ¶ 자국의 ~를 부정하는 나라는 오래 갈 수 없다.

19. 신통력 (   )
    신기하고 이상한 도술과 같은 재주
    ¶ 할 수 없군. ~을 부려야 할밖에.

20. 신식 (   )
    새로운 방식
    ¶ 고거 참, ~이네.

♣ 다음 낱말 풀이에 알맞은 한자(漢字)를 쓰시오.　　▶정답은 220쪽

1. 신문　(　　　　　　)

새로운 소식
¶ ~의 기사를 글자 그대로 믿어서는 안 된다.

2. 신록　(　　　　　　)

봄에 새로 나뭇잎이 돋아 푸르게 된 것
¶ ~이 무성한 계절이 되었습니다.

3. 신년　(　　　　　　)

새해
¶ ~을 맞이하여 나의 각오를 새롭게 다졌다.

4. 신입생　(　　　　　　)

새로 입학한 학생
¶ 선배들은 ~을 잘 이끌어 주어야 한다.

5. 실신　(　　　　　　)

정신을 잃음
¶ 지귀는 선덕여왕이 주고 간 팔찌를 보자 그만 ~하고 말았다.

6. 실수　(　　　　　　)

어떤 일을 본의 아니게 잘못함
¶ 두 번째 ~는 ~가 아니라 실력이다.

7. 실의　(　　　　　　)

실망함
¶ 박은 ~에 빠져 술로 나날을 보내고 있었다.

8. 실언　(　　　　　　)

말을 잘못함, 실수로 하지 말아야 할 말을 함
¶ 취중의 ~은 어느 정도까지는 너그러이 용서된다.

9. 실업　(　　　　　　)

직업(職業)을 잃어버림
¶ IMF 이후 ~자가 급증하고 있다.

10. 애용　(　　　　　　)

아껴서 즐겨 사용함
¶ 새로 나온 제품입니다. 많이 ~해주세요.

11. 애인　(　　　　　　)

사랑하는 사람
¶ 자신의 ~을 라면처럼 생각하면 안 된다.

12. 애족　(　　　　　　)

겨레를 사랑함
¶ 애인을 사랑하는 마음으로 ~을 해봐라.

13. 애국가　(　　　　　　)

나라를 사랑하는 노래
¶ ~는 안익태 선생이 작곡하였다.

14. 야광　(　　　　　　)

어두운 밤에도 빛을 발하는 것
¶ 이 옷은 ~ 물질로 처리되어서 밤에 입으면 좋다.

15. 야식　(　　　　　　)

밤에 먹는 음식
¶ 출출한데 ~이나 먹을까?

16. 야학　(　　　　　　)

낮에는 일을 하고 밤에 배우러 다님
¶ 나는 이번 여름 방학 동안에 ~에서 일할 생각이다.

17. 야행　(　　　　　　)

밤에 돌아다님
¶ 너는 ~성 동물이니? 왜 밤에만 돌아다니니?

18. 야간　(　　　　　　)

밤사이, 밤중
¶ ~에는 전기 요금이 할인된다.

19. 야구　(　　　　　　)

공을 던지면 방망이로 치고 달리는 놀이
¶ 박찬호는 ~의 세계에서는 세계적 스타이다.

20. 야외　(　　　　　　)

실내가 아닌 들판의 밖
¶ 오늘 수업은 ~에서 하기로 했다.

♣ 다음 낱말 풀이에 알맞은 한자(漢字)를 쓰시오. ▶정답은 220쪽

1. 임야 ( )
   숲이 있는 땅
   ¶ 우리 아버지는 퇴직금으로 ~를 사려고 하셔.

2. 평야 ( )
   평평한 들판
   ¶ 산의 정상에 오르자 드넓은 ~가 눈에 들어왔다.

3. 야생화 ( )
   들에서 저절로 피는 화초
   ¶ ~ 한 떨기가 유난히 눈에 들어왔다.

4. 약체 ( )
   약한 체력
   ¶ ~로 평가된 A팀은 예상 외로 강했다.

5. 약소국 ( )
   힘이 약한 작은 나라
   ¶ 강대국 사이에 낀 ~의 운명은 정말 비참하다.

6. 노약자 ( )
   늙은이와 약한 사람
   ¶ ~를 위해 자리를 비워둡시다.

7. 약초 ( )
   약으로 사용하는 풀
   ¶ 한의사를 ~전문가로 오인하는 사람들도 있다.

8. 약수 ( )
   약효가 있는 샘물
   ¶ 서울시의 조사에 의하면 많은 수의 ~물은 마실 수 없는 물로 판명되었다.

9. 약용 ( )
   약으로 사용함
   ¶ ~ 작물을 심어서 많은 소득을 올리고 있다.

10. 농약 ( )
    농사에 쓰이는 약품
    ¶ ~을 사용하지 않은 무공해 채소가 많이 팔리고 있다.

11. 생약 ( )
    가공하지 않은 자연 그대로의 약
    ¶ 이번에는 ~을 그대로 사용하는 것이 몸에 좋을 거야.

12. 양복 ( )
    서양의 옷
    ¶ 졸업 선물로 작은아버지께서 ~을 해주셨다.

13. 양약 ( )
    ① 서양 의술로 만든 약 ② 서양에서 수입한 양
    ¶ 한약과 ~은 각기 그 장단점이 있다.

14. 동양 ( )
    서양의 반대말로 동쪽에 있는 아시아
    ¶ 우리나라에서 말하는 ~은 주로 동북아시아를 뜻한다.

15. 대서양 ( )
    아메리카와 유럽 사이에 있는 바다
    ¶ 콜롬보스의 ~ 횡단은 아메리카 원주민에게는 돌이킬 수 없는 재앙이었다.

16. 양지 ( )
    햇볕이 드는 땅
    ¶ 날이 추워지니 ~가 그리워진다.

17. 양기 ( )
    따뜻한 기운
    ¶ 이걸 먹고 ~를 보충하도록 하여라.

18. 석양 ( )
    저녁에 지는 태양
    ¶ ~에 물들어가는 하늘을 보며 말없이 언제까지나 앉아있었다.

19. 태양 ( )
    해. 지구가 이 별을 중심으로 공전을 한다
    ¶ ~이 식는 날에 우리는 지구에서 다른 행성으로 이사했다.

20. 언행 ( )
    말과 행동
    ¶ 사람을 평가할 때 ~이 일치하는지를 우선 보아야 한다.

♣ 다음 낱말 풀이에 알맞은 한자(漢字)를 쓰시오.　　　▶정답은 220쪽

1. 언어　(　　　　　)

   사람들이 하는 말
   ¶ ~는 사람의 마음을 다 표현하지는 못한다.

2. 명언　(　　　　　)

   유명한 말
   ¶ 아침마다 ~을 하나씩 읽었다.

3. 일구이언　(　　　　　)

   하나의 입으로 두 말을 함. 이랬다저랬다 말을 번복하는 것
   ¶ 정치가들이 해서는 안 된 일 중의 하나가 ~이다.

4. 업계　(　　　　　)

   동일한 산업이나 상업에 종사하는 사람의 사회
   ¶ 불황으로 의류 ~는 몸살을 앓고 있다.

5. 업주　(　　　　　)

   사업체의 주인
   ¶ 일부 악덕~들로 인해 선량한 ~들도 덩달아 욕을 먹고 있습니다.

6. 업체　(　　　　　)

   사업이나 기업의 주체
   ¶ 경기가 활성화됨에 따라 대부분의 ~들이 호황을 누리고 있다.

7. 가업　(　　　　　)

   가문에서 대대로 내려오는 그 집안의 직업
   ¶ ~을 전수받을 것이냐 나만의 새로운 일을 창조할 것이냐 이것이 문제로다.

8. 학업　(　　　　　)

   공부하는 일
   ¶ IMF이후에 ~을 중단한 학생들이 늘고 있다.

9. 영원　(　　　　　)

   무한정한 시간
   ¶ 우리의 사랑이 ~히 변치 않기를 하늘에 있는 저 별을 두고 맹세합니다.

10. 영재　(　　　　　)

    뛰어난 재주를 지닌 사람
    ¶ ~를 조기에 발굴하는 것은 매우 위험한 일이니 신중을 기해야 합니다.

11. 영어　(　　　　　)

    영국이나 미국에서 사용하는 말
    ¶ ~만으로 그 사람의 지식과 품성을 평가하는 관행이 하루빨리 고쳐져야 한다.

12. 영국　(　　　　　)

    유럽의 잉글랜드에 있는 여왕이 있는 나라
    ¶ ~에는 아직도 왕이니 귀족이니 하는 신분제도가 남아 있다.

13. 영미　(　　　　　)

    영국과 미국
    ¶ 영국과 미국을 줄여서 ~라고 하지.

14. 영특　(　　　　　)

    영리하고 특별남
    ¶ ~한지고. 어찌 벌써 그것을 알았는고?

15. 온실　(　　　　　)

    따뜻한 방
    ¶ 겨울 동안 화분들은 ~에 들여놓아야 한다.

16. 온도　(　　　　　)

    기온의 높고 낮은 정도
    ¶ 아무리 불을 때도 ~는 더 이상 오르지 않았다.

17. 온수　(　　　　　)

    따뜻한 물
    ¶ 이 정수기는 냉수와 ~가 다 나와서 편리하다.

18. 온풍　(　　　　　)

    따뜻한 바람
    ¶ 그녀의 말 한마디가 ~처럼 내 가슴을 어루만졌다.

19. 체온　(　　　　　)

    몸의 온도
    ¶ 환자의 몸을 마사지해서 ~을 높여주어야 해요.

♣ 다음 낱말 풀이에 알맞은 한자(漢字)를 쓰시오.   ▶정답은 220쪽

1. 용도   (   )

   ① 쓸씀이 ② 관청이나 회사에서 물품을 공급하는 일.
   ¶ 여기에 사용하자니 ~가 너무 크다.

2. 용례   (   )

   사용하는 예
   ¶ ~를 두루 조사했지만 합당한 것을 찾지는 못했다.

3. 용어   (   )

   어떤 사항에 사용하는 말
   ¶ 이 방면에 대한 ~는 하나도 모르겠다.

4. 용지   (   )

   어떤 일에 사용하는 종이
   ¶ ~가 다 떨어졌어.

5. 활용   (   )

   살리어 응용하는 것
   ¶ ~하지 못하는 지식은 무용지물이다.

6. 용기   (   )

   용감한 기운, 기개
   ¶ 폐하, ~ 없는 용사는 이미 용사가 아닙니다.

7. 운명   (   )

   정해진 운수
   ¶ 인간에겐 두 가지 ~이 있다. ~에 순응하느냐 저항하느냐!

8. 운용   (   )

   부리어 사용함
   ¶ 창조의 묘미뿐 아니라 ~의 묘미까지 깨우쳐야 한다.

9. 운행   (   )

   움직여 감
   ¶ 폭설로 인해 버스 ~이 중단되었다.

10. 기운   (   )

    어떤 일이 벌어지려고 하는 분위기.
    ¶ 이번 일은 한창 무르익던 화해의 ~에 찬물을 끼얹고 말았다.

11. 운동장 (   )

    운동을 하는 마당
    ¶ 춥지? 자 ~ 열 바퀴 뛰어!

12. 농원   (   )

    원예작물을 주로 심는 농장
    ¶ 이번 주말은 ~에서 가족과 함께 오붓하게 보낼 생각이다.

13. 화원   (   )

    꽃을 심은 동산
    ¶ 늘그막에 소일거리로 조그마한 ~이나 하나 가꾸었으면 해요.

14. 원근   (   )

    멀고 가까움
    ¶ 이번 운동회에는 ~에 있는 모든 어린이들이 모여들었다.

15. 원대   (   )

    멀고 큼
    ¶ 청년은 모름지기 ~한 포부를 가져야 한다.

16. 원심력 (   )

    중심에서 멀어지려는 힘
    ¶ 회전하는 힘이 세지면 ~이 점점 커집니다.

17. 불원천리 (   )

    천리를 멀다고 여기지 않고
    ¶ ~하고 이렇게 오셨으니 뭐라 감사의 말씀을 전해야 될지 모르겠습니다.

18. 유래   (   )

    사물이 연유해 온 내력
    ¶ 한식날의 ~는 이러하니라.

19. 사유   (   )

    일의 까닭, 연고
    ¶ ~가 불문명한 일에는 허가해줄 수 없습니다.

20. 부자유 (   )

    자유스럽지 않음
    ¶ 이 옷 어딘가 좀 ~스럽지 않아?

♣ 다음 낱말 풀이에 알맞은 한자(漢字)를 쓰시오.   ▶정답은 220쪽

1. 자유세계 (　　　　　　)
   ① 자유로운 세계 ② 공산주의 국가에 대한 자본주의 국가를 지칭하는 말
   ¶ 진정 ~는 이 지상에서 구할 수 없단 말인가.

2. 유화 (　　　　　　)
   기름이 섞인 물감으로 그린 서양식 그림
   ¶ ~는 수채화와는 달리 물이 아닌 기름을 사용한다.

3. 석유 (　　　　　　)
   돌에서 나온 기름, 이것을 증류 정제하여 자동차나 여러 기계 등의 원료로 사용함
   ¶ 한반도에서 ~를 채취하는 것은 우리나라의 오랜 꿈이었다.

4. 중유 (　　　　　　)
   석유의 원유에서 휘발유 등을 뽑아내고 남은 기름
   ¶ 보일러나 디젤기관은 ~를 연료로 쓴다.

5. 은행 (　　　　　　)
   돈을 맡기고 찾기도 하며 빌리기도 하는 곳
   ¶ ~의 문턱이 낮아졌다고는 하지만, 아직도 서민들에게는 너무나 높다.

6. 수은 (　　　　　　)
   상온에서 은백색인 액체 금속
   ¶ 이 작업에서는 ~에 중독 되지 않도록 조심해야 한다.

7. 금은 (　　　　　　)
   금과 은
   ¶ 또다시 대한민국의 여자 양궁이 ~동 세 메달을 모두 차지했다.

8. 은세계 (　　　　　　)
   눈이 많이 내려 은색으로 덮인 세상
   ¶ 이른 아침 창문을 연 나는, 내가 ~의 또 다른 세상에 와 있음을 깨달았다.

9. 음식 (　　　　　　)
   마시는 것과 먹는 것
   ¶ 낭비 중에서 가장 먼저 줄일 수 있는 낭비는 바로 ~ 낭비이다.

10. 미음 (　　　　　　)
    쌀로 만든 죽
    ¶ 많이 좋아졌어요. 이젠 ~은 물론 밥도 먹을 수 있는 걸요.

11. 음악 (　　　　　　)
    소리로 나타내는 예술
    ¶ 미술이나 ~과 같은 예체능 과목은 왜 수능시험에서 보지 않는지 모르겠다.

12. 음색 (　　　　　　)
    소리의 색
    ¶ 저 락커는 ~이 매우 격렬하다.

13. 독음 (　　　　　　)
    ① 글 읽는 소리 ② 한자의 음
    ¶ 답안지에 훈은 쓰지 마시고 ~만 쓰세요.

14. 훈음 (　　　　　　)
    한자의 세 가지 요소 중에서, 뜻과 소리
    ¶ 다음 한자의 ~을 써 보시오.

15. 발음 (　　　　　　)
    소리를 냄
    ¶ 급할수록 ~을 또박또박 정확하게 내야한다.

16. 의복 (　　　　　　)
    옷
    ¶ ~은 항상 깨끗하고 단정하게 입어야 한다.

17. 상의 (　　　　　　)
    윗옷, 윗도리
    ¶ ~가 너무 커서 꼭 자루를 뒤집어 쓴 것 같애.

18. 의식주 (　　　　　　)
    생활하는데 기본이 되는 세 가지, 곧 옷, 음식, 집
    ¶ 인생에서 ~ 문제의 해결은 기본적이고 중요한 일이지.

19. 백의민족 (　　　　　　)
    흰옷을 입는 민족, 곧 우리 민족
    ¶ 나는 ~이라 그런지 하다못해 하얀색 팬티라도 입지 않으면 어딘가 불안하고 이상해.

♣ **다음 낱말 풀이에 알맞은 한자(漢字)를 쓰시오.** ▶정답은 220쪽

1. 의도 ( )

   장차 하려는 계획
   ¶ 어느 날 갑자기 웃는 얼굴과 부드러운 말씨로 접근하는 사람이 있다면, 그 ~를 한번쯤은 의심해 봐야 한다.

2. 의외 ( )

   생각 밖
   ¶ ~인데! 당신에게도 그런 멋진 면이 있었어?

3. 의표 ( )

   예상 밖
   ¶ ~를 찌른 날카로운 비평.

4. 의향 ( )

   하고자 하는 의도
   ¶ 아바마마의 ~을 도무지 알 수가 없습니다.

5. 민의 ( )

   백성들의 생각, 뜻
   ¶ ~에 따라야 한다고 하지만, 사실 ~만큼 변덕스러운 것은 없다.

6. 의술 ( )

   환자를 치료하는 기술
   ¶ 현대사회에서 병이 만연하고 있는 이유는 ~만 발달했지 인술(仁術)이 발달하지 않았기 때문이다.

7. 의서 ( )

   의학에 관계된 서적
   ¶ 허준은 여러 ~를 아무리 찾아봐도 그 병의 처방책을 찾을 수 없었다.

8. 의학 ( )

   의술을 연구하는 학문
   ¶ ~을 제대로 공부하려면 환자는 돈이 아니라 사람이라는 점을 먼저 깨달아야 한다.

9. 명의 ( )

   뛰어난 의원
   ¶ 『동의보감』을 쓴 허준은 전 세계에서 존경받는 ~이다.

10. 양의 ( )

    서양 의술을 지닌 의원
    ¶ 한의와 ~는 서로 대립되는 존재가 아니라 상호 보완되는 존재가 되어야 한다.

11. 전자 ( )

    ① 두 가지 사항 중 앞에서 들어 말한 것 ② 지난 번
    ¶ 이제 우리의 선택은 간단합니다. ~냐 후자냐 바로 이겁니다.

12. 후자 ( )

    두 가지 사항 중 뒤에서 들어 말한 것
    ¶ 그럼 선택의 여지가 없군요. ~를 택할 수밖에요.

13. 학자 ( )

    학문 연구를 업으로 삼은 사람
    ¶ 오늘날 ~라고 해서 그 사람이 인간적으로 더 배울 점이 있다고 생각하면 큰 오산이다.

14. 연장자 ( )

    나이가 많은 사람
    ¶ 이러지도 저러지도 못하겠으니... 우리 이 일은 ~의 의견에 따르도록 하는 게 어떻겠습니까?

15. 부재자 ( )

    지금 그 장소에 있지 않은 사람
    ¶ ~를 위한 투표가 오늘 아침 8시부터 시작되었습니다.

16. 작가 ( )

    문학 작품, 그림, 조각 등의 예술품을 창작하는 사람.
    ¶ 이 작품에는 ~의 치열한 사상이 잘 나타나 있다.

17. 작문 ( )

    지은 글, 또는 글을 지음
    ¶ ~ 시간은 실생활에 필요한 실용문 위주로 짜여져야 한다.

18. 작업 ( )

    일을 함
    ¶ 오늘부터 전산화 ~에 총력을 다하고 있다.

♣ 다음 낱말 풀이에 알맞은 한자(漢字)를 쓰시오. ▶정답은 221쪽

1. 작별 (   )

   이별을 함
   ¶ 이게 끝인가요. ~인사치고는 너무 서운하네요. 이별만은 근사하게 하고 싶었는데.

2. 작심삼일 (   )

   마음을 잡고 어떤 일을 한 지 삼 일만에 그만 둠
   ¶ ~이라 했지만 걱정 없어요. 그 삼일 째 되는 날 다시 작심하면 되죠 뭐.

3. 작년 (   )

   바로 지난 해, 1년 전의 해
   ¶ ~에 왔던 각설이, 죽지도 않고 또 왔네. 어얼시구시구 들어간다.

4. 작일 (   )

   어제
   ¶ 그럼 ~에 만났다는 사람이 바로 이 자란 말이냐?

5. 문장 (   )

   하나의 줄거리나 생각, 느낌을 기록한 글
   ¶ 글 쓸 때에는 하나의 ~에 하나의 생각이 들어가도록 해야 한다.

6. 악장 (   )

   ① 나라의 큰 행사 때 연주하는 음악의 가사 ② 여러 개의 소곡이 모여 큰 악곡을 만들 경우의 각각의 소곡
   ¶ 민족 문화의 계승을 위해서라도 조선 시대의 ~은 시급히 복원되어야 한다.

7. 재색 (   )

   여자의 재주와 용모
   ¶ 이렇게 ~을 겸비한 규수는 어디에도 없단다. 어서 결정하려무나.

8. 천재 (   )

   하늘이 낸 수재
   ¶ 자기 자신이 ~가 아니라는 점을 깨달은 사람은, 자신을 잘 관리해야 한다.

9. 재경 (   )

   서울에 있음
   ¶ ~ 두산동문회가 이번 주 토요일에 열립니다.

10. 재학 (   )

    학교에 학적을 둠
    ¶ ~생을 대상으로 여론 조사를 해봤습니다.

11. 자유자재 (   )

    아무 막힘이 없이 자신의 뜻대로 함
    ¶ 100근이나 되는 창을 ~로 휘두르기 시작했다.

12. 인명재천 (   )

    사람의 수명은 하늘에 달려 있어 개인이 마음대로 할 수 없음
    ¶ ~이라 하지 않았소. 이제 그만 슬픔을 거두시구료.

13. 전승 (   )

    전쟁에서 승리함
    ¶ 비록 인정하긴 싫었지만 그가 이번 ~의 일등공신이라는 데에는 아무도 의견을 달 수 없었다.

14. 전선 (   )

    전쟁 중에 배치한 전투부대의 배치선
    ¶ 적의 막강한 폭격에 ~이 하나씩 무너지기 시작했다.

15. 전사 (   )

    전쟁 중에 죽음
    ¶ 어떤 부대가 전멸했다는 것은 ~자가 1/3이 넘었을 때를 말한다.

16. 전후 (   )

    전쟁이 끝난 후
    ¶ 전쟁도 중요하지만 황폐화된 사람의 마음을 ~에 어떻게 복구하느냐가 더 중요합니다.

17. 출전 (   )

    전쟁터에 싸우러 나아감
    ¶ 성대한 ~식이 열리고 있다. 모두들 사지(死地)로 가는 마지막 행렬을 열렬히 환송해주었다.

18. 정리 (   )

    이미 진리라고 증명된 명제 또는 정하여져 있는 이치
    ¶ 두 번째 ~는 재고의 여지가 있습니다.

♣ 다음 낱말 풀이에 알맞은 한자(漢字)를 쓰시오.   ▶정답은 221쪽

1. 정립   (   )
   ① 정하여 세움 ② 어떤 논점에 대해 반론을 예상하고 주장되는 의견
   ¶ 도시개발의 올바른 방향 ~을 위한 공청회가 어제 열렸다.

2. 정족수   (   )
   회의를 열 수 있는 최소의 정원
   ¶ ~가 부족하여 회의를 계속할 수 없었다.

3. 안정   (   )
   편안히 자리 잡음
   ¶ 이제 떠도는 생활은 진력이 난다. ~이 필요하다.

4. 불특정   (   )
   특별히 정하지 않음
   ¶ ~ 다수에 대한 테러가 일어나고 있다.

5. 정원   (   )
   집 안의 뜰
   ¶ 김 노인은 모든 심혈을 기울여서 ~을 아름답게 가꾸었다.

6. 정원수   (   )
   정원에 심은 나무
   ¶ ~를 좀 더 심으면 보기 좋을 거야.

7. 정구   (   )
   테니스
   ¶ 주말을 이용해 ~ 강습을 듣기로 했어.

8. 가정   (   )
   한 가족이 살림하고 있는 집 안
   ¶ ~이 무너진다는 것은 우리 사회가 더 이상 존속될 수 없다는 것을 뜻합니다.

9. 교정   (   )
   학교의 마당
   ¶ 은행잎들이 ~을 이리저리 뒹굴고 있었다.

10. 제삼국 (   )
    당사국 이외의 아무 관련이 없는 국가
    ¶ 남북 장관급 회의를 ~에서 열기로 했다.

11. 제삼자 (   )
    당사자 이외의 아무 관련이 없는 사람
    ¶ ~는 배제하고 당사자끼리 말해봅시다.

12. 제일선 (   )
    ① 최전선 ② 계획을 실행하는 데 있어 맨 앞장
    ¶ 여러분은 수출 ~에서 일하는 우리나라의 긍지입니다.

13. 제사학년 (   )
    네 번째 학년
    ¶ 신학기부터는 ~이 된다.

14. 제목   (   )
    ① 표제의 이름 ② 글의 이름
    ¶ ~만 봐도 제대로 된 글인지 아닌지 알 수 있다.

15. 제호   (   )
    책 등의 제목이 되는 이름
    ¶ ~를 정확히 기재하지 않으면 나중에 책을 찾을 때 힘이 든다.

16. 문제   (   )
    ① 해답이 필요한 물음 ② 해결해야 할 사건 ③ 귀찮은 일
    ¶ ~를 아무리 읽어보아도 무슨 뜻인지조차 파악할 수 없었다.

17. 출제   (   )
    문제를 냄
    ¶ 이번 시험은 학교 수업을 열심히 들은 학생들만이 풀 수 있도록 ~되어야 한다.

18. 화제   (   )
    ① 이야기의 제목 ② 이야깃거리
    ¶ 이 이야기는 벌써 장안의 ~가 되었다.

19. 조석   (   )
    아침과 저녁
    ¶ ~으로 변하는 것이 인간의 마음이다.

211

♣ 다음 낱말 풀이에 알맞은 한자(漢字)를 쓰시오.   ▶정답은 221쪽

1. 조회 (   )

   아침에 하는 회의
   ¶ ~ 시간만 되면 졸려서 큰일이다.

2. 왕조 (   )

   왕이 직접 다스리는 조정
   ¶ 조선~실록은 세계적인 문화유산이다.

3. 조문도석사 (   )

   아침에 도를 들으면 저녁에 죽어도 한이 없다는 뜻
   ¶ 공자님께서는 ~라도 한이 없겠다고 하셨다.

4. 족장 (   )

   부족의 우두머리
   ¶ ~들이 속속 회의를 위해 모여들었다.

5. 부족 (   )

   같은 조상과 언어, 종교 등을 가진 지역 공동체의 단위
   ¶ ~국가 시대나 현대 산업 사회 시대나 인간은 별반 다른 점이 없다.

6. 가족 (   )

   한 가정을 이루는 사람들
   ¶ 나홀로 ~이 급증하고 있어 ~의 형태에도 많은 변화가 일어나고 있다.

7. 한족 (   )

   중국의 한이라는 민족
   ¶ 중국 ~들은 지금도 자신들만이 최고 종족이고 나머지 민족은 모두 오랑캐로 자신들의 지배를 받아야 한다고 생각한다.

8. 한민족 (   )

   우리 민족
   ¶ ~은 자고로 전쟁이 아닌 평화를 사랑하는 민족이었다.

9. 주목 (   )

   한 곳을 집중하여 봄
   ¶ 모두들 ~하십시오.

10. 주의 (   )

    조심함
    ¶ 깨지기 쉬운 물건이니까 ~하세요.

11. 주입식 (   )

    기억과 암송 위주로 행하는 교육
    ¶ ~ 교육을 지양하고 창의적 교육한다는데, 문제는 어떻게 하느냐이다.

12. 주유소 (   )

    자동차 등에 기름을 넣을 수 있는 곳
    ¶ 여기서 기름을 넣지 않으면 다음 ~에 가기도 전에 차가 멈추고 말꺼야.

13. 주야 (   )

    밤과 낮
    ¶ ~를 쉬지 않고 열심히 채팅만 했다.

14. 주간 (   )

    낮 동안
    ¶ 나는 야간 학부가 아닌 ~ 학부에 다닙니다.

15. 백주 (   )

    하얀 대낮
    ¶ ~ 대낮에 이런 일을 저지르다니, 넌 부끄럽지도 않니?

16. 집중 (   )

    마음을 한 곳으로 모음
    ¶ 무슨 일이고 ~을 하지 않는다면 이룰 수 있는 게 없다.

17. 집합 (   )

    한 곳으로 모음
    ¶ 5시까지 모두 ~하세요.

18. 집회 (   )

    여러 사람이 모여서 하는 회의
    ¶ 서울역 광장에서 ~가 있었다.

19. 문집 (   )

    글을 모아 책 등을 만든 것
    ¶ 최근 10여 년간 쓴 글들을 모아 조그마한 ~을 만들었다.

♣ 다음 낱말 풀이에 알맞은 한자(漢字)를 쓰시오.   ▶정답은 221쪽

1. 집대성   (   )
   어떤 분야를 망라해서 크게 이룸
   ¶ 창작은 아무나 할 수 있다 해도 ~은 절대 아무나 할 수 없다.

2. 창구   (   )
   창을 통해 사람을 응대하고 돈을 주고받는 곳
   ¶ ~가 너무 혼잡해 표를 살 수 없었다.

3. 창문   (   )
   창을 낸 문
   ¶ ~을 분홍빛 커튼으로 장식했다.

4. 동창   (   )
   한 학교에서 같이 공부한 사람
   ¶ ~회는 아무 때나 아무 부담 없이 모일 수 있는 공간이다.

5. 차창   (   )
   자동차 등에 낸 창문
   ¶ 아기가 ~ 밖으로 열심히 밖을 내다보았다.

6. 학창   (   )
   교실이나 학교
   ¶ 우리는 ~ 시절부터 절친한 친구였다.

7. 청산   (   )
   ① 채무나 채권 등을 깨끗이 정리함 ② 어떤 사상이나 주의 등을 깨끗이 씻어 버림
   ¶ 이제 모든 부채를 ~하고 새로 시작할 수 있게 되었다.

8. 청풍명월   (   )
   맑은 바람과 밝은 달
   ¶ 오늘같이 ~이 있는 날이면 나는 거리를 배회하곤 한다.

9. 체육   (   )
   운동 등을 통해 몸을 단련하는 일
   ¶ 우리나라는 음악이나 미술 등의 분야에 비해 ~에 너무 많은 예산을 투자하고 있다.

10. 체력   (   )
    몸의 힘
    ¶ ~이 약하면 결국 공부도 할 수 없다.

11. 체중   (   )
    몸의 무게
    ¶ 운동을 안했더니 ~이 자꾸 불어서 큰 걱정이다.

12. 체온   (   )
    몸의 온도
    ¶ 담요를 잘 덮어서 환자의 ~을 유지하도록 하세요.

13. 인체   (   )
    사람의 몸
    ¶ ~에 해로운 영향을 줄 수 있는 농산물 수입을 금지할 수도 있다.

14. 친가   (   )
    결혼을 하거나 양자가 되어 다른 집의 호적에 들어갔을 때 이전의 본집을 이르는 말
    ¶ 이번 주말에는 ~에 좀 갔다 와야겠다.

15. 친정   (   )
    시집 간 여자가 자신의 친 부모가 있는 집을 이르는 말
    ¶ 한 달에 한 번 정도는 ~에 다녀옵니다.

16. 친족   (   )
    촌수가 가까운 일가.
    ¶ 두 남녀는 축복해 주는 형제나 ~도 없이 쓸쓸하게 결혼식을 올릴 수밖에 없었다.

17. 친근   (   )
    친하고 가까움
    ¶ 우리 선생님을 날 ~하게 대해줘서 참 좋아.

18. 친서   (   )
    친히 직접 쓴 편지나 글
    ¶ 대통령께서 ~를 전하셨습니다.

♣ 다음 낱말 풀이에 알맞은 한자(漢字)를 쓰시오.   ▶정답은 221쪽

1. 태양   (   )
해. 지구가 이것을 중심으로 일 년에 한 번 씩 공전을 함
¶ 내가 보고 싶으면 항상 하늘의 ~을 바라봐.

2. 태고   (   )
까마득한 옛날
¶ ~적 까마득한 날에도 그런 일은 없었단다.

3. 태반   (   )
절 반 이상
¶ ~의 학생들이 수업 시간에 자고 있었다.

4. 태조   (   )
한 왕조의 첫 번째 임금
¶ 이것은 ~께서 친히 하사하신 보검이니라.

5. 태부족   (   )
거의 대부분이 부족함
¶ 이 돈으로 네 식구가 먹고 살기엔 ~이었다.

6. 통학   (   )
학교에 오고가는 일
¶ 학교와 집이 너무 멀어서 ~하기가 매우 힘들었다.

7. 통신   (   )
신호를 주고받음
¶ PCS를 사용하고부터 필요 없는 ~비가 너무 많이 든다.

8. 통로   (   )
서로 통하는 길
¶ 모든 ~를 차단하고 범인을 색출하라.

9. 통행   (   )
오고 갈 수 있는 길, 또는 오고 감
¶ 공사 중 ~에 불편을 드려서 대단히 죄송합니다.

10. 통용   (   )
공통으로 사용함
¶ 원화뿐 아니라 달러도 같이 ~되고 있다.

11. 특별   (   )
보통과 다름
¶ 너만 ~ 대우를 해달라는 말인데, 결코 그럴 수는 없지. 만인은 평등하거든.

12. 특급   (   )
특별한 계급이나 등급
¶ ~ 호텔을 예약해 놓았습니다.

13. 특급   (   )
특별히 빠름
¶ ~ 열차를 타고 바람보다 빨리 날아왔다.

14. 특식   (   )
보통과 다른 특별한 음식
¶ 오늘 ~은 비빔밥이래.

15. 표현   (   )
겉으로 나타내 드러내는 것
¶ 마음은 ~하지 않으면 알 수 없는 경우도 많다.

16. 표의   (   )
말의 뜻을 글자로 나타냄
¶ 한자는 ~ 문자이다.

17. 표지   (   )
겉면의 종이
¶ ~가 너무 예뻐서 책을 따로 포장하기가 아깝다.

18. 표출   (   )
겉으로 표현해 나타냄
¶ 10대들은 자신의 개성을 과감하게 ~하고 있다.

19. 연표   (   )
각각의 연대에 있었던 일을 적어놓은 표
¶ 제대로 된 ~를 구하기는 그리 쉽지않다.

20. 풍물   (   )
① 경치 ② 농악에 쓰이는 악기로 꽹과리·날라리·소고·북·장구·징 등을 말함
¶ 이윽고 ~패들이 흥을 한껏 돋구고 있었다.

♣ 다음 낱말 풀이에 알맞은 한자(漢字)를 쓰시오.   ▶정답은 221쪽

1. 풍속   (   )
   바람의 빠르기
   ¶ ~이 빨라지자 배가 바람같이 달리기 시작했다.

2. 풍습   (   )
   그 지방의 풍속과 습관
   ¶ ~은 지방마다 다 다른 법이다.

3. 풍설   (   )
   눈바람
   ¶ 오늘은 하루 종일 몰아친 ~에 그만 감기가 걸리고 말았다.

4. 해풍   (   )
   바다에서 육지로 부는 바람
   ¶ ~에 갈대들이 일렁이기 시작했다.

5. 합계   (   )
   모든 수치를 합한 값
   ¶ 그러니까 ~가 얼마냐고?

6. 합동   (   )
   동시에, 한꺼번에, 함께
   ¶ 오늘 대강당에서 ~ 결혼식이 열린데.

7. 합리   (   )
   이치에 맞음
   ¶ 인간은 ~적으로 행동해야 한다고 생각하지만, 사실 그렇게 행동하는 사람은 얼마되지 않는다.

8. 합석   (   )
   어떤 자리에 다른 사람들과 함께 앉는 것
   ¶ 괜찮으시다면 ~해도 되겠습니까?

9. 합성   (   )
   두 가지 이상을 합쳐 한 가지로 만듦
   ¶ 두 개의 전혀 상관없는 사진을 ~해, 김씨가 범행 현장에 있었던 것처럼 꾸몄다.

10. 행동   (   )
    몸을 움직여 동작을 함
    ¶ 사고는 신중하게 ~은 과감하게!

11. 행락   (   )
    재미있고 즐겁게 놂
    ¶ ~철을 맞아 전국의 산에는 등산객들이 빼곡히 모여들기 시작했다.

12. 행사   (   )
    어떤 일을 행함
    ¶ ~를 도와줄 도우미를 모집합니다.

13. 행로   (   )
    세상살이
    ¶ 인생의 ~.

14. 효행   (   )
    효성스러운 행위
    ¶ 놀부가 ~상을 받다니 해가 서쪽에서 뜨겠군.

15. 행운   (   )
    다행스러운 행복한 운수
    ¶ 이번 주 ~의 주인공은 누구일까요.

16. 행불행   (   )
    다행과 불행
    ¶ 이번 일은 ~을 막론하고 다시는 있어서는 안 될 일입니다.

17. 천만다행   (   )
    천번 만번 다행이다, 매우 다행이다
    ¶ 이만하길 ~입니다.

18. 향상   (   )
    '위로 향하다'의 뜻으로 상황이나 실력 등이 보다 나아진다는 뜻
    ¶ 밤낮으로 노력한 결과 실력이 많이 ~되었다.

19. 향방   (   )
    향하여 간 방향
    ¶ 우리 누렁이가 어디로 갔는지 ~을 알 수가 없었다.

20. 향학   (   )
    배움에 뜻을 둠
    ¶ 아무리 어렵더라도 ~을 향한 그 마음을 잊어서는 안 된다.

215

♣ 다음 낱말 풀이에 알맞은 한자(漢字)를 쓰시오.　　　　　▶정답은 221쪽

1. 동향　　(　　　　　　　)

   정세나 행동 등이 움직이는 방향
   ¶ 이번 투표 결과 민심의 ~이 심상치 않았다.

2. 방향　　(　　　　　　　)

   향하는 쪽
   ¶ 어디요 어디! ~을 알려줘야 갈 거 아닙니까?

3. 현장　　(　　　　　　　)

   일이 생기거나 일어나고 있는 장소
   ¶ 이상, 사건 ~에서 전해드렸습니다.

4. 현재　　(　　　　　　　)

   과거 미래말고 지금
   ¶ 내가 묻고 싶은 것은 ~ 지금 이 자리에서 무슨 일이 일어나고 있느냐는 것입니다.

5. 현대　　(　　　　　　　)

   우리들이 살고 있는 지금의 시대
   ¶ ~의 발단된 물질문명에도 불구하고 사람들이 느끼는 소외감은 점차 높아만 갔다.

6. 현금　　(　　　　　　　)

   현재 통용되는 돈
   ¶ 수표 싫어요. 나는 ~이 좋아요.

7. 현물　　(　　　　　　　)

   현재 통용되는 물건
   ¶ ~ 시세가 너무 올라서 살 엄두도 낼 수 없었다.

8. 형편　　(　　　　　　　)

   일이 되어 가는 모양
   ¶ 서두르지 말고 ~을 보아가며 대처합시다.

9. 형식　　(　　　　　　　)

   겉모습, 격식
   ¶ 아무리 내용이 알차도 ~이 도무지 맞지 않아.

10. 형성　　(　　　　　　　)

    모양을 이룸
    ¶ 우리 민족은 삼국통일 이후에 ~되기 시작했다.

11. 형체　　(　　　　　　　)

    물건의 겉모습
    ¶ 화재로 인해 ~를 알아 볼 수 없을 정도야!

12. 자형　　(　　　　　　　)

    글자의 모습
    ¶ ~을 정확하게 보셔야 됩니다.

13. 구호　　(　　　　　　　)

    입으로 외치는 간결한 문구
    ¶ 우리는 주먹을 불끈 쥐고 ~를 당당하게 외치며 거리를 행진했다.

14. 국호　　(　　　　　　　)

    나라의 이름
    ¶ 남북통일이 되면 ~를 새로 정해야 할지도 모른다.

15. 기호　　(　　　　　　　)

    어떤 뜻을 나타내기 위한 부호
    ¶ 주민 여러분 ~ 1번입니다. 꼭 찍어주십시오.

16. 연호　　(　　　　　　　)

    연도를 표현하는 방법으로, 임금이 자리에 오르는 해에 대해 짓는 칭호
    ¶ 고종 황제께서는 1897년에 대한제국의 ~를 광무(光武)로 명하셨다.

17. 청신호　　(　　　　　　　)

    ① 교차로 등의 푸른 신호 ② 어떤 일이 잘 되어 간다는 의미를 나타내는 비유
    ¶ 우리 경제에 드디어 ~가 들어왔다.

18. 화합　　(　　　　　　　)

    뜻을 모아 한데 어우러진 것
    ¶ 지역감정을 넘어 동서 ~이 무엇보다 시급한 실정입니다.

19. 화기　　(　　　　　　　)

    화목한 분위기
    ¶ 오늘 모임은 ~애애한 분위기에서 잘 마무리 되었다.

♣ 다음 낱말 풀이에 알맞은 한자(漢字)를 쓰시오.　　　▶정답은 221쪽

1. 화답　　(　　　　　　　)

시나 노래에 대해 응답하는 것
¶ 이황 선생은 ~ 시를 즉석에서 지어주었다.

2. 화친　　(　　　　　　　)

서로 사이좋게 지내는 정분
¶ 이웃나라와 ~을 맺었다.

3. 화음　　(　　　　　　　)

가락이 서로 다른 둘 이상의 음이 같이 울리는 소리
¶ 이제 벨소리에도 16~이 사용된다.

4. 화가　　(　　　　　　　)

그림 그리는 것을 업을 가진 사람
¶ ~가 진정 많지만 ~다운 ~는 정말 찾기 어렵다.

5. 화면　　(　　　　　　　)

그림이나 TV 등의 표면
¶ ~이 너무 어두워서 잘 보이지 않는다.

6. 화실　　(　　　　　　　)

그림을 그리는 방
¶ 반 고호는 ~에서 하루 종일 나오질 않았다.

7. 명화　　(　　　　　　　)

이름난 그림
¶ ~에는 사실 가짜가 많다.

8. 구획　　(　　　　　　　)

일정한 지역으로 구분하여 경계를 짓는 것
¶ 본문의 내용을 한눈에 파악할 수 있도록 본문을 ~을 나누어 편집하였다.

9. 황토　　(　　　　　　　)

누런 흙
¶ ~가 몸에 좋다하여, 그릇뿐 아니라 ~로 만든 장판까지도 큰 인기를 끌고 있다.

10. 황색　　(　　　　　　　)

누런 색
¶ 김 노인은 ~ 두루마기를 예쁘게 입고 나타났다.

11. 황금　　(　　　　　　　)

금. 금의 색이 누런색 이어서 이렇게 부름
¶ ~ 보기를 돌같이 하라고 하셨지 최영 장군께서 말이야.

12. 황도　　(　　　　　　　)

태양이 지구를 중심으로 운행하는 것으로 보이는 길
¶ ~를 따라 태양을 관찰하였다.

13. 회사　　(　　　　　　　)

영리를 목적으로 설립된 사단 법인
¶ 불경기라 ~에 취직하기가 하늘에 별따기다.

14. 회식　　(　　　　　　　)

여럿이 모여서 음식을 먹는 일
¶ 오늘 ~이 있어서 좀 늦을 거 같아.

15. 회동　　(　　　　　　　)

같은 목적으로 여럿이 모임
¶ 여야 대표의 ~을 주선하고 있다는 소문이 있다.

16. 회화　　(　　　　　　　)

만나서 이야기함
¶ 심지어는 유명 외국어 학원에서도 무자격자들을 강사로 임명해 ~를 가르치고 있다.

17. 교회　　(　　　　　　　)

신앙이 같은 사람들이 모여 만든 조직으로, 주로 기독교에서 사용하는 용어임
¶ ~는 하나님을 위해 있는 것인가 사람을 위해 있는 것인가.

18. 훈장　　(　　　　　　　)

글방에서 가르치는 선생
¶ 별 수 있나요, 이렇게 시골에서 ~ 노릇이나 하고 한평생 보내는 거지요.

19. 훈화　　(　　　　　　　)

교훈이 되는 말
¶ 아침 조회에서 ~만큼 따분한 게 없다.

♣ 다음 낱말 풀이에 알맞은 한자(漢字)를 쓰시오. ▶정답은 221쪽

1. 훈수　　(　　　　　　)

　바둑이나 장기 등에서 관계없는 사람이 한 수 가르쳐 주는 것
　¶ 어디 ~ 한 번 해 볼까.

2. 훈방　　(　　　　　　)

　경찰서 등에서 경범자에게 주의를 주고 방면해 줌
　¶ 경찰은 이들 10대 폭력배들을 정상을 참작해 ~조치하기로 했다.

3. 가훈　　(　　　　　　)

　집안의 교훈
　¶ ~은 벽에 써 붙여 놓고 장식이나 하라고 있는 게 아니다.

4. 가악　　(　　　　　　)

　노래와 풍악
　¶ 여봐라! 이번 단오에는 ~ 한판을 벌리거라.

5. 합의　　(　　　　　　)

　뜻이 맞음
　¶ 아프리카의 석유생산국과 원유개발에 ~를 보았다.

6. 회의　　(　　　　　　)

　① 뜻을 깨달음. ② 한자의 생성원리 중의 하나로, 둘 이상의 뜻끼리 모여 글자를 이루는 것.
　¶ 한자의 육서(六書)는 상형문자, 지사문자, ~문자, 형성문자, 전주문자, 가차문자를 말한다.

【정답】 - 한자어 쓰기

▶ 186쪽

1.各班 2.各界 3.各國 4.各道 5.各別
6.角度 7.角木 8.直角 9.正三角形 10.感動
11.感氣 12.感服 13.感電 14.萬感 15.强弱
16.强國 17.强軍 18.强力 19.强者 20.開放

▶ 187쪽

1.開國 2.開業 3.開通 4.開花 5.上京
6.開京 7.東京 8.各界 9.世界 10.學界
11.外界人 12.計畫 13.計算 14.家計 15.生計
16.時計 17.古今 18.古風 19.古代 20.太古

▶ 188쪽

1.古書畫 2.苦生 3.苦待 4.苦戰 5.同苦同樂
6.高級 7.高等 8.高速 9.高名 10.高空
11.功利 12.有功者 13.功名心 14.公共 15.公園
16.公平 17.公明正大 18.共感 19共同 20.共生

▶ 189쪽

1.果然 2.果樹園 3.靑果物 4.水正果 5.科學
6.科目 7.文科 8.學科 9.外科 10.光線
11.光速 12.光年 13.光明 14.光體 15.交通
16.交戰 17.交代 18.交感 19.交信 20.區分

▶ 190쪽

1.區別 2.區間 3.地區 4.球場 5.球速
6.水球 7.電球 8.地球 9.郡內 10.郡民
11.近來 12.近者 13.近世 14.近方 15.近海
16.根本 17.草根 18.今年 19.今日 20.方今

▶ 191쪽

1.東西古今 2.急行 3.急速 4.急所 5.時急
6.火急 7.級數 8.級訓 9.同級 10.學級
11.上級生 12.多感 13.多才 14.多少 15.多幸
16.多讀 17.短信 18.短命 19.短時日 20.一長一短

▶ 192쪽

1.堂山 2.食堂 3.天堂 4.正正堂堂 5.代金
6.代數 7.代身 8.代讀 9.代用 10.待合室
11.下待 12.苦待 13.對話 14.對答 15.對面
16.對立 17.對等 18.度數 19.色度

▶ 193쪽

1.年度 2.圖章 3.圖面 4.圖形 5.圖書室
6.讀者 7.讀書 8.讀後感 9.童話 10.童心
11.童子 12.頭角 13.頭目 14.頭音 15.先頭
16.等級 17.等式 18.等分 19.等數 20.同等

▶ 194쪽

1.樂勝 2.樂園 3.安樂 4.樂山樂水 5.例外
6.例年 7.先例 8.事例 9.前例 10.禮物
11.禮式 12.主禮 13.禮式場 14.路上 15.路面
16.農路 17.道路 18.大路 19.綠地 20.綠色

▶ 195쪽

1.靑綠 2.草綠同色 3.利用 4.利子 5.不利
6.有利 7.便利 8.李花 9.李王朝 10.理科
11.理由 12.敎理 13.道理 14.事理 15.明月
16.明日 17.明堂 18.明白 19.目前 20.目禮

▶ 196쪽

1.名目 2.所聞 3.風聞 4.白米 5.美術
6.美男 7.美感 8.美食家 9.反對 10.反省
11.反感 12.反共 13.反動 14.半白 15.半百年
16.上半身 17.班長 18.合班 19.發明 20.發信

▶ 197쪽

1.發育 2.發病 3.開發 4.放學 5.放生
6.放出 7.放火 8.番地 9.番號 10.軍番
11.每番 12.別名 13.別堂 14.別室 15.別世
16.病者 17.病室 18.病弱 19.問病 20.重病

▶ 198쪽

1.校服 2.軍服 3.內服 4.服用藥 5.本校
6.本國 7.本文 8.本部 9.本業 10.部分
11.部長 12.部門 13.部下 14.外部 15.分家
16.分野 17.分校 18.分明 19.分母 20.死生

▶ 199쪽

1.死後 2.死色 3.死線 4.死地 5.使用
6.使者 7.天使 8.使命感 9.社會 10.社運
11.社交 12.社長 13.入社 14.書信 15.書室
16.書記 17.書體 18.文書 19.石工 20.石油

▶ 200쪽

1.石手 2.立石 3.木石 4.空席 5.同席
6.立席 7.上席 8.出席 9.線路 10.直線
11.車線 12.三八線 13.五線紙 14.雪花 15.雪山
16.大雪 17.白雪 18.春雪 19.成功 20.成果

▶ 201쪽

1.成分 2.成長 3.育成 4.自省 5.反省
6.人事不省 7.消日 8.消火 9.發火 10.消失
11.速度 12.速力 13.速記 14.速成 15.時速
16.孫子 17.孫女 18.王孫 19.世孫

▶ 202쪽

1.樹立 2.樹木 3.樹木園 4.道術 5.算術
6.心術 7.手術 8.學術 9.習作 10.習字
11.敎習 12.風習 13.學習 14.勝利 15.勝戰
16.勝者 17.全勝 18.名勝地 19.始作 20.始球

▶ 203쪽

1.始動 2.始發 3.始祖 4.式場 5.方式
6.正式 7.入場式 8.身體 9.文身 10.身土不二
11.信用 12.信者 13.信號 14.所信 15.外信
16.神童 17.神父 18.神話 19.神通力 20.新式

▶ 204쪽

1.新聞 2.新綠 3.新年 4.新入生 5.失神
6.失手 7.失意 8.失言 9.失業 10.愛用
11.愛人 12.愛族 13.愛國歌 14.夜光 15.夜食
16.夜學 17.夜行 18.夜間 19.野球 20.野外

▶ 205쪽

1.林野 2.平野 3.野生花 4.弱體 5.弱小國
6.老弱者 7.藥草 8.藥水 9.藥用 10.農藥
11.生藥 12.洋服 13.洋藥 14.東洋 15.大西洋
16.陽地 17.陽氣 18.夕陽 19.太陽 20.言行

▶ 206쪽

1.言語 2.名言 3.一口二言 4.業界 5.業主
6.業體 7.家業 8.學業 9.永遠 10.英材
11.英語 12.英國 13.英美 14.英特 15.溫室
16.溫度 17.溫水 18.溫風 19.體溫

▶ 207쪽

1.用度 2.用例 3.用語 4.用紙 5.活用
6.勇氣 7.運命 8.運用 9.運行 10.氣運
11.運動場 12.農園 13.花園 14.遠近 15.遠大
16.遠心力 17.不遠千里 18.由來 19.事由 20.不自由

▶ 208쪽

1.自由世界 2.油畫 3.石油 4.重油 5.銀行
6.水銀 7.金銀 8.銀世界 9.飮食 10.米飮
11.音樂 12.音色 13.讀音 14.訓音 15.發音
16.衣服 17.上衣 18.衣食住 19.白衣民族

▶ 209쪽

1.意圖 2.意外 3.意表 4.意向 5.民意
6.醫術 7.醫書 8.醫學 9.名醫 10.洋醫
11.前者 12.後者 13.學者 14.年長者 15.不在者
16.作家 17.作文 18.作業

▶ 210쪽

1.作別 2.作心三日 3.昨年 4.昨日 5.文章
6.樂章 7.才色 8.天才 9.在京 10.在學
11.自由自在 12.人命在天 13.戰勝 14.戰線 15.戰死
16.戰後 17.出戰 18.定理

▶ 211쪽

1.定立 2.定足數 3.安定 4.不特定 5.庭園
6.庭園樹 7.庭球 8.家庭 9.校庭 10.第三國
11.第三者 12.第一線 13.第四學年 14.題目 15.題號
16.問題 17.出題 18.話題 19.朝夕

▶ 212쪽

1.朝會 2.王朝 3.朝聞道夕死 4.族長 5.部族
6.家族 7.漢族 8.韓民族 9.注目 10.注意
11.注入式 12.注油所 13.晝夜 14.晝間 15.白晝
16.集中 17.集合 18.集會 19.文集

▶ 213쪽

1.集大成 2.窓口 3.窓門 4.同窓 5.車窓
6.學窓 7.淸算 8.淸風明月 9.體育 10.體力
11.體重 12.體溫 13.人體 14.親家 15.親庭
16.親族 17.親近 18.親書

▶ 214쪽

1.太陽 2.太古 3.太半 4.太祖 5.太不足
6.通學 7.通信 8.通路 9.通行 10.通用
11.特別 12.特級 13.特急 14.特食 15.表現
16.表意 17.表紙 18.表出 19.年表 20.風物

▶ 215쪽

1.風速 2.風習 3.風雪 4.海風 5.合計
6.合同 7.合理 8.合席 9.合成 10.行動
11.行樂 12.行事 13.行路 14.孝行 15.幸運
16.幸不幸 17.千萬多幸 18.向上 19.向方 20.向學

▶ 216쪽

1.動向 2.方向 3.現場 4.現在 5.現代
6.現金 7.現物 8.形便 9.形式 10.形成
11.形體 12.字形 13.口號 14.國號 15.記號
16.年號 17.靑信號 18.和合 19.和氣

▶ 217쪽

1.和答 2.和親 3.和音 4.畫家 5.畫面
6.畫室 7.名畫 8.區畫 9.黃土 10.黃色
11.黃金 12.黃道 13.會社 14.會食 15.會同
16.會話 17.敎會 18.訓長 19.訓話

▶ 218쪽

1.訓手 2.訓放 3.家訓 4.歌樂 5.合意
6.會意

♣ **다음 반의어(反義語 = 뜻이 서로 반대되거나 상대인 한자)를 써 보시오.**

• 강약(強弱) : 강하고 약함.	強 弱 강할 강 약할 약	강할 강 약할 약	
• 고락(苦樂) : 괴로움과 즐거움.	苦 樂 괴로울 고 즐거울 락	괴로울 고 즐거울 락	
• 다소(多少) : 많고 적음. 얼마쯤.	多 少 많을 다 적을 소	많을 다 적을 소	
• 사생(死:生) : 죽고 삶.	死 生 죽을 사 살 생	죽을 사 살 생	

♣ 다음 반의어(反義語 = 뜻이 서로 반대되거나 상대인 한자)를 써 보시오.

• 사활(死:活) : 죽기와 살기.	死 活 죽을 사 / 살 활	죽을 사 / 살 활	
• 심신(心身) : 마음과 몸.	心 身 마음 심 / 몸 신	마음 심 / 몸 신	
• 언행(言行) : 언어와 행동.	言 行 말씀 언 / 다닐 행	말씀 언 / 다닐 행	
• 원근(遠:近) : 멀고 가까움.	遠 近 멀 원 / 가까울 근	멀 원 / 가까울 근	

♣ 다음 반의어(反義語 = 뜻이 서로 반대되거나 상대인 한자)를 써 보시오.

• 장단(長短) : 길고 짧음.	長 短 긴 장 짧을 단	긴 장 짧을 단	
• 조석(朝夕) : 아침과 저녁.	朝 夕 아침 조 저녁 석	아침 조 저녁 석	
• 조손(祖孫) : 할아버지와 손자.	祖 孫 할아비 조 손자 손	할아비 조 손자 손	
• 조야(朝野) : 조정과 민간.	朝 野 조정 조 민간 야	조정 조 민간 야	

♣ 다음 반의어(反義語 = 뜻이 서로 반대되거나 상대인 한자)를 써 보시오.

• 주야(晝夜) : 밤낮.	晝 夜		
	낮 주 / 밤 야	낮 주 / 밤 야	

♣ 다음 동의어(同義語 = 뜻이 같거나 비슷한 한자)를 써 보시오.

• 계산(計:算) : 셈을 헤아림.	計 算 셀 계 셈 산	셀 계 셈 산	
• 교훈(敎:訓) : 가르치고 타이름, 또는 그 말.	敎 訓 가르칠 교 가르칠 훈	가르칠 교 가르칠 훈	
• 근본(根本) : 사물이 생겨난 본바탕.	根 本 뿌리 근 근본 본	뿌리 근 근본 본	
• 도로(道:路) : 사람·차 등이 다닐 수 있도록 만든 비교적 넓은 길.	道 路 길 도 길 로	길 도 길 로	

♣ 다음 동의어(同義語 = 뜻이 같거나 비슷한 한자)를 써 보시오.

• 문장(文章) : 글월.	文 章 글월 문 / 글 장	글월 문 / 글 장	
• 수목(樹木) : 살아 있는 나무.	樹 木 나무 수 / 나무 목	나무 수 / 나무 목	
• 신체(身體) : 사람의 몸.	身 體 몸 신 / 몸 체	몸 신 / 몸 체	
• 언어(言語) : 생각이나 느낌을 음성으로 전달하는 수단과 체계.	言 語 말씀 언 / 말씀 어	말씀 언 / 말씀 어	

♣ 다음 동의어(同義語 = 뜻이 같거나 비슷한 한자)를 써 보시오.

• 영원(永:遠) : 미래를 향하여 한없이 계속되는 일.	永 遠 길 영　멀 원	길 영　멀 원	
• 의복(衣服) : 옷.	衣 服 옷 의　옷 복	옷 의　옷 복	
• 정직(正:直) : 마음이 바르고 곧음.	正 直 바를 정　곧을 직	바를 정　곧을 직	
• 도화(圖畫) : 그림 그리기, 또는 그린 그림.	圖 畫 그림 도　그림 화	그림 도　그림 화	

♣ **다음 동음이의어**(同音異義語 = 소리는 같으나 뜻이 다른 한자어)**를 써 보시오.**

• 고대(古:代) : 옛 시대.	古 代 예 고 · 시대 대	예 고 · 시대 대	
• 고대(苦待) : 몹시 기다림.	苦 待 쓸 고 · 기다릴 대	쓸 고 · 기다릴 대	
• 공석(空席) : 빈자리.	空 席 빌 공 · 자리 석	빌 공 · 자리 석	
• 공석(公席) : 공적인 일로 모인 자리.	公 席 공평할 공 · 자리 석	공평할 공 · 자리 석	

♣ 다음 동음이의어(同音異義語 = 소리는 같으나 뜻이 다른 한자어)를 써 보시오.

• 과목(科目) : 학문의 구분, 또는 교과를 구성하는 단위.	科 目 과목 과 조목 목	과목 과 조목 목	
• 과목(果:木) : 과실 나무.	果 木 실과 과 나무 목	실과 과 나무 목	
• 교훈(敎:訓) : 가르치고 타이름.	敎 訓 가르칠 교 가르칠 훈	가르칠 교 가르칠 훈	
• 교훈(校:訓) : 그 학교의 교육 이념을 간명하게 표현한 말.	校 訓 학교 교 가르칠 훈	학교 교 가르칠 훈	

♣ 다음 동음이의어(同音異義語 = 소리는 같으나 뜻이 다른 한자어)를 써 보시오.

• 도장(道:場) : 무예를 수련하는 곳.	道 場 도 도 / 마당 장	도 도 / 마당 장		
• 도장(圖章) : 개인이나 단체의 이름을 나무·뿔·돌 등에 새긴 물건.	圖 章 그림 도 / 글 장	그림 도 / 글 장		
• 입석(立石) : 선돌.	立 石 설 립 / 돌 석	설 립 / 돌 석		
• 입석(立席) : 서서 타거나 구경하는 자리.	立 席 설 립 / 자리 석	설 립 / 자리 석		

♣ **다음 동음이의어**(同音異義語 = 소리는 같으나 뜻이 다른 한자어)**를 써 보시오.**

• 입장(入場) : 장내로 들어 감.	入 場 들 입 마당 장	들 입 마당 장	
• 입장(立場) : 당면하고 있는 처지.	立 場 설 립 마당 장	설 립 마당 장	
• 전선(電:線) : 전깃줄.	電 線 전기 전 줄 선	전기 전 줄 선	
• 전선(戰:線) : 격심한 경쟁의 국면이 전개 되는 현장.	戰 線 싸움 전 줄 선	싸움 전 줄 선	

♣ **다음 동음이의어**(同音異義語 = 소리는 같으나 뜻이 다른 한자어)**를 써 보시오.**

• 전후(前後) : 앞뒤.	前 後 앞 전 뒤 후	앞 전 뒤 후	
• 전후(戰:後) : 전쟁이 끝난 뒤.	戰 後 싸움 전 뒤 후	싸움 전 뒤 후	
• 주력(主力) : 중심되는 힘.	主 力 주인 주 힘 력	주인 주 힘 력	
• 주력(注:力) : 온 힘을 기울임.	注 力 부을 주 힘 력	부을 주 힘 력	

♣ 다음 동음이의어(同音異義語 = 소리는 같으나 뜻이 다른 한자어)를 써 보시오.

• 지구(地區) : 땅의 한 구획.	地 區 땅 지 구분할 구	땅 지 구분할 구	
• 지구(地球) : 인류가 살고 있는 천체.	地 球 땅 지 공 구	땅 지 공 구	
• 지면(紙面) : 기사나 글이 실린 종이의 면.	紙 面 종이 지 겉 면	종이 지 겉 면	
• 지면(地面) : 땅의 표면.	地 面 땅 지 겉 면	땅 지 겉 면	

♣ 다음 동음이의어(同音異義語 = 소리는 같으나 뜻이 다른 한자어)를 써 보시오.

• 지상(紙上) : 신문·잡지의 기사면.	紙 上 종이 지 윗 상	종이 지 윗 상	
• 지상(地上) : 현실 세계. 이 세상.	地 上 땅 지 윗 상	땅 지 윗 상	
• 한식(韓:食) : 한국식의 음식 이나 식사.	韓 食 한국 한 음식 식	한국 한 음식 식	
• 한식(韓:式) : 한국식.	韓 式 한국 한 법 식	한국 한 법 식	

< 정답 >

1.연도 2.연표 3.연호 4.낙승 5.낙원 6.악장 7.예외 8.예년 9.예물 10.예식
11.노상 12.녹지 13.녹색 14.이용 15.이자 16.이화 17.이과 18.이유 19.임야
20.연장자 21.이왕조 22.역부족 23.예식장 24.강력 25.공리 26.광년 27.근래
28.금년 29.대립 30.명년 31.안락 32.농악 33.입석 34.입석 35.선례 36.사례
37.속력 38.수림 39.전례 40.주례 41.답례 42.목례 43.농로 44.도로 45.대로
46.작년 47.활로 48.청록 49.불리 50.유리 51.유래 52.편리 53.교리 54.도리
55.사리 56.체력 57.통로 58.행락 59.신통력 60.반백년 61.초록동색 62.요산요수

활용(活用) 학습

- 6Ⅱ급 예상문제 (7회분)
- 6급 예상문제 (10회분)

제 1회 한자능력검정시험 6Ⅱ급 예상문제

(시험시간 : 50분. 시험문항 : 80문제. 합격문항 : 56문제이상) 성명 _____

1. 다음 漢字語의 讀音을 쓰시오.(1~32)

(1) 事業   (2) 國旗
(3) 三寸   (4) 高級
(5) 始作   (6) 時計
(7) 記事   (8) 交通
(9) 注意   (10) 例外
(11) 後代   (12) 共通
(13) 海女   (14) 敎室
(15) 住所   (16) 手足
(17) 農村   (18) 發信
(19) 樹木   (20) 入場
(21) 愛民   (22) 水球
(23) 祖上   (24) 金九先生
(25) 同生   (26) 問安
(27) 淸風   (28) 計算
(29) 形便   (30) 江山
(31) 對答   (32) 食口

2. 다음 漢字의 訓과 音을 쓰시오.(33~61)

(33) 表   (34) 永
(35) 行   (36) 分
(37) 昨   (38) 新
(39) 術   (40) 社
(41) 書   (42) 急
(43) 神   (44) 高
(45) 强   (46) 夜
(47) 章   (48) 衣
(49) 放   (50) 始
(51) 在   (52) 黃
(53) 服   (54) 開
(55) 庭   (56) 男
(57) 北   (58) 禮
(59) 米   (60) 發
(61) 意

3. 다음 밑줄친 漢字語를 漢字로 쓰시오.(62~71)

(62) 난 내년이면 **육학년**이 된다.

(63) 대한민국을 줄여서 **한국**이라고 하는 거 알지?

(64) 영희와 영미는 **연년생**이다.

(65) 그의 **모국**은 미국이 아니라 대한민국이다.

(66) **만일** 내가 이렇게 하면 어떻게 할꺼야?

(67) 빈 칸에다가 **생년월일**을 적어라.

(68) 십만원을 **선금**으로 주세요.

(69) 중국은 인구도 많고 면적도 넓은 **대국**이다.

(70) 영희는 네 명의 딸들 중에서 **장녀**이다.

(71) 그 팀은 **외인**부대이다.

4. 다음 漢字와 뜻이 反對 또는 相對되는 漢字를 골라 그 번호를 쓰시오.(72~73)

(72) 苦 - (   )

① 章   ② 番   ③ 樂   ④ 記

(73) (   ) - 川

① 洋   ② 山   ③ 靑   ④ 合

5. 다음 밑줄친 한글을 漢字로 쓰시오.(74~75)

(74) 우리 敎생(　　) 선생님은 실력이 좋아요.

(75) 靑년(　　)이여! 꿈을 가져라.

6. 다음 漢字語의 뜻을 쓰시오.(76~77)

(76) 速記

(77) 今年

7. 다음 漢字의 필순에 대한 물음에 답하시오.(78~80)

(78) 感 자에서 ☆표한 획은 몇 번째 쓰는지 그 번호를 숫자로 쓰시오. ……(　　번째)

(79) 強 자에서 ☆표한 획은 몇 번째 쓰는지 그 번호를 숫자로 쓰시오. ……(　　번째)

(80) 開 자에서 ☆표한 획은 몇 번째 쓰는지 그 번호를 숫자로 쓰시오. ……(　　번째)

▶ 정답은 252쪽

제2회 한자능력검정시험 6Ⅱ급 예상문제

(시험시간 : 50분. 시험문항 : 80문제. 합격문항 : 56문제이상)   성명 _____

1. 다음 漢字語의 讀音을 쓰시오.(1~32)

 (1) 和親   (2) 風樂
 (3) 住所   (4) 通讀
 (5) 校正   (6) 大成
 (7) 愛族   (8) 明日
 (9) 第一   (10) 每番
 (11) 文書   (12) 晝夜
 (13) 意向   (14) 靑山
 (15) 車窓   (16) 子弟
 (17) 學科   (18) 行動
 (19) 勝利   (20) 活力
 (21) 計畫   (22) 古代
 (23) 水戰   (24) 幸運
 (25) 林野   (26) 圖書
 (27) 民間   (28) 集合
 (29) 會食   (30) 勝氣
 (31) 共同   (32) 空中

2. 다음 漢字의 訓과 音을 쓰시오.(33~61)

 (33) 待   (34) 先
 (35) 級   (36) 孫
 (37) 半   (38) 用
 (39) 果   (40) 表
 (41) 服   (42) 業
 (43) 禮   (44) 死
 (45) 堂   (46) 號
 (47) 族   (48) 雪
 (49) 朝   (50) 病
 (51) 永   (52) 路
 (53) 溫   (54) 區
 (55) 習   (56) 國
 (57) 注   (58) 讀
 (59) 多   (60) 京
 (61) 式

3. 다음 밑줄친 漢字語를 漢字로 쓰시오.(62~71)

 (62) 우리 형은 **토목**공학을 전공으로 하고 있어.
 (63) **외삼촌**은 안녕하신가?
 (64) 야? **십중팔구**는 불량품일거야.
 (65) 이것이 **인생**이다.
 (66) 내년엔 **중학교**에서 보겠구나.
 (67) 제 **생모**가 누굽니까?
 (68) 여러분! 기뻐해주세요. 퀴즈의 **왕중왕**이 탄생했습니다.
 (69) 철수는 내 **사촌**입니다.
 (70) **한중**수교로 왕래가 쉬워졌다.
 (71) 우리 나라엔 **화산**활동이 거의 없다.

4. 다음 漢字와 뜻이 反對 또는 相對되는 【例예】에서 찾아 그 번호를 쓰시오.(72~73)

【例예】	①樂 ②山 ③問 ④和 ⑤兄 ⑥間

 (72) 苦 - (   )   (73) (   ) - 答

5. 다음 뜻풀이에 해당되는 漢字語를 漢字로 쓰시오.(74~75)

(74) (　　　　) : 서쪽의 큰 대문

(75) (　　　　) : 10월 10일

6. 다음 밑줄친 漢字語의 뜻을 쓰시오.(76~77)

(76) 그의 <u>出生</u>의 비밀은 아무도 몰랐다.

(77) 길 건널 때 <u>左右</u>를 반드시 살펴라.

7. 다음 漢字의 필순에 대한 물음에 답하시오.(78~80)

(78) 京 자에서 ★표한 획은 몇 번째 쓰는지 그 번호를 고르시오. ……(　　)
　　① 다섯번째　② 여섯번째
　　③ 일곱번째　④ 여덟번째

(79) 界 자에서 ★표한 획은 몇 번째 쓰는지 그 번호를 고르시오. ……(　　)
　　① 첫번째　② 두번째
　　③ 세번째　④ 네번째

(80) 苦 자에서 ★표한 획은 몇 번째 쓰는지 그 번호를 고르시오. …(　　)
　　① 첫번째　② 두번째
　　③ 네번째　④ 다섯번째

▶ 정답은 252쪽

제3회 한자능력검정시험 6Ⅱ급 예상문제

(시험시간 : 50분. 시험문항 : 80문제. 합격문항 : 56문제이상) 성명 _____

1. 다음 漢字語의 讀音을 쓰시오.(1~32)

(1) 多讀 (2) 校庭

(3) 時間 (4) 多少

(5) 對答 (6) 體力

(7) 米飮 (8) 意圖

(9) 番地 (10) 市場

(11) 放心 (12) 果然

(13) 休戰 (14) 多才

(15) 敎書 (16) 共學

(17) 生水 (18) 敎化

(19) 注目 (20) 科時

(21) 班長 (22) 公海

(23) 光明 (24) 直線

(25) 交信 (26) 高名

(27) 醫術 (28) 空軍

(29) 幸運 (30) 遠近

(31) 食口 (32) 題目

2. 다음 漢字의 訓과 音을 쓰시오.(33~61)

(33) 第 (34) 和

(35) 洋 (36) 英

(37) 合 (38) 消

(39) 形 (40) 習

(41) 身 (42) 使

(43) 雪 (44) 藥

(45) 才 (46) 共

(47) 特 (48) 理

(49) 現 (50) 今

(51) 禮 (52) 例

(53) 石 (54) 對

(55) 親 (56) 聞

(57) 色 (58) 所

(59) 不 (60) 先

(61) 林

3. 다음 밑줄친 漢字語를 漢字로 쓰시오.(62~71)

(62) 난 **한국인**이야.

(63) 김영수 **학형**을 소개합니다.

(64) **삼년**이란 시간에 그녀가 날 잊을 수 있을까?

(65) 앞으로는 **북한**과 왕래가 많아지겠지.

(66) **외국어**가 범람하다.

(67) 서울에는 **사대문**이 있었다.

(68) 아침에 산에 가서 **생수**를 마셨다.

(69) 청군 이겨라! **백군** 이겨라!

(70) 우리 나라는 **칠팔월**에 비가 많이 내린다.

(71) **남북** 간의 축구 시합이 곧 열린다.

4. 다음 漢字와 뜻이 反對 또는 相對되는 漢字를 【例예】에서 찾아 그 번호를 쓰시오.(72~73)

【例예】 ①遠 ②讀 ③樂 ④地 ⑤急

(72) (　　) - 近   (73) 天 - (　　)

5. 다음 밑줄친 한글을 漢字로 쓰시오.(74~75)

(74) 세 **청**(　　)**年**이 이야기를 하고 있다.

(75) 우리 부( )母님은 자상하시다.

6. 다음 漢字語의 뜻을 쓰시오. (76~77)

(76) 生死

(77) 日月

7. 다음 漢字의 필순에 대한 물음에 답하시오. (78~80)

(78) 公 자에서 ☆표한 획은 몇 번째 쓰는지 그 번호를 숫자로 쓰시오. ……(번째)

(79) 功 자에서 ☆표한 획은 몇 번째 쓰는지 그 번호를 숫자로 쓰시오. ……(번째)

(80) 果 자에서 ☆표한 획은 몇 번째 쓰는지 그 번호를 숫자로 쓰시오. ……(번째)

▶ 정답은 253쪽

제4회 한자능력검정시험 6Ⅱ급 예상문제

(시험시간 : 50분. 시험문항 : 80문제. 합격문항 : 56문제이상) 성명 _____

1. 다음 漢字語의 讀音을 쓰시오.(1~32)

(1) 文身　　　　(2) 行軍

(3) 現在　　　　(4) 食飮

(5) 同化　　　　(6) 電動

(7) 入場式　　　(8) 綠地

(9) 手話　　　　(10) 先頭

(11) 用例　　　　(12) 石手

(13) 老年　　　　(14) 花草

(15) 多數　　　　(16) 海洋

(17) 活氣　　　　(18) 天地

(19) 姓氏　　　　(20) 油田

(21) 冬服　　　　(22) 出場

(23) 安定　　　　(24) 二姓

(25) 年度　　　　(26) 手術

(27) 共生　　　　(28) 愛人

(29) 安住　　　　(30) 口頭

(31) 通信　　　　(32) 正式

2. 다음 漢字의 訓과 音을 쓰시오.(33~61)

(33) 旗　　　　(34) 利

(35) 永　　　　(36) 急

(37) 發　　　　(38) 題

(39) 度　　　　(40) 陽

(41) 國　　　　(42) 社

(43) 成　　　　(44) 書

(45) 術　　　　(46) 章

(47) 幸　　　　(48) 號

(49) 銀　　　　(50) 反

(51) 等　　　　(52) 待

(53) 放　　　　(54) 遠

(55) 北　　　　(56) 訓

(57) 光　　　　(58) 病

(59) 綠　　　　(60) 記

(61) 江

3. 다음 밑줄친 漢字語를 漢字로 쓰시오.(62~71)

(62) 산에 올라 옹달샘의 <u>생수</u>를 마셨다.

(63) 섬을 <u>수국</u>이라고도 한다.

(64) <u>학생</u>의 본분인 공부를 열심히 해라.

(65) <u>산중</u>의 왕은 호랑이야.

(66) 우리 반은 오월 <u>십일</u>에 현장학습을 간다.

(67) 우리 <u>국군</u>은 모두 용감하다.

(68) 광개토<u>대왕</u>은 고구려의 국토를 넓혔다.

(69) 저 집은 <u>모녀</u>가 모두 재주가 많다.

(70) 너 몇 <u>학년</u>이지?

(71) 외국엔 이주해간 <u>한인</u> 사회가 형성돼있다.

4. 다음 漢字와 뜻이 反對 또는 相對되는 漢字를 쓰시오.(72~73)

(72) 手 - (　　)　　(73) (　　) - 後

5. 다음 (　)속에 들어갈 알맞은 漢字를 【例예】에서 찾아 그 번호를 쓰시오.(74~75)

| 【例예】 | ①問 | ②左 | ③戰 | ④口 | ⑤書 |

(74) 山(　)水(　)　　　　(75) 一(　)二言

6. 다음 밑줄친 漢字語의 뜻을 쓰시오.(76~77)

(76) 나는 **晝夜**로 한자급수시험공부에 매달렸다.

(77) **身體**가 건강해야 정신도 건강하다.

7. 다음 漢字의 필순에 대한 물음에 답하시오.(78~80)

(78)  科 자에서 ★표한 획은 몇 번째 쓰는지 그 번호를 고르시오. ……(   )

　　① 여섯번째　　② 일곱번째
　　③ 여덟번째　　④ 아홉번째

(79)  光 자에서 ★표한 획은 몇 번째 쓰는지 그 번호를 고르시오. ……(   )

　　① 첫번째　　② 두번째
　　③ 세번째　　④ 네번째

(80)  交 자에서 ★표한 획은 몇 번째 쓰는지 그 번호를 고르시오. …(   )

　　① 세번째　　② 네번째
　　③ 다섯번째　　④ 여섯번째

▶ 정답은 253쪽

제 5회 한자능력검정시험 6Ⅱ급 예상문제

(시험시간 : 50분. 시험문항 : 80문제. 합격문항 : 56문제이상)   성명 _____

1. 다음 漢字語의 讀音을 쓰시오.(1~32)

(1) 語感   (2) 共通

(3) 動作   (4) 公式

(5) 童子   (6) 樂園

(7) 禮記   (8) 例年

(9) 禮待   (10) 敎理

(11) 由來   (12) 出發

(13) 同意   (14) 人事

(15) 共同   (16) 上席

(17) 電話   (18) 天命

(19) 靑年   (20) 紙面

(21) 戰場   (22) 高地

(23) 神命   (24) 江山

(25) 下校   (26) 韓服

(27) 成長   (28) 育成

(29) 作文   (30) 金利

(31) 開發   (32) 外信

2. 다음 漢字의 訓과 音을 쓰시오.(33~61)

(33) 朴   (34) 美

(35) 代   (36) 界

(37) 感   (38) 京

(39) 目   (40) 發

(41) 班   (42) 苦

(43) 郡   (44) 孫

(45) 光   (46) 明

(47) 表   (48) 童

(49) 圖   (50) 習

(51) 訓   (52) 速

(53) 野   (54) 在

(55) 白   (56) 戰

(57) 者   (58) 開

(59) 世   (60) 口

(61) 歌

3. 다음 밑줄친 漢字語를 漢字로 쓰시오.(62~71)

(62) <u>남북</u>통일의 그 날을 위하여….

(63) 나에게 <u>만금</u>을 주면 비밀을 말해 줄께.

(64) <u>시월삼일</u>이 무슨 날인줄 아니?

(65) 그것이 <u>왕실</u>의 법도입니다.

(66) <u>한국</u>은 사계절이 뚜렷한 나라이다.

(67) 그 연예인은 <u>만인</u>이 좋아한다.

(68) 갑자기 <u>생부</u>가 보고 싶어졌다.

(69) 독도를 자기네 땅이라고 우기는 문제는 <u>한일</u> 간의 큰 외교적 현안이다.

(70) 너는 <u>생일</u>이 언제니?

(71) <u>청산</u>은 왜 늘 푸른가.

4. 다음 漢字와 뜻이 反對 또는 相對되는 漢字의 번호를 쓰시오.(72~73)

(72) 昨 - (   )

①書 ②今 ③使 ④門

(73) (   ) - 短

①足 ②長 ③苦 ④人

5. 다음 ( )속에 들어갈 알맞은 漢字를 【例예】에서 찾아 그 번호를 쓰시오.(74~75)

| 【例예】 | ① 姓 | ② 里 | ③ 省 | ④ 九 |
| | ⑤ 半 | ⑥ 六 | ⑦ 理 | ⑧ 利 |

(74) 千( )馬
 : 하루에 천 리를 달릴 만한 썩 빠른 좋은 말.

(75) ( )牛一毛
 : 썩 많은 것 중의 극히 적은 부분.

6. 다음 漢字語의 뜻을 쓰시오.(76~77)

(76) 春夏秋冬

(77) 里長

7. 다음 漢字의 필순에 대한 물음에 답하시오.(78~80)

(78) 區 자에서 ☆표한 획은 몇 번째 쓰는지 그 번호를 숫자로 쓰시오. ……(번째)

(79) 救 자에서 ☆표한 획은 몇 번째 쓰는지 그 번호를 숫자로 쓰시오. ……(번째)

(80) 郡 자에서 ☆표한 획은 몇 번째 쓰는지 그 번호를 숫자로 쓰시오. ……(번째)

▶ 정답은 254쪽

제 6회 한자능력검정시험 6 II급 예상문제

(시험시간 : 50분. 시험문항 : 80문제. 합격문항 : 56문제이상)   성명 _____

1. 다음 漢字語의 讀音을 쓰시오.(1~32)

   (1) 家口   (2) 白米
   (3) 算數   (4) 成果
   (5) 場所   (6) 韓服
   (7) 地名   (8) 學級
   (9) 平安   (10) 分母
   (11) 大雪   (12) 小便
   (13) 消風   (14) 直面
   (15) 例年   (16) 重千金
   (17) 多讀   (18) 夏日
   (19) 強軍   (20) 少年
   (21) 出身   (22) 新綠
   (23) 本國   (24) 明白
   (25) 食堂   (26) 始祖
   (27) 所信   (28) 野生花
   (29) 樂勝   (30) 孝行
   (31) 交感   (32) 口號

2. 다음 漢字의 訓과 音을 쓰시오.(33~61)

   (33) 光   (34) 家
   (35) 校   (36) 理
   (37) 信   (38) 門
   (39) 五   (40) 孫
   (41) 頭   (42) 水
   (43) 八   (44) 風
   (45) 樹   (46) 足
   (47) 夜   (48) 界
   (49) 高   (50) 夕
   (51) 洋   (52) 由
   (53) 共   (54) 氣
   (55) 強   (56) 米
   (57) 愛   (58) 色
   (59) 童   (60) 幸
   (61) 戰

3. 다음 밑줄친 單語를 漢字로 쓰시오.(62~71)

   (62) <u>교문</u>은 학교로 들어가는 큰 대문이다.
   (63) 고구려는 동북 아시아의 <u>대국</u>이었다.
   (64) 나는 붓글씨에는 <u>문외</u>한이다.
   (65) 돌고래의 <u>수중</u> 쇼는 볼 만하다.
   (66) 산비둘기는 <u>청산</u>에서 삽니다.
   (67) 우리 집의 <u>장녀</u>는 영희 누나다.
   (68) 서당개 <u>삼년</u>이면 풍월을 읊는다는 말도 있다.
   (69) 이번에 사실 물건은 <u>선금</u>을 내야 합니다.
   (70) <u>유월</u>은 현충일이 있는 달입니다.
   (71) 어른은 입장을 못하십니다. <u>소인</u>만 들어오세요.

4. 다음 漢字語의 뜻을 쓰시오.(72~73)

   (72) 大海
   (73) 目禮

5. 다음 漢字와 뜻이 反對 또는 相對되는 漢字를 쓰시오.(74~75)

   (74) 古 - (   )
   (75) 多 - (   )

6. 다음 ( )속에 들어갈 알맞은 漢字를 【例예】에서 찾아 그 번호를 쓰시오.(76~77)

> 【例예】 ① 問 ② 聞 ③ 地 ④ 紙

(76) 所(   ) - 들리는 바.

(77) (   )下 - 땅속.

7. 다음 漢字의 필순에 대한 물음에 답하시오.(78~80)

(78)  ★획의 쓰는 순서를 아래에서 골라 그 번호를 쓰세요.……… (   )

① 첫 번째   ② 두 번째
③ 세 번째   ④ 네 번째

(79)  ★획의 쓰는 순서를 아래에서 골라 그 번호를 쓰세요.……… (   )

① 두 번째   ② 세 번째
③ 네 번째   ④ 다섯 번째

(80)  ★획의 쓰는 순서를 아래에서 골라 그 번호를 쓰세요.……… (   )

① 두 번째   ② 세 번째
③ 네 번째   ④ 다섯 번째

▶ 정답은 254쪽

제 7회 한자능력검정시험 6 II급 예상문제

(시험시간 : 50분. 시험문항 : 80문제. 합격문항 : 56문제이상) 성명 _____

1. 다음 漢字語의 讀音을 쓰시오.(1~32)
   (1) 校長
   (2) 植木日
   (3) 自立
   (4) 心算
   (5) 白軍
   (6) 然後
   (7) 直角
   (8) 有名
   (9) 市郡區
   (10) 主語
   (11) 農場
   (12) 服用藥
   (13) 韓中
   (14) 海草
   (15) 下旗
   (16) 山有花
   (17) 行樂
   (18) 事例
   (19) 死線
   (20) 民生
   (21) 生長
   (22) 海外
   (23) 人物
   (24) 愛讀者
   (25) 度數
   (26) 活動
   (27) 特席
   (28) 王室
   (29) 金言
   (30) 休紙
   (31) 歌手
   (32) 樂山樂水

2. 다음 漢字의 訓과 音을 쓰시오.(33~61)
   (33) 江
   (34) 敎
   (35) 急
   (36) 注
   (37) 夫
   (38) 東
   (39) 席
   (40) 番
   (41) 母
   (42) 代
   (43) 庭
   (44) 溫
   (45) 火
   (46) 主
   (47) 李
   (48) 交
   (49) 根
   (50) 朴
   (51) 里
   (52) 姓
   (53) 弱
   (54) 英
   (55) 音
   (56) 登
   (57) 海
   (58) 衣
   (59) 遠
   (60) 計
   (61) 分

3. 다음 밑줄친 單語를 漢字로 쓰시오.(62~71)
   (62) 서양에서 말하는 동양이란, 지금의 중동지방을 이른다.
   (63) 『명심보감』을 읽은 후, 『소학』을 읽었다.
   (64) 저 산은 돌 하나 없는, 그야말로 토산이다.
   (65) 이 생물은 칠만년 전에 살았다고 추정된다.
   (66) 충무공은 회진에서 우리 수군의 배를 점검하였다.
   (67) 물가에서 어린이들이 삼삼오오 짝을 지어 놀고 있다.
   (68) 세계문화유산인 한글은 세종대왕의 주도로 창조되었다.
   (69) 서울 사대문 중, 북문의 이름은 숙정문이다.
   (70) 꽃피는 춘삼월이 왔구나!
   (71) 이몽룡과 성춘향은 이팔청춘 때 만났다.

4. 다음 漢字와 뜻이 反對 또는 相對되는 漢字의 번호를 쓰시오.(72~73)
   (72) 朝 - ( )
   ① 多 ② 石 ③ 野 ④ 外

   (73) ( ) - 行
   ① 語 ② 言 ③ 文 ④ 出

5. 다음 ( )속에 들어갈 알맞은 漢字를 【例예】에서 찾아 그 번호를 쓰시오.(74~75)

【例예】 ① 古 ② 苦 ③ 身 ④ 新 ⑤ 信

(74) 同(　)同樂 : 괴로움을 함께 하고 즐거움을 함께 함.

(75) (　)土不二 : 태어난 몸과 그 땅에서 자란 농산물은 둘이 아님.

6. 다음 漢字語의 뜻을 쓰시오.(76~77)

(76) 讀後感

(77) 草綠同色

7. 다음 漢字의 필순에 대한 물음에 답하시오.(78~80)

(78) 死 자에서 ☆표한 획은 몇 번째 쓰는지 그 번호를 숫자로 쓰시오. ……(　번째)

(79) 勝 자에서 ☆표한 획은 몇 번째 쓰는지 그 번호를 숫자로 쓰시오. ……(　번째)

(80) 在 자에서 ☆표한 획은 몇 번째 쓰는지 그 번호를 숫자로 쓰시오. ……(　번째)

▶ 정답은 255쪽

【6Ⅱ급 예상문제 정답】

<제1회>

(1)사업 (2)국기 (3)삼촌
(4)고급 (5)시작 (6)시계
(7)기사 (8)교통 (9)주의
(10)예외 (11)후대 (12)공통
(13)해녀 (14)교실 (15)주소
(16)수족 (17)농촌 (18)발신
(19)수목 (20)입장 (21)애민
(22)수구 (23)조상 (24)김구선생
(25)동생 (26)문안 (27)청풍
(28)계산 (29)형편 (30)강산
(31)대답 (32)식구

(33)겉 표 (34)길 영
(35)다닐 행/항렬 항 (36)나눌 분
(37)어제 작 (38)새 신
(39)재주 술 (40)모일 사
(41)글 서 (42)급할 급
(43)귀신 신 (44)높을 고
(45)강할 강 (46)밤 야
(47)글 장 (48)옷 의
(49)놓을 방 (50)비로소 시
(51)있을 재 (52)누를 황
(53)옷 복 (54)열 개
(55)뜰 정 (56)사내 남
(57)북녘 북 (58)예도 례
(59)쌀 미 (60)필 발
(61)뜻 의

(62)六學年 (63)韓國 (64)年年生
(65)母國 (66)萬一 (67)生年月日
(68)先金 (69)大國 (70)長女
(71)外人

(72)③ (73)②

(74)生 (75)年

(76)빨리 기록하다
(77)올해

(78)1 (79)3 (80)6

<제2회>

(1)화친 (2)풍악 (3)주소
(4)통독 (5)교정 (6)대성
(7)애족 (8)명일 (9)제일
(10)매번 (11)문서 (12)주야
(13)의향 (14)청산 (15)차창
(16)자제 (17)학과 (18)행동
(19)승리 (20)활력 (21)계획
(22)고대 (23)수전 (24)행운
(25)임야 (26)도서 (27)민간
(28)집합 (29)회식 (30)승기
(31)공동 (32)공중

(33)기다릴 대 (34)먼저 선
(35)등급 급 (36)손자 손
(37)반 반 (38)쓸 용
(39)실과 과 (40)겉 표
(41)옷 복 (42)업 업
(43)예도 례 (44)죽을 사
(45)집 당 (46)이름 호
(47)겨레 족 (48)눈 설
(49)아침 조 (50)병 병
(51)길 영 (52)길 로
(53)따뜻할 온 (54)구분할 구
(55)익힐 습 (56)나라 국
(57)부을 주 (58)읽을 독
(59)많을 다 (60)서울 경
(61)법 식

(62)土木 (63)外三寸 (64)十中八九
(65)人生 (66)中學校 (67)生母
(68)王中王 (69)四寸 (70)韓中
(71)火山

(72)① (73)③

(74)西大門 (75)十月十日

(76)태어남
(77)왼쪽과 오른쪽

(78)② (79)③ (80)①

<제3회>

(1)다독 (2)교정 (3)시간
(4)다소 (5)대답 (6)체력
(7)미음 (8)의도 (9)번지
(10)시장 (11)방심 (12)과연
(13)휴전 (14)다재 (15)교서
(16)공학 (17)생수 (18)교화
(19)주목 (20)과시 (21)반장
(22)공해 (23)광명 (24)직선
(25)교신 (26)고명 (27)의술
(28)공군 (29)행운 (30)원근
(31)식구 (32)제목

(33)차례 제 (34)화할 화
(35)큰바다 양 (36)꽃부리 영
(37)합할 합 (38)사라질 소
(39)모양 형 (40)익힐 습
(41)몸 신 (42)하여금 사
(43)눈 설 (44)약 약
(45)재주 재 (46)한가지 공
(47)특별할 특 (48)다스릴 리
(49)나타날 현 (50)이제 금
(51)예도 례 (52)법식 례
(53)돌 석 (54)대할 대
(55)친할 친 (56)들을 문
(57)빛 색 (58)바 소
(59)아닐 불 (60)먼저 선
(61)수풀 림

(62)韓國人 (63)學兄 (64)三年
(65)北韓 (66)外國語 (67)四大門
(68)生水 (69)白軍 (70)七八月
(71)南北

(72)① (73)④

(74)靑 (75)父

(76)삶과 죽음
(77)해와 달

(78)3 (79)5 (80)6

<제4회>

(1)문신 (2)행군 (3)현재
(4)식음 (5)동화 (6)전동
(7)입장식 (8)녹지 (9)수화
(10)선두 (11)용례 (12)석수
(13)노년 (14)화초 (15)다수
(16)해양 (17)활기 (18)천지
(19)성씨 (20)유전 (21)동복
(22)출장 (23)안정 (24)이성
(25)연도 (26)수술 (27)공생
(28)애인 (29)안주 (30)구두
(31)통신 (32)정식

(33)기 기 (34)이할 리
(35)길 영 (36)급할 급
(37)필 발 (38)제목 제
(39)법도 도 (40)볕 양
(41)나라 국 (42)모일 사
(43)이룰 성 (44)글 서
(45)재주 술 (46)글 장
(47)다행 행 (48)이름 호
(49)은 은 (50)돌이킬 반
(51)무리 등 (52)기다릴 대
(53)놓을 방 (54)멀 원
(55)북녘 북 (56)가르칠 훈
(57)빛 광 (58)병 병
(59)푸를 록 (60)기록할 기
(61)강 강

(62)生水 (63)水國 (64)學生
(65)山中 (66)十日 (67)國軍
(68)大王 (69)母女 (70)學年
(71)韓人

(72)足 (73)前, 先

(74)③ (75)④

(76)밤과 낮
(77)몸

(78)③ (79)① (80)③

<제5회>

(1)어감　(2)공통　(3)동작
(4)공식　(5)동자　(6)낙원
(7)예기　(8)예년　(9)예대
(10)교리　(11)유래　(12)출발
(13)동의　(14)인사　(15)공동
(16)상석　(17)전화　(18)천명
(19)청년　(20)지면　(21)전장
(22)고지　(23)신명　(24)강산
(25)하교　(26)한복　(27)성장
(28)육성　(29)작문　(30)금리
(31)개발　(32)외신

(33)성 박
(34)아름다울 미
(35)대신 대
(36)지경 계
(37)느낄 감
(38)서울 경
(39)눈 목
(40)필 발
(41)나눌 반
(42)쓸 고
(43)고을 군
(44)손자 손
(45)빛 광
(46)밝을 명
(47)겉 표
(48)아이 동
(49)그림 도
(50)익힐 습
(51)가르칠 훈
(52)빠를 속
(53)들 야
(54)있을 재
(55)흰 백
(56)싸움 전
(57)놈 자
(58)열 개
(59)세상 세
(60)입 구
(61)노래 가

(62)南北　(63)萬金　(64)十月三日
(65)王室　(66)韓國　(67)萬人
(68)生父　(69)韓日　(70)生日
(71)靑山

(72)②　　(73)②

(74)②　　(75)④

(76)봄·여름·가을·겨울, 곧 네 계절
(77)마을의 우두머리

(78)11　(79)7　(80)10

<제6회>

(1)가구　(2)백미　(3)산수
(4)성과　(5)장소　(6)한복
(7)지명　(8)학급　(9)평안
(10)분모　(11)대설　(12)소변
(13)소풍　(14)직면　(15)예년
(16)중천금　(17)다독　(18)하일
(19)강군　(20)소년　(21)출신
(22)신록　(23)본국　(24)명백
(25)식당　(26)시조　(27)소신
(28)야생화　(29)낙승　(30)효행
(31)교감　(32)구호

(33)빛 광
(34)집 가
(35)학교 교
(36)다스릴 리
(37)믿을 신
(38)문 문
(39)다섯 오
(40)손자 손
(41)머리 두
(42)물 수
(43)여덟 팔
(44)바람 풍
(45)나무 수
(46)발 족
(47)밤 야
(48)지경 계
(49)높을 고
(50)저녁 석
(51)큰바다 양
(52)말미암을 유
(53)한가지 공
(54)기운 기
(55)강할 강
(56)쌀 미
(57)사랑 애
(58)빛 색
(59)아이 동
(60)다행 행
(61)싸움 전

(62)校門　(63)大國　(64)門外
(65)水中　(66)靑山　(67)長女
(68)三年　(69)先金　(70)六月
(71)小人

(72)큰 바다
(73)눈인사

(74)今　　(75)少

(76)②　　(77)③

(78)②　(79)④　(80)③

<제7회>

(1)교장 (2)식목일 (3)자립
(4)심산 (5)백군 (6)연후
(7)직각 (8)유명 (9)시군구
(10)주어 (11)농장 (12)복용약
(13)한중 (14)해초 (15)하기
(16)산유화 (17)행락 (18)사례
(19)사선 (20)민생 (21)생장
(22)해외 (23)인물 (24)애독자
(25)도수 (26)활동 (27)특석
(28)왕실 (29)금언 (30)휴지
(31)가수 (32)요산요수

(33)강 강 (34)가르칠 교
(35)급할 급 (36)부을 주
(37)남편 부/지아비 부 (38)동녘 동
(39)자리 석 (40)차례 번
(41)어미 모 (42)대신 대
(43)뜰 정 (44)따뜻할 온
(45)불 화 (46)임금 주/주인 주
(47)오얏 리/성 리 (48)사귈 교
(49)뿌리 근 (50)성 박
(51)마을 리 (52)성 성
(53)약할 약 (54)꽃부리 영
(55)소리 음 (56)오를 등
(57)바다 해 (58)옷 의
(59)멀 원 (60)셀 계
(61)나눌 분

(62)中東 (63)小學 (64)土山
(65)七萬年 (66)水軍 (67)三三五五
(68)大王 (69)北門 (70)三月
(71)二八

(72)③ (73)②

(74)② (75)③

(76)글을 읽고난 뒤에 남겨진 느낌
(77)풀빛과 초록은 같은 계열의 색임

(78)6 (79)9 (80)2

제 1회 한자능력검정시험 6급 예상문제

(시험시간 : 50분. 시험문항 : 90문제. 합격문항 : 63문제이상) 성명 _____

1. 다음 漢字語의 讀音을 쓰시오. (1~33)

(1) 江山　　(2) 永世
(3) 每番　　(4) 民生
(5) 海洋　　(6) 溫度
(7) 洋服　　(8) 注目
(9) 白米　　(10) 級訓
(11) 童話　　(12) 樂章
(13) 語氣　　(14) 讀書
(15) 家門　　(16) 合席
(17) 本部　　(18) 果然
(19) 記者　　(20) 道路
(21) 邑內　　(22) 區別
(23) 遠近　　(24) 醫術
(25) 黃金　　(26) 食事
(27) 風物　　(28) 老弱
(29) 和答　　(30) 習作
(31) 綠色　　(32) 寸數
(33) 紙面

2. 다음 漢字의 訓과 音을 쓰시오. (34~55)

(34) 里　　(35) 算
(36) 等　　(37) 根
(38) 歌　　(39) 業
(40) 對　　(41) 川
(42) 圖　　(43) 堂
(44) 夕　　(45) 病
(46) 度　　(47) 百
(48) 年　　(49) 急
(50) 少　　(51) 文
(52) 待　　(53) 氣
(54) 班　　(55) 休

3. 다음 單語를 漢字로 쓰시오. (56~75)

(56) 너의 집 **가장**은 누구니?

(57) 우리 집안은 대대로 **명문**이었다.

(58) 지금은 자동차가 많지만, 옛날엔 **인력거**가 대부분이었지.

(59) 놀지만 말고 **공부** 좀 해라.

(60) 항복하는 의미로 **백기**를 들어라!

(61) '**남녀**칠세부동석'은 옛말일 뿐이야.

(62) 겨울은 크게 **삼동**으로 나눌 수가 있어.

(63) 초록은 **동색**이다.

(64) 화재가 났으니, 신속히 **출동**하라!

(65) 옛날엔 인력거가 많았지만, 지금은 **자동차**가 많다.

(66) 우리 북한산으로 함께 **등산** 갈까?

(67) **등교** 거부하지 말고 얼른 학교 가라!

(68) 내일은 **내일**의 태양이 뜬다.

(69) 아무리 노력했지만 **역부족**이었어!

(70) 젊었을 때, **노후**에 대한 대책을 잘 세워라!

(71) **면상**에 대고 나쁜 말 하지 마라!

(72) 난 사격의 **명수**야.

(73) 내가 좋아하는 과목은 국어, 체육, **생물**이야.

(74) **불평**만으로 그 일이 해결되지는 않을꺼야!

(75) **사대**주의가 나쁜 것만은 아니다.

4. 다음 漢字와 뜻이 反對 또는 相對되는
   漢字의 번호를 골라 쓰시오.(76~78)

(76) ( ) - 冬 : ①夏 ②代 ③花 ④地

(77) 大 - ( ) : ①小 ②所 ③消 ④手

(78) ( ) - 樂 : ①後 ②苦 ③心 ④和

5. 다음 ( )속에 들어갈 알맞은 漢字를 【例예】에서
   찾아 그 번호를 쓰시오.(79~81)

| 【例예】 | ①昨 ②作 ③老 ④靑 ⑤淸 ⑥孝 |

(79) 일본은 잘못된 과거사를 (　)算하지 않으려 한다.

(80) ( )心三日

(81) ( )行學生

6. 다음 漢字와 뜻이 같거나, 비슷한 漢字를
   ( )속에 넣어 漢字語를 만드시오.(82~83)

(82) ( ) - 算 : ①火 ②樹 ③計 ④校

(83) ( ) - 訓 : ①敎 ②畫 ③手 ④同

7. 다음 漢字와 소리는 같으나, 뜻이 다른
   漢字語를 골라 그 번호를 쓰시오.(84~85)

(84) 和. ( ) : ①市 ②花 ③天 ④陽

(85) 四. ( ) : ①失 ②形 ③李 ④使

8. 다음 漢字語의 뜻을 쓰시오.(86~87)

(86) 姓名

(87) 兄弟

9. 다음 漢字의 필순에 대한 물음에
   답하시오.(88~90)

(88) 番 자에서 ☆표한 획은 몇 번째 쓰는지
     그 번호를 숫자로 쓰시오. ……(　　번째)

(89) 別 자에서 ☆표한 획은 몇 번째 쓰는지
     그 번호를 숫자로 쓰시오. ……(　　번째)

(90) 病 자에서 ☆표한 획은 몇 번째 쓰는지
     그 번호를 숫자로 쓰시오. ……(　　번째)

➡ 정답은 276쪽

제 2회 한자능력검정시험 6급 예상문제

(시험시간 : 50분. 시험문항 : 90문제. 합격문항 : 63문제이상) 성명 _____

1. 다음 漢字語의 讀音을 쓰시오.(1~33)

(1) 千萬 (2) 登校
(3) 午前 (4) 火山
(5) 青年 (6) 生氣
(7) 大韓 (8) 軍人
(9) 東西 (10) 車路
(11) 食口 (12) 江村
(13) 花草 (14) 敎室
(15) 便紙 (16) 四方
(17) 時間 (18) 正午
(19) 六月 (20) 歌手
(21) 全國 (22) 平野
(23) 圖表 (24) 郡民
(25) 用意 (26) 英特
(27) 速記 (28) 由來
(29) 世習 (30) 地球
(31) 春秋 (32) 安心
(33) 算數

2. 다음 漢字의 訓과 音을 쓰시오.(34~55)

(34) 界 (35) 由
(36) 字 (37) 銀
(38) 共 (39) 勇
(40) 夕 (41) 半
(42) 在 (43) 感
(44) 冬 (45) 形
(46) 左 (47) 利
(48) 中 (49) 李
(50) 黃 (51) 會
(52) 身 (53) 者
(54) 通 (55) 綠

3. 다음 單語를 漢字로 쓰시오.(56~75)

(56) 등급을 **상중하**로 나누어라.
(57) 장보고는 **해상**의 왕자였다.
(58) 내가 **소시**적엔 말야….
(59) 그 사람은 대장의 **수족**이 되었다.
(60) 우리나라는 **사시**사철 공기가 좋다.
(61) 현실에 **안주** 하지마라.
(62) 이 땅은 사유지가 아닌 **국유지**야.
(63) 교육은 **백년** 앞을 내다보며 계획하는 것이다.
(64) 우리 아버지는 **읍장**이야.
(65) 학교에 **입학**하는구나.
(66) **자정**이 훨씬 넘었네.
(67) **전국**에서 제일 예쁜 사람이야.
(68) 우리들은 **전력**을 다해 싸워야 한다.
(69) **조부**는 생전에 무엇을 하셨나?
(70) 길 건널 때, **좌우**를 반드시 살펴라.
(71) **지하실**에는 책이 많아요.
(72) 일이 잘못되어 그 계획은 **백지**가 되었다.
(73) **산천** 초목이 아름답군요!
(74) 난 어릴 때 **천자문**을 다 외웠어.
(75) 여기에 자기의 **성명**을 쓰시오.

4. 다음 漢字와 뜻이 反對 또는 相對되는
   漢字를 쓰시오.(76~78)

   (76) (　) - 孫

   (77) (　) - 短

   (78) 前 - (　)

5. 다음 (　)속에 들어갈 알맞은 漢字를 【例예】에서
   찾아 그 번호를 쓰시오.(79~81)

【例예】 ① 韓　② 南　③ 男　④ 萬　⑤ 共

   (79) 大(　)民國　　　(80) 世上(　)事

   (81) 東西(　)北

6. 다음 漢字와 뜻이 같거나, 비슷한 漢字를
   (　)속에 넣어 漢字語를 만드시오.(82~83)

   (82) (　)本　　　(83) 敎(　)

7. 다음 漢字와 소리는 같으나, 뜻이 다른
   漢字語를 쓰시오.(84~85)

   (84) 話. (　) : ① 會　② 休　③ 畫　④ 幸

   (85) 弱. (　) : ① 樂　② 勇　③ 醫　④ 藥

8. 다음 漢字語의 뜻을 쓰시오.(86~87)

   (86) 老少

   (87) 海路

9. 다음 漢字의 필순에 대한 물음에
   답하시오.(88~90)

   (88) 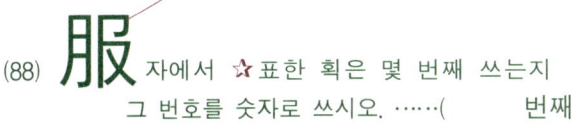 자에서 ☆표한 획은 몇 번째 쓰는지
   그 번호를 숫자로 쓰시오. ……(　번째)

   (89) 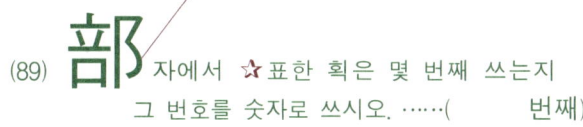 자에서 ☆표한 획은 몇 번째 쓰는지
   그 번호를 숫자로 쓰시오. ……(　번째)

   (90)  자에서 ☆표한 획은 몇 번째 쓰는지
   그 번호를 숫자로 쓰시오. ……(　번째)

   ▶ 정답은 276쪽

제3회 한자능력검정시험 6급 예상문제

(시험시간 : 50분. 시험문항 : 90문제. 합격문항 : 63문제이상) 성명 _____

1. 다음 漢字語의 讀音을 쓰시오.(1~33)

(1) 平安   (2) 出入

(3) 圖表   (4) 用例

(5) 題目   (6) 江東

(7) 陽地   (8) 開國

(9) 強弱   (10) 草家

(11) 育英   (12) 高祖

(13) 窓口   (14) 空白

(15) 自立   (16) 神童

(17) 短信   (18) 登校

(19) 病者   (20) 番地

(21) 畫家   (22) 遠近

(23) 男便   (24) 本業

(25) 農村   (26)李花

(27) 所聞   (28) 運數

(29) 放心   (30) 敎理

(31) 文身   (32) 先頭

(33) 內部

2. 다음 漢字의 訓과 音을 쓰시오.(34~55)

(34) 式   (35) 勝

(36) 海   (37) 科

(38) 古   (39) 席

(40) 幸   (41) 外

(42) 弱   (43) 發

(44) 寸   (45) 事

(46) 夏   (47) 話

(48) 然   (49) 速

(50) 時   (51) 根

(52) 族   (53) 美

(54) 邑   (55) 醫

3. 다음 單語를 漢字로 쓰시오.(56~75)

(56) 산넘어 **남촌**에는 누가 살까?

(57) 내 **평생**, 너만 바라볼 거야.

(58) 모두들 **하차**해라.

(59) 제주도엔 **해녀**들이 참 많아.

(60) 심청이는 **효심**이 강한 여자다.

(61) 저는 고향에서 **후학**들을 교육시키고 있습니다.

(62) 우리나라엔 **휴화산**이 많아.

(63) 너 **교가** 다 외웠니?

(64) 배고프다! **간식** 먹자.

(65) 내 동생은 **공학**을 배우는 공학도야.

(66) **남자**는 입이 무거워야 해.

(67) 너, **남남북녀**란 말 알아?

(68) 곧 영화배우가 **등장**할 거야.

(69) 우리 **내년**을 기약하자.

(70) **역도** 선수의 허벅지 근육은 대단하다.

(71) 난 널 보기 위해 **십리**를 한달음에 달려 왔어.

(72) 우리는 **명문** 학교에 다니고 있는 거야.

(73) 중국은 예부터 **문물**이 발달했다.

(74) 온 **백성**은 짐의 말을 들을지니라.

(75) **불효**막심한 저를 용서해주세요.

4. 다음 漢字와 뜻이 反對 또는 相對되는
   漢字를 쓰시오.(76~78)

   (76) 朝 - (   )

   (77) 遠 - (   )

   (78) (   ) - 今

5. 다음 ( )속에 들어갈 알맞은 漢字를 【例예】에서
   찾아 그 번호를 쓰시오.(79~81)

   【例예】 ① 老 ② 省 ③ 苦 ④ 書 ⑤ 計 ⑥ 界

   (79) 同(   )同樂   (80) 白面(   )生

   (81) 군사 分(   )線

6. 다음 漢字와 뜻이 같거나, 비슷한 漢字를
   ( )속에 넣어 漢字語를 만드시오.(82~83)

   (82) (   )章

   (83) (   )地

7. 다음 漢字와 소리는 같으나, 뜻이 다른
   漢字를 골라 그 번호를 쓰시오.(84~85)

   (84) 道. (   ): ① 放 ② 高 ③ 綠 ④ 圖

   (85) 禮. (   ): ① 發 ② 郡 ③ 例 ④ 窓

8. 다음 漢字語의 뜻을 쓰시오.(86~87)

   (86) 記事

   (87) 人命

9. 다음 漢字의 필순에 대한 물음에
   답하시오.(88~90)

   (88)  席 자에서 ☆표한 획은 몇 번째 쓰는지
        그 번호를 숫자로 쓰시오. ……(번째)

   (89) 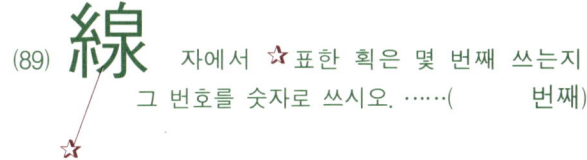 線 자에서 ☆표한 획은 몇 번째 쓰는지
        그 번호를 숫자로 쓰시오. ……(번째)

   (90)  雪 자에서 ☆표한 획은 몇 번째 쓰는지
        그 번호를 숫자로 쓰시오. ……(번째)

   ▶ 정답은 277쪽

제4회 한자능력검정시험 6급 예상문제

(시험시간 : 50분. 시험문항 : 90문제. 합격문항 : 63문제이상) 성명 _____

1. 다음 漢字語의 讀音을 쓰시오. (1~33)

(1) 交通   (2) 公園

(3) 英語   (4) 發表

(5) 禮物   (6) 溫室

(7) 草綠   (8) 計算

(9) 便所   (10) 平和

(11) 間食   (12) 意見

(13) 利子   (14) 直角

(15) 永遠   (16) 理由

(17) 科學   (18) 表現

(19) 口頭   (20) 共通

(21) 午後   (22) 特席

(23) 場所   (24) 學堂

(25) 速力   (26) 白米

(27) 世習   (28) 書式

(29) 事業   (30) 正面

(31) 八方   (32) 左右

(33) 手足

2. 다음 漢字의 訓과 音을 쓰시오. (34~55)

(34) 光   (35) 聞

(36) 油   (37) 神

(38) 形   (39) 幸

(40) 愛   (41) 失

(42) 樹   (43) 戰

(44) 風   (45) 太

(46) 消   (47) 感

(48) 分   (49) 休

(50) 第   (51) 紙

(52) 始   (53) 社

(54) 號   (55) 市

3. 다음 單語를 漢字로 쓰시오. (56~75)

(56) 수학 말고 <u>산수</u> 잘 하냐고?

(57) <u>상수도</u>가 깨끗해야 하는데….

(58) 흰 종이에 하지 말고, <u>색지</u>에다가 그려라.

(59) <u>성명</u>이 어떻게 되십니까?

(60) 이건 네 <u>소유</u>가 아니잖아!

(61) <u>수중</u> 결혼식 멋있지 않니?

(62) <u>식후</u> 30분에 이 약을 드세요.

(63) 우리나라는 한때 일본의 <u>식민지</u>였어.

(64) <u>안전</u>이 제일이다.

(65) <u>중심</u>이 바로잡혀야 한다.

(66) 너랑 같이 있으면 항상 <u>안심</u>이 된다.

(67) 식목일 말고 <u>육림</u>의 날이라고 있어.

(68) 얘들아? 거기 있지 말고 <u>입실</u>해라.

(69) 슬하에 <u>자녀</u>는 몇입니까?

(70) <u>장외</u> 홈런이 나오다니….

(71) 괴한이 건물 <u>전후</u>에 폭탄을 설치했다.

(72) 인생살이에서 <u>정도</u>를 걸어라.

(73) 이 식당 <u>주인</u>이 누구야?

(74) 너희 집 <u>주소</u> 좀 가르쳐 줄래?

(75) 오른손을 한자어로 <u>우수</u>라고 한다.

4. 다음 漢字와 뜻이 反對 또는 相對되는 漢字를 쓰시오.(76~78)

(76) 兄 - (   )

(77) (   ) - 死

(78) (   ) - 夜

5. 다음 (   )속에 들어갈 알맞은 漢字를 【例】에서 찾아 그 번호를 쓰시오.(79~81)

【例예】 ①親 ②新 ③足 ④和 ⑤夏 ⑥發

(79) 百(   )百中　　(80) 學校(   )聞

(81) 春(   )秋冬

6. 다음 漢字와 뜻이 같거나, 비슷한 漢字를 (   )속에 넣어 漢字語를 만드시오.(82~83)

(82) (   )食

(83) (   )體

7. 다음 漢字와 소리는 같으나, 뜻이 다른 漢字를 골라 그 번호를 쓰시오.(84~85)

(84) 算. (   ): ① 省 ② 上 ③ 生 ④ 山

(85) 自. (   ): ① 放 ② 言 ③ 白 ④ 者

8. 다음 漢字語의 뜻을 쓰시오.(86~87)

(86) 地下

(87) 愛國

9. 다음 漢字의 필순에 대한 물음에 답하시오.(88~90)

(88)  消 자에서 ☆표한 획은 몇 번째 쓰는지 그 번호를 숫자로 쓰시오. ……(번째)

(89)  成 자에서 ☆표한 획은 몇 번째 쓰는지 그 번호를 숫자로 쓰시오. ……(번째)

(90) 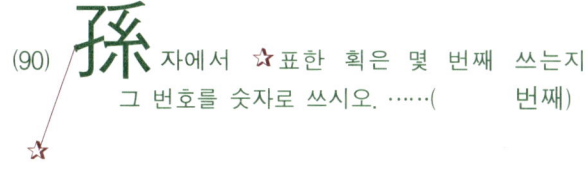 孫 자에서 ☆표한 획은 몇 번째 쓰는지 그 번호를 숫자로 쓰시오. ……(번째)

▶ 정답은 277쪽

제 5회 한자능력검정시험 6급 예상문제

(시험시간 : 50분. 시험문항 : 90문제. 합격문항 : 63문제이상) 성명 _____

1. 다음 漢字語의 讀音을 쓰시오.(1~33)

    (1) 發病   (2) 名山
    (3) 世界   (4) 合心
    (5) 畫家   (6) 同感
    (7) 正直   (8) 反問
    (9) 速度   (10) 外部
    (11) 歌手   (12) 少年
    (13) 內外   (14) 下野
    (15) 住民   (16) 石油
    (17) 生死   (18) 火急
    (19) 樹立   (20) 記事
    (21) 根本   (22) 球場
    (23) 農林   (24) 晝夜
    (25) 昨年   (26) 戰時
    (27) 書道   (28) 綠色
    (29) 訓育   (30) 注意
    (31) 意向   (32) 校正
    (33) 近方

2. 다음 漢字의 訓과 音을 쓰시오.(34~55)

    (34) 敎   (35) 章
    (36) 淸   (37) 題
    (38) 藥   (39) 定
    (40) 言   (41) 陽
    (42) 成   (43) 會
    (44) 理   (45) 頭
    (46) 朴   (47) 待
    (48) 反   (49) 等
    (50) 番   (51) 多
    (52) 近   (53) 功
    (54) 果   (55) 利

3. 다음 單語를 漢字로 쓰시오.(56~75)

    (56) 지구엔 **중력**이 항상 존재한다.
    (57) **식사** 하셨습니까?
    (58) 우리 모두 **자연**을 보호하자.
    (59) 아이구, 내 **팔자**야.
    (60) **출입문**을 모두 봉쇄하라!
    (61) **변소**가 어디죠?
    (62) **학교** 길에도 차 조심해라.
    (63) 넌 참 **활동**적이야.
    (64) 정문 말고 **후문**으로 와라.
    (65) **휴학**하지 말아라.
    (66) 내 **소중**한 사람 그대여!
    (67) 나랑 너랑 **촌수**가 어떻게 되니?
    (68) 너의 집 **식구**는 몇 명이니?
    (69) **오후** 1시까지 홍대 앞으로 나와.
    (70) 백인 우월주의 자들은 **유색** 인종을 심하게 차별했다.
    (71) **지방**에 살면 좋을 거 같아.
    (72) **한자**급수시험이 어렵지 않니?
    (73) 내 **생활**이 조금씩 나아지고 있다.
    (74) 불과 몇 년 전만 해도 **휴교**를 밥 먹듯이 했다.
    (75) **편지** 꼭 해라!

4. 다음 漢字와 뜻이 反對 또는 相對되는
   漢字를 쓰시오.(76~78)
   (76) (   ) - 川
   (77) 先 - (   )
   (78) (   ) - 足

5. 다음 (   )속에 들어갈 알맞은 漢字를 【例예】에서
   찾아 그 번호를 쓰시오.(79~81)

   | 【例예】 | ① 速 | ② 靑 | ③ 淸 | ④ 開 | ⑤ 山 |

   (79) (   )風明月   (80) (   )國始祖
   (81) (   )度 조절

6. 다음 漢字와 뜻이 같거나, 비슷한 漢字를
   (   )속에 넣어 漢字語를 만드시오.(82~83)
   (82) (   )體   (83) (   )語

7. 다음 漢字와 소리는 같으나, 뜻이 다른
   漢字語를 쓰시오.(84~85)
   (84) 失. (   ) : ① 始 ② 神 ③ 室 ④ 短
   (85) 問. (   ) : ① 間 ② 開 ③ 文 ④ 電

8. 다음 漢字語의 뜻을 쓰시오.(86~87)
   (86) 日出
   (87) 不在

9. 다음 漢字의 필순에 대한 물음에
   답하시오.(88~90)

   (88) 習 자에서 ☆표한 획은 몇 번째 쓰는지
        그 번호를 숫자로 쓰시오. ……(번째)

   (89)  자에서 ☆표한 획은 몇 번째 쓰는지
        그 번호를 숫자로 쓰시오. ……(번째)

   (90)  자에서 ☆표한 획은 몇 번째 쓰는지
        그 번호를 숫자로 쓰시오. ……(번째)

▶ 정답은 278쪽

제 6회 한자능력검정시험 6급 예상문제

(시험시간 : 50분. 시험문항 : 90문제. 합격문항 : 63문제이상) 성명 _____

1. 다음 漢字語의 讀音을 쓰시오.(1~33)

(1) 便紙 (2) 農事
(3) 父母 (4) 下車
(5) 外人 (6) 水中
(7) 西山 (8) 自然
(9) 敎訓 (10) 民族
(11) 親庭 (12) 太陽
(13) 世代 (14) 始作
(15) 市場 (16) 車線
(17) 靑綠 (18) 空中
(19) 平等 (20) 秋夕
(21) 孝道 (22) 生命
(23) 孫女 (24) 水軍
(25) 千年 (26) 休日
(27) 百萬 (28) 少數
(29) 文學 (30) 永遠
(31) 入住 (32) 金銀
(33) 活動

2. 다음 漢字의 訓과 音을 쓰시오.(34~55)

(34) 野 (35) 答
(36) 章 (37) 正
(38) 每 (39) 利
(40) 番 (41) 育
(42) 開 (43) 夕
(44) 名 (45) 別
(46) 全 (47) 公
(48) 各 (49) 同
(50) 分 (51) 代
(52) 姓 (53) 夫
(54) 出 (55) 英

3. 다음 單語를 漢字로 쓰시오.(56~75)

(56) 난 컴퓨터에 문외한이야.
(57) 저기 저 산은 활화산이래.
(58) 한자를 익혀 한문을 잘 해야지.
(59) 편안히 주무셨습니까?
(60) 그의 출생의 비밀은 뭘까?
(61) 한강으로 유람선 타러 가자.
(62) 겉모습보다 내면의 세계가 중요하다.
(63) 바로 정답입니다.
(64) 고향에서 농장을 운영하고 있어.
(65) 저기 저사람은 도인으로 유명한 분이셔!
(66) 이메일 주소 좀 알려주세요.
(67) 건강을 위해 매일 줄넘기를 하자.
(68) 나는 내심 합격을 바라고 있다.
(69) 사전에 준비를 철저히 해야지.
(70) 지명을 공부하면 역사가 보여.
(71) 정직이 최상의 선택이다.
(72) 자주정신이 있어야 나라가 부강해진다.
(73) 민심이 흉흉해진다.
(74) 사육신 6명, 생육신 6명이야.
(75) 현실에 안주하려 하지 말아라.

4. 다음 漢字와 뜻이 反對 또는 相對되는 漢字를 쓰시오.(76~78)

(76) ( ) - 入

(77) 強 - ( )

(78) 水 - ( )

5. 다음 ( )속에 들어갈 알맞은 漢字를 【例예】에서 찾아 그 번호를 쓰시오.(79~81)

【例예】 ①語 ②言 ③使 ④事 ⑤黃 ⑥天

(79) 人( )不省   (80) 一口二( )

(81) ( )金時代

6. 다음 漢字와 뜻이 같거나, 비슷한 漢字를 ( )속에 넣어 漢字語를 만드시오.(82~83)

(82) ( )綠   (83) 圖( )

7. 다음 漢字와 소리는 같으나, 뜻이 다른 漢字語를 쓰시오.(84~85)

(84) 大. ( ): ① 對 ② 太 ③ 先 ④ 午

(85) 工. ( ): ① 安 ② 號 ③ 空 ④ 外

8. 다음 漢字語의 뜻을 쓰시오.(86~87)

(86) 登校

(87) 直立

9. 다음 漢字의 필순에 대한 물음에 답하시오.(88~90)

(88)  始 자에서 ☆표한 획은 몇 번째 쓰는지 그 번호를 숫자로 쓰시오. ……(번째)

(89) 式 자에서 ☆표한 획은 몇 번째 쓰는지 그 번호를 숫자로 쓰시오. ……(번째)

(90) 新 자에서 ☆표한 획은 몇 번째 쓰는지 그 번호를 숫자로 쓰시오. ……(번째)

▶ 정답은 278쪽

제7회 한자능력검정시험 6급 예상문제

(시험시간 : 50분. 시험문항 : 90문제. 합격문항 : 63문제이상) 성명 _____

1. 다음 漢字語의 讀音을 쓰시오.(1~33)

(1) 日記   (2) 反省
(3) 里長   (4) 農林
(5) 便安   (6) 平等
(7) 失神   (8) 戰時
(9) 名文   (10) 問安
(11) 公利   (12) 美術
(13) 昨今   (14) 方今
(15) 文集   (16) 利子
(17) 英特   (18) 發信
(19) 現在   (20) 幸運
(21) 放火   (22) 六月
(23) 家族   (24) 各班
(25) 反對   (26) 敎育
(27) 朝會   (28) 姓名
(29) 老後   (30) 意見
(31) 感氣   (32) 植物
(33) 作成

2. 다음 漢字의 訓과 音을 쓰시오.(34~55)

(34) 洋   (35) 電
(36) 席   (37) 由
(38) 別   (39) 淸
(40) 第   (41) 道
(42) 黃   (43) 孫
(44) 溫   (45) 京
(46) 死   (47) 消
(48) 石   (49) 用
(50) 始   (51) 言
(52) 永   (53) 勝
(54) 形   (55) 新

3. 다음 單語를 漢字로 쓰시오.(56~75)

(56) **불평**하지 마라.

(57) **상하** 모두가 타락했군.

(58) 이력서를 쓸 때, 위와 같다는 뜻으로 **상동**이란 한자어가 쓰인다.

(59) **내세**가 있다고 생각하니?

(60) **입춘**이 지났으니 봄이 오겠지?

(61) **면전**에서 거만하게 행동하지 마라.

(62) 자신이 묻고 답하는 것을 **문답**법이라고 한다.

(63) **문학**을 공부하는 이유를 아는 사람 손들어봐.

(64) **백년**에 한 번 나올까말까한 가수이다.

(65) 쟤는 **간간**이 온다.

(66) 영수는 **인물**이 훤해.

(67) **대사**를 그르치는 짓을 해선 안돼!

(68) 당신 **수하**에 부하가 몇 입니까?

(69) **시간**은 금이다.

(70) **불안**해 하지 말고 호흡을 길게 내쉬어.

(71) **입구**에 서 있으면 사람이 어떻게 다니겠니?

(72) 서술어 말고 **주어**에 밑줄 치세요!

(73) **중대**한 일이 벌어졌어.

(74) **천금**같이 소중한 나의 청춘이여!

(75) 봄·여름·가을·겨울을 사자성어로 **춘하추동**이라 한다.

4. 다음 漢字와 뜻이 反對 또는 相對되는 漢字를 쓰시오.(76~78)

(76) 心 - (   )

(77) (   ) - 少

(78) 長 - (   )

5. 다음 (   )속에 들어갈 알맞은 漢字를 【例예】에서 찾아 그 번호를 쓰시오.(79~81)

【例예】	①油	②由	③紙	④號	⑤頭	⑥古

(79) 電話番(   )　　　　(80) 白(   )山

(81) 自(   )自在

6. 다음 漢字와 뜻이 같거나, 비슷한 漢字를 (   )속에 넣어 漢字語를 만드시오.(82~83)

(82) (   )業　　　　(83) 衣(   )

7. 다음 漢字와 소리는 같으나, 뜻이 다른 漢字語를 쓰시오.(84~85)

(84) 功. (   ) : ① 半　② 共　③ 病　④ 童

(85) 急. (   ) : ① 級　② 線　③ 待　④ 飮

8. 다음 漢字語의 뜻을 쓰시오.(86~87)

(86) 共通

(87) 讀者

9. 다음 漢字의 필순에 대한 물음에 답하시오.(88~90)

(88) 神 자에서 ☆표한 획은 몇 번째 쓰는지 그 번호를 숫자로 쓰시오. ……(번째)

(89) 身 자에서 ☆표한 획은 몇 번째 쓰는지 그 번호를 숫자로 쓰시오. ……(번째)

(90) 野 자에서 ☆표한 획은 몇 번째 쓰는지 그 번호를 숫자로 쓰시오. ……(번째)

▶ 정답은 279쪽

제 8회 한자능력검정시험 6급 예상문제

(시험시간 : 50분. 시험문항 : 90문제. 합격문항 : 63문제이상) 성명 _____

1. 다음 漢字語의 讀音을 쓰시오.(1~33)

(1) 正道
(2) 面目
(3) 發信
(4) 文章
(5) 自身
(6) 音樂
(7) 口號
(8) 昨年
(9) 風速
(10) 少數
(11) 反省
(12) 天運
(13) 校庭
(14) 戰果
(15) 家族
(16) 白晝
(17) 班村
(18) 花草
(19) 別堂
(20) 英才
(21) 孫女
(22) 永遠
(23) 上級生
(24) 學生
(25) 朴氏
(26) 車道
(27) 計算
(28) 消火
(29) 正直
(30) 海上
(31) 學級
(32) 男子
(33) 感動

2. 다음 漢字의 訓과 音을 쓰시오.(34~55)

(34) 林
(35) 現
(36) 注
(37) 旗
(38) 通
(39) 代
(40) 成
(41) 表
(42) 訓
(43) 弱
(44) 勇
(45) 作
(46) 定
(47) 使
(48) 雪
(49) 在
(50) 愛
(51) 頭
(52) 京
(53) 球
(54) 等
(55) 角

3. 다음 單語를 漢字로 쓰시오.(56~75)

(56) 무궁화는 우리나라의 <u>국화</u>야.

(57) <u>후세</u>들에게 깨끗한 환경을 물려주어야 한다.

(58) <u>활기</u>찬 하루 보내세요.

(59) 너 <u>수화</u>할 줄 아니?

(60) <u>휴일</u>도 없이 열심히 일한 보람이 있구나!

(61) 그대여! <u>평안</u>히 잠드소서.

(62) 오늘은 그녀가 <u>출국</u>하는 날이다.

(63) 부담 갖지 말고 <u>편안</u>하게 해라.

(64) 오늘 풍납동에서 옛 토기가 <u>출토</u>되었나봐.

(65) 기린은 <u>초식</u> 동물이다.

(66) <u>해외</u>여행이 자유로워졌다.

(67) <u>소변</u>은 저쪽에서 보시지요.

(68) 앉을만한 <u>공간</u>이 없다.

(69) <u>농촌</u>에 젊은이가 없어!

(70) 벌써 내일이 <u>입추</u>구나.

(71) 하늘을 연구하는 학문을 <u>천문학</u>이라고 한다.

(72) 이것을 <u>산출</u>하면 어떻게 되지?

(73) 사방<u>팔방</u> 둘러봐도 오직 첩첩산만 보이는군!

(74) <u>공부</u> 열심히 해라.

(75) <u>동장</u>님께서 부르신다.

4. 다음 漢字와 뜻이 反對 또는 相對되는 漢字를 쓰시오.(76~78)

(76) (　) - 冬

(77) (　) - 學

(78) 古 - (　)

5. 다음 (　)속에 들어갈 알맞은 漢字를 【例예】에서 찾아 그 번호를 쓰시오.(79~81)

【例예】 ① 答 ② 人 ③ 北 ④ 草 ⑤ 等 ⑥ 八

(79) 十中(　)九　　(80) 東問西(　)

(81) 山川(　)木

6. 다음 漢字와 뜻이 같거나, 비슷한 漢字를 (　)속에 넣어 漢字語를 만드시오.(82~83)

(82) 敎(　)　　(83) (　)綠

7. 다음 漢字와 소리는 같으나, 뜻이 다른 漢字語를 쓰시오.(84~85)

(84) 區. (　) : ① 光 ② 各 ③ 多 ④ 球

(85) 利. (　) : ① 李 ② 明 ③ 高 ④ 放

8. 다음 漢字語의 뜻을 쓰시오.(86~87)

(86) 長短

(87) 平野

9. 다음 漢字의 필순에 대한 물음에 답하시오.(88~90)

(88) 弱 자에서 ☆표한 획은 몇 번째 쓰는지 그 번호를 숫자로 쓰시오. ……(　번째)

(89)  陽 자에서 ☆표한 획은 몇 번째 쓰는지 그 번호를 숫자로 쓰시오. ……(　번째)

(90)  業 자에서 ☆표한 획은 몇 번째 쓰는지 그 번호를 숫자로 쓰시오. ……(　번째)

▶ 정답은 279쪽

제9회 한자능력검정시험 6급 예상문제

(시험시간 : 50분. 시험문항 : 90문제. 합격문항 : 63문제이상) 성명 _____

1. 다음 漢字語의 讀音을 쓰시오.(1~33)

(1) 下校
(2) 高速
(3) 發病
(4) 急行
(5) 話術
(6) 地形
(7) 黃土
(8) 冬服
(9) 南海
(10) 畵室
(11) 科目
(12) 時計
(13) 多幸
(14) 高度
(15) 言語
(16) 苦待
(17) 部分
(18) 共通
(19) 四寸
(20) 戰場
(21) 洋藥
(22) 表現
(23) 書式
(24) 先親
(25) 足球
(26) 明日
(27) 童心
(28) 向學
(29) 歌樂
(30) 交感
(31) 動物
(32) 勝利
(33) 石油

2. 다음 漢字의 訓과 音을 쓰시오.(34~55)

(34) 命
(35) 球
(36) 理
(37) 急
(38) 利
(39) 角
(40) 公
(41) 發
(42) 朴
(43) 孫
(44) 別
(45) 和
(46) 服
(47) 風
(48) 本
(49) 勇
(50) 部
(51) 共
(52) 今
(53) 第
(54) 近
(55) 油

3. 다음 單語를 漢字로 쓰시오.(56~75)

(56) **읍내**에서 얼마 멀지 않아요.

(57) 그 곳은 **해상** 국립공원으로 지정되어 있다.

(58) 그 지방의 **지명**이 어떻게 되니?

(59) 우리 민족의 **주식**은 쌀이다.

(60) 오늘이 **정월** 대보름이다.

(61) 경제적으로 **자립**할 수 있어야 한다.

(62) **등교** 시간은 정확히 지키자.

(63) 나라가 위급하니 **전군**을 끌어모아 적군을 치시오.

(64) 에디슨은 **전기**를 발명하였다.

(65) 이번 **식목일**에는 꼭 나무를 심어야지.

(66) 잠시 **변소**에 갔다오겠습니다.

(67) 오늘은 **고조** 할아버지의 제삿날이다.

(68) **심기**가 불편하니?

(69) **수천만** 국민이 보고 있으니 진실을 말하시오!

(70) **안전**이 가장 중요하다.

(71) **오후** 3시에 서울역에서 뵙겠습니다.

(72) 우리는 자랑스런 평택 **시민**입니다.

(73) 억울하면 **출세**를 해라.

(74) 난 **조국**을 위해 싸웠다.

(75) **좌우간** 땡칠이는 안됐네!

4. 다음 漢字와 뜻이 反對 또는 相對되는 漢字를 쓰시오.(76~78)

(76) ( ) - 樂   (77) 東 - ( )

(78) ( ) - 答

5. 다음 ( )속에 들어갈 알맞은 漢字를 【例】에서 찾아 그 번호를 쓰시오.(79~81)

【例예】 ①同 ②大 ③等 ④長 ⑤登 ⑥食

(79) 이 지도의 ( )高線을 잘 살펴보아라!

(80) 부부는 오랜 세월동안 ( )苦同樂을 함께 해왔다.

(81) 그는 여러 음식을 먹어본 美( )家다.

6. 다음 漢字와 뜻이 같거나, 비슷한 漢字를 ( )속에 넣어 漢字語를 만드시오.(82~83)

(82) ( )氏   (83) ( )體

7. 다음 漢字와 소리는 같으나, 뜻이 다른 漢字語를 쓰시오.(84~85)

(84) 問. ( ): ①堂 ②根 ③聞 ④米

(85) 英. ( ): ①水 ②番 ③色 ④永

8. 다음 漢字語의 뜻을 쓰시오.(86~87)

(86) 明日

(87) 上京

9. 다음 漢字의 필순에 대한 물음에 답하시오.(88~90)

(88) 永자에서 ☆표한 획은 몇 번째 쓰는지 그 번호를 숫자로 쓰시오. ……(번째)

(89) 用자에서 ☆표한 획은 몇 번째 쓰는지 그 번호를 숫자로 쓰시오. ……(번째)

(90) 運자에서 ☆표한 획은 몇 번째 쓰는지 그 번호를 숫자로 쓰시오. ……(번째)

▶ 정답은 280쪽

제10회 한자능력검정시험 6급 예상문제

(시험시간 : 50분. 시험문항 : 90문제. 합격문항 : 63문제이상) 성명 _____

1. 다음 漢字語의 讀音을 쓰시오.(1~33)

(1) 野球 (2) 土地
(3) 軍旗 (4) 安全
(5) 勝利 (6) 出發
(7) 合理 (8) 學級
(9) 飮食 (10) 小便
(11) 角度 (12) 班長
(13) 名作 (14) 自習
(15) 道術 (16) 立秋
(17) 通路 (18) 始作
(19) 孝女 (20) 漢藥
(21) 自由 (22) 對話
(23) 窓門 (24) 太陽
(25) 花園 (26) 題號
(27) 子孫 (28) 戰線
(29) 草綠 (30) 合席
(31) 國力 (32) 石油
(33) 農夫

2. 다음 漢字의 訓과 音을 쓰시오.(34~55)

(34) 對 (35) 昨
(36) 代 (37) 表
(38) 短 (39) 太
(40) 界 (41) 朝
(42) 交 (43) 題
(44) 李 (45) 幸
(46) 病 (47) 樹
(48) 石 (49) 功
(50) 死 (51) 郡
(52) 特 (53) 目
(54) 和 (55) 者

3. 다음 單語를 漢字로 쓰시오.(56~75)

(56) 왼손을 한자로 <u>좌수</u>라고 한다.
(57) 사람은 <u>자연</u>보호, 자연은 사람보호.
(58) <u>제자</u>가 찾아왔어요!
(59) <u>전력</u>을 다해 뛰어라!
(60) <u>수년</u>동안 방치되어온 건물이야!
(61) <u>청춘</u>을 돌려다오.
(62) <u>초가삼간</u>을 모두 태웠군!
(63) 고래가 <u>해수면</u> 위로 올라왔다.
(64) 영희는 참 <u>효녀</u>야.
(65) <u>천상천하</u> 유아독존.
(66) 민족 대명절인 <u>추석</u>이 다가온다.
(67) <u>평면</u>이 좋아.
(68) <u>청천</u>에 날벼락이군.
(69) 난 피아노에 <u>문외한</u>이야.
(70) <u>활기</u>찬 너의 모습 보기 좋다.
(71) <u>수화</u> 좀 배워라.
(72) 우리 집엔 <u>화초</u>가 많아.
(73) 전염병으로 학교가 <u>휴교</u>하였다.
(74) <u>평지</u>에 설치했다.
(75) <u>후식</u>은 사이다, 콜라, 커피 중에서 택일하세요!

4. 다음 漢字와 뜻이 反對 또는 相對되는 漢字를 쓰시오.(76~78)
 (76) 遠 - (   )   (77) (   ) - 外
 (78) 手 - (   )

5. 다음 (   )속에 들어갈 알맞은 漢字를 【例예】에서 찾아 그 번호를 쓰시오.(79~81)

【例예】 ① 別 ② 淸 ③ 十 ④ 等 ⑤ 形 ⑥ 心

 (79) 형세가 불리하면 三(   )六計, 줄행랑이 최고야.
 (80) 그 땅의 地(   )圖를 가져오라!
 (81) 서울特(   )市

6. 다음 漢字와 뜻이 같거나, 비슷한 漢字를 (   )속에 넣어 漢字語를 만드시오.(82~83)
 (82) 土(   )   (83) (   )路

7. 다음 漢字와 소리는 같으나, 뜻이 다른 漢字語를 쓰시오.(84~85)
 (84) 式. (   ): ① 同 ② 去 ③ 植 ④ 公
 (85) 問. (   ): ① 堂 ② 根 ③ 聞 ④ 米

8. 다음 漢字語의 뜻을 쓰시오.(86~87)
 (86) 多讀
 (87) 反省

9. 다음 漢字의 필순에 대한 물음에 답하시오.(88~90)

(88) 由 자에서 ☆표한 획은 몇 번째 쓰는지 그 번호를 숫자로 쓰시오. ……(번째)

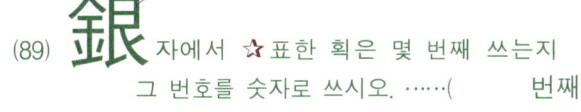

(89) 銀 자에서 ☆표한 획은 몇 번째 쓰는지 그 번호를 숫자로 쓰시오. ……(번째)

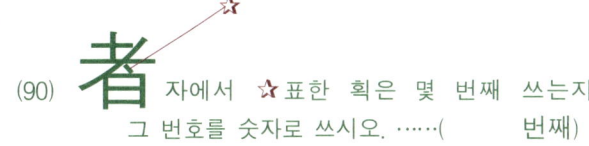

(90) 者 자에서 ☆표한 획은 몇 번째 쓰는지 그 번호를 숫자로 쓰시오. ……(번째)

▶ 정답은 280쪽

【6급 예상문제 정답】

<제1회>

(1) 강산 (2) 영세 (3) 매번
(4) 민생 (5) 해양 (6) 온도
(7) 양복 (8) 주목 (9) 백미
(10) 급훈 (11) 동화 (12) 악장
(13) 어기 (14) 독서 (15) 가문
(16) 합석 (17) 본부 (18) 과연
(19) 기자 (20) 도로 (21) 읍내
(22) 구별 (23) 원근 (24) 의술
(25) 황금 (26) 식사 (27) 풍물
(28) 노약 (29) 화답 (30) 습작
(31) 녹색 (32) 촌수 (33) 지면

(34) 마을 리 (35) 셈 산
(36) 무리 등 (37) 뿌리 근
(38) 노래 가 (39) 업 업
(40) 대할 대 (41) 내 천
(42) 그림 도 (43) 집 당
(44) 저녁 석 (45) 병 병
(46) 법도 도 (47) 일백 백
(48) 해 년 (49) 급할 급
(50) 적을 소 (51) 글월 문
(52) 기다릴 대 (53) 기운 기
(54) 나눌 반 (55) 쉴 휴

(56) 家長 (57) 名門 (58) 人力車
(59) 工夫 (60) 白旗 (61) 男女
(62) 三冬 (63) 同色 (64) 出動
(65) 自動車 (66) 登山 (67) 登校
(68) 來日 (69) 力不足 (70) 老後
(71) 面上 (72) 名手 (73) 生物
(74) 不平 (75) 事大

(76) ① (77) ① (78) ②

(79) ⑤ (80) ② (81) ⑥

(82) ③ (83) ①

(84) ② (85) ④

(86) 성과 이름   (87) 형과 아우

(88) 2   (89) 4   (90) 5

<제2회>

(1) 천만 (2) 등교 (3) 오전
(4) 화산 (5) 청년 (6) 생기
(7) 대한 (8) 군인 (9) 동서
(10) 차로 (11) 식구 (12) 강촌
(13) 화초 (14) 교실 (15) 편지
(16) 사방 (17) 시간 (18) 정오
(19) 유월 (20) 가수 (21) 전국
(22) 평야 (23) 도표 (24) 군민
(25) 용의 (26) 영특 (27) 속기
(28) 유래 (29) 세습 (30) 지구
(31) 춘추 (32) 안심 (33) 산수

(34) 지경 계 (35) 말미암을 유
(36) 글자 자 (37) 은 은
(38) 한가지 공 (39) 날랠 용
(40) 저녁 석 (41) 반 반
(42) 있을 재 (43) 느낄 감
(44) 겨울 동 (45) 형상 형/모양 형
(46) 왼 좌 (47) 이할 리
(48) 가운데 중 (49) 오얏 리/성 리
(50) 누를 황 (51) 모을 회
(52) 몸 신 (53) 놈 자
(54) 통할 통 (55) 푸를 록

(56) 上中下 (57) 海上 (58) 少時
(59) 手足 (60) 四時 (61) 安住
(62) 國有地 (63) 百年 (64) 邑長
(65) 入學 (66) 子正 (67) 全國
(68) 全力 (69) 祖父 (70) 左右
(71) 地下室 (72) 白紙 (73) 山川
(74) 千字文 (75) 姓名

(76) 祖 (77) 長 (78) 後

(79) ① (80) ④ (81) ②

(82) 根 (83) 訓

(84) ③ (85) ④

(86) 늙은이와 젊은이, 늙음과 젊음   (87) 바닷길

(88) 5   (89) 10   (90) 5

<제3회>

(1) 평안 (2) 출입 (3) 도표
(4) 용례 (5) 제목 (6) 강동
(7) 양지 (8) 개국 (9) 강약
(10) 초가 (11) 육영 (12) 고조
(13) 창구 (14) 공백 (15) 자립
(16) 신동 (17) 단신 (18) 등교
(19) 병자 (20) 번지 (21) 화가
(22) 원근 (23) 남편 (24) 본업
(25) 농촌 (26) 이화 (27) 소문
(28) 운수 (29) 방심 (30) 교리
(31) 문신 (32) 선두 (33) 내부

(34) 법 식   (35) 이길 승
(36) 바다 해   (37) 과목 과
(38) 예 고   (39) 자리 석
(40) 다행 행   (41) 바깥 외
(42) 약할 약   (43) 필 발
(44) 마디 촌   (45) 일 사
(46) 여름 하   (47) 말씀 화
(48) 그럴 연   (49) 빠를 속
(50) 때 시   (51) 뿌리 근
(52) 겨레 족   (53) 아름다울 미
(54) 고을 읍   (55) 의원 의

(56) 南村 (57) 平生 (58) 下車
(59) 海女 (60) 孝心 (61) 後學
(62) 休火山 (63) 校歌 (64) 間食
(65) 工學 (66) 男子 (67) 南男北女
(68) 登場 (69) 來年 (70) 力道
(71) 十里 (72) 名門 (73) 文物
(74) 百姓 (75) 不孝

(76) 夕. 野 (77) 近 (78) 古

(79) ③ (80) ④ (81) ⑥

(82) 文 (83) 土

(84) ④ (85) ③

(86) 일을 기록하다   (87) 사람의 목숨

(88) 4 (89) 13 (90) 4

<제4회>

(1) 교통 (2) 공원 (3) 영어
(4) 발표 (5) 예물 (6) 온실
(7) 초록 (8) 계산 (9) 변소
(10) 평화 (11) 간식 (12) 의견
(13) 이자 (14) 직각 (15) 영원
(16) 이유 (17) 과학 (18) 표현
(19) 구두 (20) 공통 (21) 오후
(22) 특석 (23) 장소 (24) 학당
(25) 속력 (26) 백미 (27) 세습
(28) 서식 (29) 사업 (30) 정면
(31) 팔방 (32) 좌우 (33) 수족

(34) 빛 광   (35) 들을 문
(36) 기름 유   (37) 귀신 신/정신 신
(38) 형상 형/모양 형   (39) 다행 행
(40) 사랑할 애   (41) 잃을 실
(42) 나무 수   (43) 싸울 전
(44) 바람 풍   (45) 클 태
(46) 사라질 소   (47) 느낄 감
(48) 나눌 분   (49) 쉴 휴
(50) 차례 제   (51) 종이 지
(52) 비로소 시   (53) 모일 사
(54) 이름 호   (55) 저자 시

(56) 算數 (57) 上水道 (58) 色紙
(59) 姓名 (60) 所有   (61) 水中
(62) 食後 (63) 植民地 (64) 安全
(65) 中心 (66) 安心   (67) 育林
(68) 入室 (69) 子女   (70) 場外
(71) 前後 (72) 正道   (73) 主人
(74) 住所 (75) 右手

(76) 弟 (77) 生 (78) 畫

(79) ⑥ (80) ② (81) ⑤

(82) 飮 (83) 身

(84) ④ (85) ④

(86) 땅의 아래. 땅속   (87) 나라를 사랑하다

(88) 4 (89) 4 (90) 3

<제5회>

(1)발병 (2)명산 (3)세계
(4)합심 (5)화가 (6)동감
(7)정직 (8)반문 (9)속도
(10)외부 (11)가수 (12)소년
(13)내외 (14)하야 (15)주민
(16)석유 (17)생사 (18)화급
(19)수립 (20)기사 (21)근본
(22)구장 (23)농림 (24)주야
(25)작년 (26)전시 (27)서도
(28)녹색 (29)훈육 (30)주의
(31)의향 (32)교정 (33)근방

(34)가르칠 교 (35)글 장
(36)맑을 청 (37)제목 제
(38)약 약 (39)정할 정
(40)말씀 언 (41)볕 양
(42)이룰 성 (43)모일 회
(44)다스릴 리 (45)머리 두
(46)성 박 (47)기다릴 대
(48)돌이킬 반 (49)무리 등
(50)차례 번 (51)많을 다
(52)가까울 근 (53)공 공
(54)실과 과 (55)이할 리

(56)重力 (57)食事 (58)自然
(59)八字 (60)出入門 (61)便所
(62)下校 (63)活動 (64)後門
(65)休學 (66)所重 (67)寸數
(68)食口 (69)午後 (70)有色
(71)地方 (72)漢字 (73)生活
(74)休校 (75)便紙

(76)山 (77)後 (78)手

(79)③ (80)④ (81)①

(82)身 (83)言

(84)③ (85)③

(86)해가 뜨다. (87)있지 아니하다.

(88)4 (89)16 (90)12

<제6회>

(1)편지 (2)농사 (3)부모
(4)하차 (5)외인 (6)수중
(7)서산 (8)자연 (9)교훈
(10)민족 (11)친정 (12)태양
(13)세대 (14)시작 (15)시장
(16)차선 (17)청록 (18)공중
(19)평등 (20)추석 (21)효도
(22)생명 (23)손녀 (24)수군
(25)천년 (26)휴일 (27)백만
(28)소수 (29)문학 (30)영원
(31)입주 (32)금은 (33)활동

(34)들 야 (35)대답 답
(36)글 장 (37)바를 정
(38)매양 매 (39)이할 리
(40)차례 번 (41)기를 육
(42)열 개 (43)저녁 석
(44)이름 명 (45)다를 별
(46)온전할 전 (47)공평할 공
(48)각각 각 (49)한가지 동
(50)나눌 분 (51)대신 대
(52)성 성 (53)지아비 부
(54)날 출 (55)꽃부리 영

(56)門外漢 (57)活火山 (58)漢文
(59)便安 (60)出生 (61)漢江
(62)內面 (63)正答 (64)農場
(65)道人 (66)住所 (67)每日
(68)內心 (69)事前 (70)地名
(71)正直 (72)自主 (73)民心
(74)生育 (75)安住

(76)出 (77)弱 (78)火

(79)④ (80)② (81)⑤

(82)靑 (83)晝

(84)① (85)③

(86)학교에 가다. (87)곧게 서다.

(88)3 (89)6 (90)11

<제7회>

(1) 일기　(2) 반성　(3) 이장
(4) 농림　(5) 편안　(6) 평등
(7) 실신　(8) 전시　(9) 명문
(10) 문안　(11) 공리　(12) 미술
(13) 작금　(14) 방금　(15) 문집
(16) 이자　(17) 영특　(18) 발신
(19) 현재　(20) 행운　(21) 방화
(22) 유월　(23) 가족　(24) 각반
(25) 반대　(26) 교육　(27) 조회
(28) 성명　(29) 노후　(30) 의견
(31) 감기　(32) 식물　(33) 작성

(34) 큰바다 양　(35) 번개 전
(36) 자리 석　(37) 말미암을 유
(38) 다를 별　(39) 맑을 청
(40) 차례 제　(41) 길 도
(42) 누를 황　(43) 손자 손
(44) 따뜻할 온　(45) 서울 경
(46) 죽을 사　(47) 사라질 소
(48) 돌 석　(49) 쓸 용
(50) 비로소 시　(51) 말씀 언
(52) 길 영　(53) 이길 승
(54) 모양 형　(55) 새 신

(56) 不平　(57) 上下　(58) 上同
(59) 來世　(60) 立春　(61) 面前
(62) 問答　(63) 文學　(64) 百年
(65) 間間　(66) 人物　(67) 大事
(68) 手下　(69) 時間　(70) 不安
(71) 入口　(72) 主語　(73) 重大
(74) 千金　(75) 春夏秋冬

(76) 身　(77) 老. 多　(78) 短

(79) ④　(80) ⑤　(81) ②

(82) 事　(83) 服

(84) ②　(85) ①

(86) 한 가지로 통하다.　(87) 읽는 사람

(88) 10　(89) 7　(90) 6

<제8회>

(1) 정도　(2) 면목　(3) 발신
(4) 문장　(5) 자신　(6) 음악
(7) 구호　(8) 작년　(9) 풍속
(10) 소수　(11) 반성　(12) 천운
(13) 교정　(14) 전과　(15) 가족
(16) 백주　(17) 반촌　(18) 화초
(19) 별당　(20) 영재　(21) 손녀
(22) 영원　(23) 상급생　(24) 학생
(25) 박씨　(26) 차도　(27) 계산
(28) 소화　(29) 정직　(30) 해상
(31) 학급　(32) 남자　(33) 감동

(34) 수풀 림　(35) 나타날 현
(36) 부을 주　(37) 기 기
(38) 통할 통　(39) 대신 대
(40) 이룰 성　(41) 겉 표
(42) 가르칠 훈　(43) 약할 약
(44) 날랠 용　(45) 지을 작
(46) 정할 정　(47) 하여금 사
(48) 눈 설　(49) 있을 재
(50) 사랑 애　(51) 머리 두
(52) 서울 경　(53) 공 구
(54) 무리 등　(55) 뿔 각

(56) 國花　(57) 後世　(58) 活氣
(59) 手話　(60) 休日　(61) 平安
(62) 出國　(63) 便安　(64) 出土
(65) 草食　(66) 海外　(67) 小便
(68) 空間　(69) 農村　(70) 立秋
(71) 天文學　(72) 算出　(73) 八方
(74) 工夫　(75) 洞長

(76) 夏　(77) 敎　(78) 今

(79) ⑥　(80) ①　(81) ④

(82) 訓　(83) 靑

(84) ④　(85) ①

(86) 길고 짧음, 장점과 단점　(87) 평평한 들

(88) 8　(89) 10　(90) 3

<제9회>

(1) 하교　　(2) 고속　　(3) 발병
(4) 급행　　(5) 화술　　(6) 지형
(7) 황토　　(8) 동복　　(9) 남해
(10) 화실　　(11) 과목　　(12) 시계
(13) 다행　　(14) 고도　　(15) 언어
(16) 고대　　(17) 부분　　(18) 공통
(19) 사촌　　(20) 전장　　(21) 양약
(22) 표현　　(23) 서식　　(24) 선친
(25) 족구　　(26) 명일　　(27) 동심
(28) 향학　　(29) 가악　　(30) 교감
(31) 동물　　(32) 승리　　(33) 석유

(34) 목숨 명　　　　(35) 공 구
(36) 다스릴 리　　　(37) 급할 급
(38) 이할 리　　　　(39) 뿔 각
(40) 공평할 공　　　(41) 필 발
(42) 성 박　　　　　(43) 손자 손
(44) 다를 별　　　　(45) 화할 화
(46) 옷 복　　　　　(47) 바람 풍
(48) 근본 본　　　　(49) 날랠 용
(50) 떼 부　　　　　(51) 한가지 공
(52) 이제 금　　　　(53) 차례 제
(54) 가까울 근　　　(55) 기름 유

(56) 邑內　　(57) 海上　　(58) 地名
(59) 主食　　(60) 正月　　(61) 自立
(62) 登校　　(63) 全軍　　(64) 電氣
(65) 植木日　(66) 便所　　(67) 高祖
(68) 心氣　　(69) 數千萬　(70) 安全
(71) 午後　　(72) 市民　　(73) 出世
(74) 祖國　　(75) 左右間

(76) 苦　　(77) 西　　(78) 問

(79) ⑤　　(80) ①　　(81) ⑥

(82) 姓　　(83) 身

(84) ③　　(85) ④

(86) 다음 날　　(87) 서울로 올라오다.

(88) 2　　(89) 5　　(90) 13

<제10회>

(1) 야구　　(2) 토지　　(3) 군기
(4) 안전　　(5) 승리　　(6) 출발
(7) 합리　　(8) 학급　　(9) 음식
(10) 소변　　(11) 각도　　(12) 반장
(13) 명작　　(14) 자습　　(15) 도술
(16) 입추　　(17) 통로　　(18) 시작
(19) 효녀　　(20) 한약　　(21) 자유
(22) 대화　　(23) 창문　　(24) 태양
(25) 화원　　(26) 제호　　(27) 자손
(28) 전선　　(29) 초록　　(30) 합석
(31) 국력　　(32) 석유　　(33) 농부

(34) 대할 대　　　　(35) 어제 작
(36) 대신 대　　　　(37) 겉 표
(38) 짧을 단　　　　(39) 클 태
(40) 지경 계　　　　(41) 아침 조
(42) 사귈 교　　　　(43) 제목 제
(44) 오얏 리　　　　(45) 다행 행
(46) 병 병　　　　　(47) 나무 수
(48) 돌 석　　　　　(49) 공 공
(50) 죽을 사　　　　(51) 고을 군
(52) 특별할 특　　　(53) 눈 목
(54) 화할 화　　　　(55) 놈 자

(56) 左手　　(57) 自然　　(58) 弟子
(59) 全力　　(60) 數年　　(61) 青春
(62) 草家三間　(63) 海水面　(64) 孝女
(65) 天上天下　(66) 秋夕　　(67) 平面
(68) 青天　　(69) 門外漢　(70) 活氣
(71) 手話　　(72) 花草　　(73) 休校
(74) 平地　　(75) 後食

(76) 近　　(77) 內　　(78) 足

(79) ③　　(80) ⑤　　(81) ①

(82) 地　　(83) 道

(84) ③　　(85) ③

(86) 많이 읽다.　　(87) 돌이켜 살피다.

(88) 4　　(89) 9　　(90) 5

부록(附錄)

- 한자의 한글맞춤법
- 읽기장
- 부수자 일람표

6급·6급Ⅱ에 나오는 한자(漢字)의 한글 맞춤법

〈 소리에 관한 것 〉

• **두음법칙**(頭音法則)은 우리말의 첫음절 소리가 'ㄹ'이나 'ㄴ'이 옴을 꺼리는 현상을 말한다.

① 한자음 '락, 례, 로, 록, 리'가 단어 첫머리에 올 적에는 '낙, 예, 노, 녹, 이'로 적는다.

연도(年度)   연표(年表)   연호(年號)   낙승(樂勝)   낙원(樂園)   악장(樂章)
예외(例外)   예년(例年)   예물(禮:物)   예식(禮:式)   노상(路:上)   녹지(綠地)
녹색(綠色)   이용(利:用)   이자(利:子)   이화(李:花)   이과(理:科)   이유(理:由)
임야(林野)   연장자(年長者)   이왕조(李:王朝)   역부족(力不足)   예식장(禮:式場) 등.

② 단어의 첫머리 이외의 경우에는 본래의 음을 적는다.

강력(強力)   공리(功利)   광년(光年)   근래(近:來)   금년(今年)   대립(對:立)
명년(明年)   안락(安樂)   농악(農樂)   입석(立石)   입석(立席)   선례(先例)
사례(事:例)   속력(速力)   수림(樹林)   전례(前例)   주례(主禮)   답례(答禮)
목례(目禮)   농로(農路)   도로(道:路)   대로(大:路)   작년(昨年)   활로(活路)
청록(靑綠)   불리(不利)   유리(有:利)   유래(由來)   편리(便利)   교리(敎:理)
도리(道:理)   사리(事:理)   체력(體力)   통로(通路)   행락(行樂)   신통력(神通力)
반백년(半:百年)   초록동색(草綠同色)   요산요수(樂山樂水) 등.

♣ 다음 한자어(漢字語)의 독음(讀音)을 쓰시오.　　　▶정답은 236쪽

1. 年度　　　　2. 年表　　　　3. 年號　　　　4. 樂勝
(　　　)　　(　　　)　　(　　　)　　(　　　)

5. 樂園　　　　6. 樂章　　　　7. 例外　　　　8. 例年
(　　　)　　(　　　)　　(　　　)　　(　　　)

9. 禮:物　　　10. 禮:式　　　11. 路:上　　　12. 綠地
(　　　)　　(　　　)　　(　　　)　　(　　　)

13. 綠色　　　14. 利:用　　　15. 利:子　　　16. 李:花
(　　　)　　(　　　)　　(　　　)　　(　　　)

17. 理:科　　　18. 理:由　　　19. 林野　　　20. 年長者
(　　　)　　(　　　)　　(　　　)　　(　　　)

21. 李:王朝　　22. 力不足　　23. 禮:式場　　24. 強力
(　　　)　　(　　　)　　(　　　)　　(　　　)

25. 功利　　　26. 光年　　　27. 近:來　　　28. 今年
(　　　)　　(　　　)　　(　　　)　　(　　　)

29. 對:立　　　30. 明年　　　31. 安樂　　　32. 農樂
(　　　)　　(　　　)　　(　　　)　　(　　　)

283

♣ 다음 한자어(漢字語)의 독음(讀音)을 쓰시오.   ▶정답은 236쪽

33. 立石   34. 立席   35. 先例   36. 事:例
(   )   (   )   (   )   (   )

37. 速力   38. 樹林   39. 前例   40. 主禮
(   )   (   )   (   )   (   )

41. 答禮   42. 目禮   43. 農路   44. 道:路
(   )   (   )   (   )   (   )

45. 大:路   46. 昨年   47. 活路   48. 靑綠
(   )   (   )   (   )   (   )

49. 不利   50. 有:利   51. 由來   52. 便利
(   )   (   )   (   )   (   )

53. 敎:理   54. 道:理   55. 事:理   56. 體力
(   )   (   )   (   )   (   )

57. 通路   58. 行樂   59. 神通力   60. 半:百年
(   )   (   )   (   )   (   )

61. 草綠同色   62. 樂山樂水
(   )   (   )

♣ 한자(漢字)의 훈음(訓音)을 가리고, 소리내어 읽어보시오.

6급(6급Ⅱ)-1

家	歌	各	角	間	感	江
집 가	노래 가	각각 각	뿔 각	사이 간	느낄 감	강 강
強	開	車	京	界	計	古
강할 강	열 개	수레 거	서울 경	지경 계	셀 계	예 고
苦	高	功	公	共	工	空
쓸 고	높을 고	공 공	공평할 공	한가지 공	장인 공	빌 공
果	科	光	交	校	敎	九
실과 과	과목 과	빛 광	사귈 교	학교 교	가르칠 교	아홉 구
區	口	球	國	郡	軍	根
구분할 구	입 구	공 구	나라 국	고을 군	군사 군	뿌리 근
近	今	金	急	級	氣	旗
가까울 근	이제 금	쇠 금	급할 급	등급 급	기운 기	기 기
記	南	男	內	女	年	農
기록할 기	남녘 남	사내 남	안 내	계집 녀	해 년	농사 농
多	短	答	堂	代	大	待
많을 다	짧을 단	대답 답	집 당	대신 대	큰 대	기다릴 대

♣ 한자(漢字)의 훈음(訓音)을 가리고, 소리내어 읽어보시오.

6급(6급Ⅱ)-2

對	度	圖	道	讀	冬	動
대할 대	법도 도	그림 도	길 도	읽을 독	겨울 동	움직일 동
同	洞	東	童	頭	登	等
한가지 동	골 동	동녘 동	아이 동	머리 두	오를 등	무리 등
樂	來	力	例	禮	老	路
즐길 락	올 래	힘 력	법식 례	예도 례	늙을 로	길 로
綠	六	利	李	理	里	林
푸를 록	여섯 륙	이할 리	오얏 리	다스릴 리	마을 리	수풀 림
立	萬	每	面	名	命	明
설 립	일만 만	매양 매	낯 면	이름 명	목숨 명	밝을 명
母	木	目	問	文	聞	門
어미 모	나무 목	눈 목	물을 문	글월 문	들을 문	문 문
物	米	美	民	朴	半	反
물건 물	쌀 미	아름다울 미	백성 민	성 박	반 반	돌이킬 반
班	發	放	方	白	百	番
나눌 반	필 발	놓을 방	모 방	흰 백	일백 백	차례 번

♣ 한자(漢字)의 훈음(訓音)을 가리고, 소리내어 읽어보시오.

6급(6급Ⅱ)-3

別	病	服	本	夫	父	部
다를 별	병 병	옷 복	근본 본	지아비 부	아비 부	떼 부
北	分	不	事	使	四	死
북녘 북	나눌 분	아닐 불	일 사	하여금 사	넉 사	죽을 사
社	山	算	三	上	色	生
모일 사	메 산	셈 산	석 삼	윗 상	빛 색	날 생
書	西	夕	席	石	先	線
글 서	서녘 서	저녁 석	자리 석	돌 석	먼저 선	줄 선
雪	姓	成	省	世	小	少
눈 설	성 성	이룰 성	살필 성	인간 세	작을 소	적을 소
消	所	速	孫	水	手	樹
사라질 소	바 소	빠를 속	손자 손	물 수	손 수	나무 수
數	術	習	勝	市	始	時
셈 수	재주 술	익힐 습	이길 승	저자 시	비로소 시	때 시
式	植	食	信	新	神	身
법 식	심을 식	밥 식	믿을 신	새 신	귀신 신	몸 신

한자(漢字)의 훈음(訓音)을 가리고, 소리내어 읽어보시오.

6급(6급Ⅱ)-4

失	室	心	十	安	愛	夜
잃을 실	집 실	마음 심	열 십	편안 안	사랑 애	밤 야
野	弱	藥	洋	陽	語	言
들 야	약할 약	약 약	큰바다 양	볕 양	말씀 어	말씀 언
業	然	永	英	五	午	溫
업 업	그럴 연	길 영	꽃부리 영	다섯 오	낮 오	따뜻할 온
王	外	勇	用	右	運	園
임금 왕	바깥 외	날랠 용	쓸 용	오른 우	옮길 운	동산 원
遠	月	油	由	有	育	銀
멀 원	달 월	기름 유	말미암을 유	있을 유	기를 육	은 은
飮	音	意	衣	醫	邑	二
마실 음	소리 음	뜻 의	옷 의	의원 의	고을 읍	두 이
人	一	日	入	子	字	者
사람 인	한 일	날 일	들 입	아들 자	글자 자	놈 자
自	作	昨	場	章	長	在
스스로 자	지을 작	어제 작	마당 장	글 장	긴 장	있을 재

♣ 한자(漢字)의 훈음(訓音)을 가리고, 소리내어 읽어보시오.

6급(6급Ⅱ)-5

才	全	前	戰	電	定	庭
재주 재	온전 전	앞 전	싸움 전	번개 전	정할 정	뜰 정
正	弟	第	題	朝	祖	族
바를 정	아우 제	차례 제	제목 제	아침 조	할아비 조	겨레 족
足	左	主	住	注	晝	中
발 족	왼 좌	임금 주	살 주	부을 주	낮 주	가운데 중
重	地	紙	直	集	窓	千
무거울 중	따 지	종이 지	곧을 직	모을 집	창 창	일천 천
川	天	淸	靑	體	草	寸
내 천	하늘 천	맑을 청	푸를 청	몸 체	풀 초	마디 촌
村	秋	春	出	親	七	太
마을 촌	가을 추	봄 춘	날 출	친할 친	일곱 칠	클 태
土	通	特	八	便	平	表
흙 토	통할 통	특별할 특	여덟 팔	편할 편	평평할 평	겉 표
風	下	夏	學	漢	韓	合
바람 풍	아래 하	여름 하	배울 학	한수 한	한국 한	합할 합

♣ 한자(漢字)의 훈음(訓音)을 가리고, 소리내어 읽어보시오.

6급(6급Ⅱ)-6

海	行	幸	向	現	兄	形
바다 해	다닐 행	다행 행	향할 향	나타날 현	맏 형	모양 형
號	和	火	畫	花	話	活
이름 호	화할 화	불 화	그림 화	꽃 화	말씀 화	살 활
黃	會	孝	後	訓	休	
누를 황	모일 회	효도 효	뒤 후	가르칠 훈	쉴 휴	

부수자(部首字: 214자) 일람표(一覽表)

1 획
- 一 한 일
- 丨 뚫을 곤
- 丶 점 주
- 丿 삐칠 별
- 乙 새 을
- 亅 갈고리 궐

2 획
- 二 두 이
- 亠 머리부분 두
- 人亻 사람 인
- 儿 어진사람인
- 入 들 입
- 八 나눌 팔
- 冂 멀 경
- 冖 덮을 멱
- 冫 얼음 빙
- 几 걸상 궤
- 凵 입벌릴 감
- 刀 칼 도
- 力 힘 력
- 勹 감쌀 포
- 匕 숟가락 비
- 匚 상자 방
- 匸 감출 혜
- 十 열 십
- 卜 점 복
- 卩㔾 병부절
- 厂 언덕 한
- 厶 사사 사
- 又 손 우

3 획
- 口 입 구
- 囗 에워쌀 위
- 土 흙 토
- 士 선비 사
- 夂 뒤져올 치
- 夊 천천히 걸을 쇠
- 夕 저녁 석
- 大 큰 대
- 女 계집 녀
- 子 아들 자
- 宀 집 면
- 寸 마디 촌
- 小 작을 소
- 尢 절름발이 왕
- 尸 누울 시
- 屮 싹날 철
- 山 메 산
- 巛 내 천
- 工 장인 공
- 己 몸 기
- 巾 수건 건
- 干 방패 간
- 幺 작을 요
- 广 집 엄
- 廴 연이어 걸을 인
- 廾 두손 공
- 弋 주살 익
- 弓 활 궁
- 彐彑 돼지머리 계
- 彡 무늬 삼
- 彳 걸을 척

4 획
- 心 마음 심
- 戈 창 과
- 戶 지게문 호
- 手扌 손 수
- 支 나눌 지
- 攴攵 칠 복
- 文 글월 문
- 斗 말 두
- 斤 도끼 근
- 方 모 방
- 无 없을 무
- 日 해 일
- 曰 말할 왈
- 月 달 월
- 木 나무 목
- 欠 하품 흠
- 止 그칠 지
- 歹 남은뼈 알
- 殳 창 수
- 毋 말 무
- 比 견줄 비
- 毛 터럭 모
- 氏 뿌리 씨
- 气 기운 기
- 水氵 물 수
- 火灬 불 화
- 爪 손톱 조
- 父 아비 부
- 爻 점괘 효
- 爿 조각 장

5 획
- 玄 검을 현
- 玉 구슬 옥
- 瓜 외 과
- 瓦 기와 와
- 甘 달 감
- 生 날 생
- 用 쓸 용
- 田 밭 전
- 疋 발 소
- 疒 병들 녁
- 癶 걸을 발
- 白 흰 백
- 皮 가죽 피
- 皿 그릇 명
- 目 눈 목
- 矛 창 모
- 矢 화살 시
- 石 돌 석
- 示 보일 시
- 禸 짐승발자국 유
- 禾 벼 화
- 穴 구멍 혈
- 立 설 립

6 획
- 竹 대 죽
- 米 쌀 미
- 糸 실 사
- 缶 장군 부
- 网罒罓罓 그물 망
- 羊 양 양
- 羽 날개 우
- 老 늙을 로
- 而 말이을 이
- 耒 쟁기 뢰
- 耳 귀 이
- 聿 붓 률
- 肉 고기 육
- 臣 신하 신
- 自 코 자
- 至 이를 지
- 臼 절구 구
- 舌 혀 설
- 舛 어그러질 천
- 舟 배 주
- 艮 괘이름 간
- 色 빛 색
- 艸艹 풀 초
- 虍 범무늬 호
- 虫 벌레 충
- 血 피 혈
- 行 다닐 행
- 衣 옷 의
- 襾 덮을 아

7 획
- 見 볼 견
- 角 뿔 각
- 言 말씀 언
- 谷 골 곡
- 豆 콩 두
- 豕 돼지 시
- 豸 사나운짐승 치
- 貝 조개 패
- 赤 붉을 적
- 走 달릴 주
- 足 발 족
- 身 몸 신
- 車 수레 거(차)
- 辛 매울 신
- 辰 별 진
- 辵辶 갈 착
- 邑 고을 읍
- 酉 술 유
- 釆 분별할 변
- 里 마을 리

8 획
- 金 쇠 금
- 長 긴 장
- 門 문 문
- 阜 언덕 부
- 隶 미칠 체
- 隹 새 추
- 雨 비 우
- 靑 푸를 청
- 非 아닐 비

9 획
- 面 낯 면
- 革 가죽 혁
- 韋 다룸가죽 위
- 韭 부추 구
- 音 소리 음
- 頁 머리 혈
- 風 바람 풍
- 飛 날 비
- 食 밥 식
- 首 머리 수
- 香 향기 향

10 획
- 馬 말 마
- 骨 뼈 골
- 高 높을 고
- 髟 털늘어질 표
- 鬥 싸울 투
- 鬯 기장술 창
- 鬲 오지병 격
- 鬼 귀신 귀

11 획
- 魚 물고기 어
- 鳥 새 조
- 鹵 소금밭 로
- 鹿 사슴 록
- 麥 보리 맥
- 麻 삼 마

12 획
- 黃 누를 황
- 黍 기장 서
- 黑 검을 흑
- 黹 바느질할 치

13 획
- 黽 맹꽁이 맹
- 鼎 솥 정
- 鼓 북 고
- 鼠 쥐 서

14 획
- 鼻 코 비
- 齊 가지런할 제

15 획
- 齒 이 치

16 획
- 龍 용 룡
- 龜 거북 귀

17 획
- 龠 피리 약